巴斯夏经济学

[法] 巴斯夏 著　　陈佩群 译

地震出版社
Seismological Press

图书在版编目(CIP)数据

巴斯夏经济学 / (法) 巴斯夏著 ; 陈佩群译 .-- 北京 : 地震出版社 , 2022.4
ISBN 978-7-5028-5347-1

Ⅰ . ①巴… Ⅱ . ①巴… ②陈… Ⅲ . ①经济学—通俗读物 Ⅳ . ① F0-49

中国版本图书馆 CIP 数据核字 (2021) 第 200033 号

地震版　XM5001/F(6244)

巴斯夏经济学
［法］巴斯夏　著
陈佩群　译
责任编辑：凌　樱
责任校对：鄂真妮

出版发行：地震出版社
北京市海淀区民族大学南路 9 号　邮编：100081
发行部：68423031　68467991　传真：68467991
总编室：68462709　68423029
证券图书事业部：68426052
http：//seismologicalpress. com
E-mail：zqbj68426052@ 163. com
经销：全国各地新华书店
印刷：固安县保利达印务有限公司

版（印）次：2022 年 4 月第一版　2022 年 4 月第一次印刷
开本：710 × 960　1/16
字数：261 千字
印张：17
书号：ISBN 978-7-5028-5347-1
定价：68.00 元

译者序

【弗雷德里克·巴斯夏，1801—1850】

法国经济学家、思想家弗雷德里克·巴斯夏是一位被重新发现的经济学大师，他是破窗理论的开创者、公共选择理论的先驱、自由贸易的捍卫者。诺贝尔经济学奖得主哈耶克、著名经济学家黑兹利特、罗斯巴德等都深受其影响，“逻辑思维”多次推荐的《一课经济学》也是以其作品为蓝本写就的，“创新之父”熊彼特称呼他为“有史以来最出色的经济新闻记者”。德国社会学家和国家理论家奥本海默则写道：“巴斯夏清楚地区分了生产与掠夺，并列出了掠夺的主要形态——战争、奴隶制、神权政治和垄断。而且巴斯夏甚至给出了垄断的定义，就我所知，这是前人中唯一完全正确的。”

巴斯夏出生于法国巴约讷附近的一个大商人家庭，17岁时他离开学校，继承了祖父遗产，做出口商贸易，这使他对自由贸易有了深刻的认知，后来巴斯夏干脆迁居到巴黎，积极从事自由贸易的宣传活动。当时的法国社会新政策、管制政策层出不穷、高层贪腐，身为立法议会议员的巴斯夏挺身而出，他写下了许多有关经济学和政治经济学的著作，为公民自由、私有财产制、自由贸易辩护，他驳斥了政府刺激经济、扶持文艺、扩张公共工程的观点以及为防止失业而抵制机器和反对军人退伍等主张，成了经济谬论的批判者。

本书收录了巴斯夏的《看得见的与看不见的》及《经济学的诡辩》两部经典作品，与一般的经济学著作完全不同，巴斯夏将读者群体定义为普通大众和非经济学人士，因此，他的书中没有复杂的经济学概念、定义和公式，而是巧妙地将复杂的经济学问题简单化，大量运用类比、反讽、归谬推理等写作方法，让读者能够轻松地理解他的理论，读来绝不枯燥。因此他的书也成了经济学的入门读物，书中不仅普及了各种基础性的经济学知识，还让我们知道应该怎样解读经济政策，大大小小的经济政策是如何影响普通人生活的，以及我们应该如何建立经济学思维，让自己成为明智的生活强者。尽管由于时代所限，他的部分观点有些消极和落后，但是巴斯夏的经济学理论仍然具有蓬勃的生命力：巴斯夏提出的“看得见的与看不见的”思维，指明了经济学思维区别于其他思维的根基；巴斯夏批判的贸易保护主义暗潮，从来没有止息过：巴斯夏当年批评的高关税壁垒，仍然被用作贸易摩擦的重要武器；巴斯夏嘲讽的进口与出口差额之争依然持续不断……

下面我们简要说一下巴斯夏的主要经济学观点。

建立“看得见的与看不见的”经济学思维。巴斯夏通过分析破窗理论的谬误指出，我们在做决策时一定要有“看得见的与看不见的”经济学思维。他认为，优秀经济学家与糟糕经济学家之间的区别只有一点——糟糕经济学家目光短浅，他们只看得见目前能够看到的后果，而优秀经济学家却思虑深远，兼顾眼前的同时还能考虑到那些只能推测到的后果。在一开篇，巴斯夏就用一个简明的例子说明了他的见解：店主家的熊孩子不小心打破了窗户，有人却认为这是好事，因为这带来了金钱的流动，将给玻璃工带来6法郎的生意，而玻璃工又用它去消费别的物品……最终的结果是，一块窗户的破碎引起的连锁反应将促进整个社会的发展。事实真的如此吗？正如巴斯夏指出的，破坏或浪费造成玻璃工的收入是可见的，但店主却因为损失了6法郎，他无法再用这笔钱去消费则是不可见的。而真正的经济发展必须同时满足两个要求：既能合理运用原有的财富，又能不断创造并积累新的财富。破坏之后的重建虽然产生了投资乘数，增加了就业，但我们看不到的是，在这种“破坏—建设—再破坏”的循环中，经济活动无法实现应有的财富积累，只是一种无效或低效的经济行为。因此，评估一项决策的好坏——我们应该时刻关注那些不可见的影响。

自由贸易可以让人类社会繁荣丰裕。巴斯夏站在了自由贸易的大门口，尽管他没能看见全球化，却早早地预言了经济全球化的大趋势。在巴斯夏生活的年代，贸易保护的重商主义仍然占据了半壁江山，即使在19世纪经济最发达的英国及欧洲大陆都是如此。1815年，英国颁布了具有浓厚贸易保护特征的《谷物法》，这恰恰说明了自由贸易即使在思想上也未成为当时的共识，贸易保护的阴影仍旧笼罩着世界。作为贸易自由论的旗手，巴斯夏对这种状况深为忧虑，因而积极地为自由贸易展开了卓越的宣传，他的努力对真理取代谬误起到了至关重要的作用。巴斯夏认为，贸易保护是立法者站在生产者立场上制定的政策，实质上就是人为制造稀缺；而自由贸易可以让人类社会繁荣丰裕，这才是站在消费者乃至全人类立场上制定的政策。生产的最终目的就是消费，是提高全人类的福利，如果没有弄清楚这一点，就会产生阻碍和种种谬误。

最为难得的是，巴斯夏认为一项理论如果要在实践中发挥作用，那么不仅要获得学术界的认可，还要努力说服公众以及政府决策。因此我们看到在本书中，巴斯夏一直在用简明的叙事、生活化的例子和机智的寓言来努力说服每一个阅读者。为了说明差异化关税的荒谬，巴斯夏给我们讲了一个农夫卖酒换纱线的故事：因为关税壁垒的存在，海关官员坚持认为"一国一定数量产品换回的产品越多就会使国家变得越穷"，在这样的思想指导下，农夫只能拒绝一桶酒换20包纱线的合理交易，选择用一桶酒换15包纱线，农夫的女儿因此无辜地失去了四分之一的嫁妆。"贸易保护主义或三位市议员"中，巴斯夏甚至用戏剧体给我们写了一出幽默讽刺剧，将保护主义者的愚蠢之处展现得淋漓尽致，让读者在愉快的阅读中有所得……

在经济学史上，巴斯夏的地位非常独特，他不是经济学巨擘，恐怕也算不上第一流的经济学家，但是他竭力倡导的自由贸易、他创立的"破窗理论"、他提出的"看得见的与看不见的"经济思维都在深刻地影响着我们现代人的生活。因此，阅读巴斯夏的作品，阅读他的思考、表达，我们也将对经济学有更深的认识！

目 录

第一篇　看得见的与看不见的

原作者序　002

第一章　破窗理论　003
第二章　军队复员的影响　006
第三章　赋税　008
第四章　剧院与高雅艺术——政府应该补贴艺术吗　012
第五章　公共工程的诡辩　018
第六章　中介　021
第七章　贸易管制　025
第八章　“邪恶的”机器　030
第九章　谁关心阿尔及利亚　036
第十章　节俭与奢侈　040
第十一章　就业的权利与保证获取利润的权利　046

第二篇　经济学的诡辩

原作者序　050

第一部分　经济学的辩论　053

第一章　人为制造稀缺　053
第二章　财富的阻力和动力　060
第三章　西西弗斯的荒诞主义哲学　063
第四章　没有差异的生产条件　069
第五章　粗暴的国际贸易平衡原则　081
第六章　差异化关税的少与多　085
第七章　缩减关税的妙处　086
第八章　互惠的寓言　090
第九章　货币价格的迷惑性　093
第十章　空想家和掠夺者　096
第十一章　自由贸易与贸易保护主义　100
第十二章　互惠的悖论　103
第十三章　人为阻塞河道　105
第十四章　不存在绝对的真理　106
第十五章　被滥用的民族独立性　108
第十六章　机器与人的竞争　110
第十七章　“贡品”的隐喻　115
小　结　117

第二部分　经济学与生活　122

第十八章　形形色色的掠夺　122
第十九章　道德体系与社会的本质　135
第二十章　保护主义和“钝斧”　141
第二十一章　来自低层产业的报告　144
第二十二章　写给工人们的话　146
第二十三章　错误因果　154
第二十四章　与税务工作者的问答　156
第二十五章　乌托邦先生　161
第二十六章　无限循环的三项改革　168

第二十七章　贸易保护主义四幕剧 181
第二十八章　鲁滨孙与星期五的争论 190
第二十九章　限制与自由贸易 198
第三十章　权利和左手 202
第三十一章　优势工业谬论 207

附　录

1.我们的产品包含税收 214
2.无用的铁路 218
3.名为补贴实则抢劫 219
4.高价格与低价格 227
5.保护主义能提高工资吗 232
6.财产与法律 236
7.商人们的请愿书 250
8.原材料 253

第一篇
看得见的与看不见的

原作者序

我们会发现，在经济领域中每一个行动、每一种习惯、每一项法律法规，往往都会导致超出我们预想的一系列后果。这些后果中，有些是随着改变立即出现让我们当时就能看到的，而有些后果则需要过段时间才能显现出来。它们总是不被人注意到。如果我们能够提前预知这些后果，我们就很幸运了。

事实上，优秀经济学家与糟糕经济学家之间的区别只有一点：糟糕经济学家目光短浅，他们只看得见目前能够看到的后果，而优秀经济学家却思虑深远，兼顾眼前的同时还能考虑到那些只能推测到的后果。不要小看这种区别，两者之间的差距可太大了，因为一般情况都是经济政策刚实行时，眼前的效果看起来很不错，而后续的结果却很糟糕，或者干脆产生反效果。于是，事情经常就是糟糕经济学家总是为了追求一些当下的好处而对后面可能产生的巨大弊端不管不顾，而优秀经济学家却宁愿背负眼前的小小困难而追求未来的较大的收益。

其实在卫生和道德领域我们也可以看到同样的现象，生活放荡、懒惰、挥霍浪费等习惯虽然会在当时让人觉得舒服，但是总是在后来给你的生活带来无尽的痛苦和祸患。一个人如果仅仅注意到某种习惯的可以看得见的后果，而没有考虑到那些在当时还看不到的后果，他就会耽于一时的享乐。他这样做，不仅仅是天生的嗜好，通常也是他们自以为是经过深思熟虑的。

成功往往是从痛苦中锻造而来，下面这个例子或许可以给我们一点启示。当一个人还在摇篮中牙牙学语的时候，他其实是处于懵懂的无知之中，无法判断行为可能产生的后果，因此，只能根据行动的眼前后果来调整自己的行动。老实说，在一个人年幼的时候，他也只能看到这种后果。只有在经过较长时间的磨炼后，他才知道还应该考虑其他后果。教训和远见是两个态度截然不同的“老师”，它们会教他认清这一点。教训有效而残酷地教育了他。我们的深切感受教导我们应该了解一个行动的所有后果：如果火烧伤了身体，我们就会在痛苦中认识到，我们应该安全用火，不能让它碰触到我们。不过，我还是想尽可能地用一个更温和的老师即远见替代这位过于粗暴的老师。为此，我将研究以下几个经济现象的各种后果，把看得见的后果与看不见的后果进行一番对比。

第一章　破窗理论

那位好心的老店主詹姆斯先生[①]生气的样子你可曾见过？当时，他那调皮又鲁莽的儿子在游戏中不小心打破了一块窗户玻璃，如果当时你在场的话，就会有幸看到这样的场景，所有的围观者——哪怕他们有三五十人之多——都会异口同声地安慰这位不幸的店主："看开点吧，遇到这样的倒霉事儿也没办法，好在天下总有人会因此得到好处的。人总得有个活计呀，你想一下，如果玻璃老是不破，玻璃工还怎么活呀？"

现在，这种陈腐的安慰已经在社会上演变成了一种流行的理论，我们将用砸破玻璃窗这个简单的例子来说明这一理论。在我们的例子结束后，我们会发现，我们绝大多数的经济制度就是在这样的理论指导下制定的。

假定这块玻璃的价值是6法郎，安慰者就会说，你瞧，这个小事故给随便哪个玻璃工带来了6法郎的生意——没错，它提供了6法郎的生意——这点我承认，我当然不会说这样说不对。至少从表面上看来安慰者的话似乎很有道理，玻璃碎了，某位玻璃工修好它，然后从店主手里拿到6法郎，他把钱揣进腰包，而心里则感激那个调皮捣蛋的孩子。这些都是我们能够看到的。

但是，就另一方面来看，假如你根据上述的结果就得出结论说打破窗户玻璃是件好事，说这能使资金运转起来，由此可以推进整个工业的发展（生活中，人们确实常常不加思考地得出这样的结论），那我就要大喊一声了：

① 法语中指讲究实际的、负责任的、傲慢不逊的普通人，与英语中的"约翰牛"用法类似。——译者注

洛里昂的港口，贝尔特·莫里索绘制于1869年，法国绘画。印象派画家眼中的静水和布雷顿港口的船只，一位身穿白色衣服的妇女坐在海堤上。

“打住！世界上哪有这种好事！你把整件事看成是正面的，说明你只看到了能看到的一面，而没有考虑看不到的一面。”

我所说的看不到的那一面就是，因为我们的这位店主先生在这件事上花了6法郎，他就不能用这6法郎干别的事了。如果他不修补这扇窗户，那么，或许就可以用这笔小款子给自己买双漂亮的皮鞋，或者给自己的书架上再添一本新书。简而言之，如果没有发生这起事故，他就可以用这6法郎干别的事。

如果我们把工业看作一个整体，那么这一事故对它的影响如何呢？现在窗户打破了，玻璃工多了一个6法郎的生意，这是我们已经看到的；而如果窗户没有破，鞋匠或者书店老板（也可能是别的什么人）就会增加6法郎的收入，这是我们看不见的。

而如果在看得见的一面之外——这是积极的事实，考虑一下看不见的一面——这是消极的事实，那么，我们就会明白，对于整个工业发展乃至全国的就业推进来说，不管玻璃有没有打破，都没有好处。

现在，让我们站在老好人詹姆斯先生的角度考虑一下整个情况。第一种情况：如果窗户被打破了，他只得从口袋中掏出6法郎去修补，那么，他从窗户中得到的享受，虽然不会比从前少，但也不会比从前多。第二种情况：假如窗户没有被打破，他也就可以拿这6法郎去买鞋，于是，他在继续享用明亮窗户的同时，还可以得到一双漂亮的新鞋。鉴于老好人詹姆斯先生是社会的一个组成部分，因此我们可以得出以下结论：对得失进行一下综合考虑，那么，我们已经丧失了被打破的窗户的价值。

概括一下整个事件，我们可以从中得出这么一个出人意料的结论：有些东西被毫无意义地毁灭了，社会平白损失了某些资产。我们必然会同意这么一个令贸易保护主义者毛骨悚然的真理——破坏、毁损和浪费，实际上并不能增加国民资产。或者更简单地说，破坏并不是有利可图的。

《工业观察报》[①]你对此有什么异议？或者令人尊敬的查曼斯先生[②]的弟子们，你们对此还有何话说？你们的老师曾经那么精确地计算过，如果烧毁整个巴黎，那将有多少房子要重建，会带来多少生意啊。

我很抱歉破坏了人家富于独创精神的计算，尤其是因为这种精神已经渗透到我们的立法中。不过我还是得麻烦他另算一遍，这一次只要在所有看得见的数目旁边加上看不见数目。

读者在进行观察时，必须牢记一点，在我讲的那个小故事中，并非只有两个当事人，我请大家关注一下隐藏在幕后的第三个人。一方是老好人詹姆斯先生，他代表着消费者，他本来可以有两样东西享受，但由于一个无心的破坏行为，他现在只能享受一样了。代表另一方出场的是玻璃工，作为生产者的代表，他兴高采烈地张开双臂欢迎更多打破窗户的事故发生。第三方则是鞋匠（或者别的行当的商人），他无辜地由于同一事故而遭受了同样数额的损失，尽管这种损失连他本人都未察觉。这第三个人一直藏在阴影中，因此我们一直没有留意到，但他却是这一问题中一个必不可少的因素。正是他

---

① 这是当时法国贸易保护主义保护组织国内工业保卫委员会所办的一份报纸。——译者注

② 查曼斯子爵(Vicomte de Saint Chamans,1777—1860)，复辟时期的议员和国务委员，贸易保护主义者，贸易平衡的鼓吹者。——译者注

向我们揭示了我们能从破坏行动中得到利润的想法是多么荒唐；正是他，马上就可以给我们上一课：以为从限制贸易中能够得到多少好处的想法，其实更荒唐。毕竟，所有的破坏性行为加在一起，也不会比这更荒唐了。因此，如果你把所有为贸易限制辩护的论证追根溯源，你所看到的，其实就只是这种老百姓的大白话：如果没有人打破窗户，玻璃工还怎么活呀。

第二章　军队复员的影响

从某种意义上来说，一个国家跟一个人有很高的相似性。如果一个人想让自己过得惬意一些，他就得弄清为此付出的代价是否值得；而对一个国家来说，最大的幸福就是在安全方面获得无忧的保障。如果为了获得这种保障，必须动员10万人，花费1亿法郎，那我就无话可说了。这是付出了巨大代价来换取的一种享受。

对于我想就这个问题发表的看法，请大家不要有什么误会。

一位尊贵的议员曾经提出了一个建议：复员10万军人，这样做的好处是非常明显的——它将减轻纳税人1亿法郎的税负。我们假设现在有人对他的提议进行反击："这10万人和这1亿法郎是维护我们国防安全所不可或缺的，这个代价确实很高昂。但是如果不付出这些代价，法国就会陷入内乱，或者可能会遭遇外敌入侵。"在这里，我不想反驳这种看法，这种看法在不同的场合可能有不同的研判标准，可能正确，也可能错误，不过，至少从经济学理论上来说，却算不上胡言乱语。真正的胡言乱语应该是说，"这种代价本身就体现了某种收益，因为它能给某些人带来好处。"

如果我料想不错，提出这一复员议案的人刚走下讲台，就会有一位雄辩家迫不及待地冲上去，开始滔滔不绝地演讲：

"复员10万军人！你脑子里在想什么？假如让这些人都复员，我们的国家会变成什么样子？他们靠什么生活，他们从哪儿赚钱？你难道不知道现在到处都在闹失业吗？所有的职位都有很多人排队等着干？难道你想不负责任地把他们扔进市场，加剧竞争，进一步压低工资水平？如果最后他们连饭都吃不饱，不得不由国家来供养这10万人，这对我们又有什么好处？再考虑一下军队所消费的酒、服装和武器，这些东西，让很多工厂和驻军城镇有生意可做，对于无数供应商来说，这可是一笔飞来的横财啊。用用你的脑子吧，你的异想天开可能让这么多工厂关门，你难道就无动于衷吗？”

从这番讲话中我们弄清楚了，他之所以赞成维持10万兵员，并不是因为国家需要这么多人在军队中服役，而是出于经济的原因。而我下面要驳斥的正是这些说法。

纳税人的1亿法郎当然是一笔巨款，这笔钱不但能使10万军士自己过得不错，也能让他们的供应商过上好日子——这些都是看得见的。

与此同时我们也要清楚一点：从纳税人口袋中掏出的这1亿法郎，就不能用于这些纳税人自己和他们的供货商的生计了，数额也不会变，还是1亿法郎。这是看不见的。算一算想一想吧，然后你说说，对于全部国民来说，这样做好处在哪儿？

让我来告诉你，我们在哪儿蒙受了损失。为了方便读者理解，下面我们把数值缩小，不谈10万人和1亿法郎，我们就说说一个人和1000法郎吧。

假设在一个A村庄，征兵官在村里到处转悠，征召到一个人。税务官也不辞辛劳地在村里转了一圈，征到1000法郎的税款。然后这个人和这笔钱都被押送到东北部的小城市梅斯[①]（Metz），这个人什么也不用干，只要本分地在这里过上一年跟以前不一样的生活就可以。如果你只注意梅斯本身——没错，你已经反复研究几百遍了——你觉得这可真是一件好事，有利可图啊。但是，如果你回头再看看A村庄，那么，你眼睛没有问题的话，你就会看到，这个村庄莫名其妙地损失了一个壮年劳动力，也损失了可以作为他的劳动报酬的1000法郎，也损失了他细水长流地花这1000法郎所能带来的各种生意。

乍一看，这些损失似乎已经弥补上了：村庄里的人和钱一点没有损伤，它们好好地待在梅斯呢，不过本来应该在村庄里发生的一连串经济往来，现在搬到了梅斯而已。在那个村庄中，他是一个辛苦劳动的庄稼人，是

---

① 梅斯（Metz），法国城市，位于法国东北，毗邻德国。——译者注

个劳动人民；而在梅斯，他成了一位士兵，他的生活就是单调的“向右看齐！”“向左看齐！”而已。在两个地方，金钱的使用和循环是一样的。然而在A村庄，有某个人一年365天都在从事生产性的劳动；而在梅斯，他每年365天却是在干不产生收益的事情。当然，我们并不是否定军队的重要性，这只是假设，毕竟对于公共安全来说，军队是必不可少的一部分。

现在，这些军队要被遣散了。你满怀忧虑地跟我说，市场上突然增加了10万工人，会加剧竞争压力，进而抑制平均工资水平。好吧，这是你所看到的。

这里其实还有你没有看到的一面。你没有看到，10万士兵复员回家，并不意味着1亿法郎凭空消失了，而是把它归还给纳税人了；你没有看到的是，用这种办法把10万新工人放进市场的同时，也把1亿法郎投入到市场中用以支付他们的劳动；因而，在增加劳动力供应的同时，劳动力的需求也等量地增加了，据此可以得出结论，你说工资将被压低，仅仅是一种幻觉而已。你没有看到，在遣散之前和遣散之后，1亿法郎都与10万人配套存在，而唯一的不同之处在于：在遣散之前，国家把1亿法郎给那10万人，他们却什么也不干；而在遣散之后，这1亿法郎却可以让10万人工作创造价值。最后一点，你也没有看到，纳税人交出自己的钱，不管是给一位士兵然后什么也得不到，还是给一位工人以换取某种产品或服务，在这两种情况下，这些钱周转长远后果都是相同的，唯一不同的地方就在于在第二种情况下，这位纳税人能够得到某种东西，而在第一种情况下，他什么也得不到。

我在这里所批判的这种谬论，它不可能经受住将其推论到极致的考验，而这恰恰是所有理论原则的试金石。我们试想一下，如果说扩大军队规模有利于国家经济发展，那么，干吗不让本国所有的男人都穿上制服呢？

第三章　赋税

回想一下，你是否曾经听什么人说过类似的话：“纳税是最好的投资，它们是培育生命的甘露。想想吧，赋税让多少家庭能够维持生存，然后再想象一下它们对工业的间接影响，它们的好处可真是数不胜数啊，就像生活本身一样无边无际。”

我不得不再次重复前面的论证，以驳斥这种荒谬的说法。政治经济学的理论已经说得非常清楚，它的论点比较严肃，人们无法对它随意指手画脚。因此，跟巴斯勒[①]（Basile）一样，政治经济学也为自己的应用“准备”了好几个谚语，我们可以肯定，在它看来，教育就是不断地重复。

政府官员花掉他们的薪水所享受的好处是可以看得见的，这些钱给他们的供应商带来的好处也是可以看得见的。就你那短浅的目光而言，那些话无疑是正确的。但是，渴望减轻税收负担的纳税人的不幸，你却没有看见；供应他们必需品的那些商人由此而遭受的经济损失，你就更看不见了，尽管这些事实是明摆着的，头脑清醒点的话你完全可以认识到。

假如一位政府官员多花了100苏[②]，这就意味着，纳税人自己要少花5法郎。政府官员的花费是看得见的，事情明摆着已经发生了，而纳税人那边的情况却是看不见的，这是因为，唉，他根本没办法花到那笔钱了。

你做了一个巧妙的比喻：高温中逐渐干裂的土地（国家），正等着可以救命的及时雨（赋税）。这个比喻没有什么差错，不过，你也应该多问自己一句，这场及时雨是从哪儿来的？这场及时雨是不是从某个湿润的地方蒸发上来从而使这个地方也变得干涸了？

你应该再进一步问问自己，这块土地从这场及时雨中得到的宝贵雨水，是不是比它由于蒸发而流失掉的水分要多得多？这是不是一种浪费？

当老好人詹姆斯先生从口袋里掏出100苏给税务官时，我们可以确定的一点是，他本人什么也没有得到。后来，当一位政府官员在消费100苏的时候，又把它还给老好人詹姆斯先生，以换取他所需要的同等价值的小麦之类的东西或者其他服务。最终的结果是老好人詹姆斯先生白白损失了5法郎。

政府官员几乎总是能够向老好人詹姆斯先生提供等值的服务，以补偿他

---

① 在《塞维利亚的理发师》第二幕中，音乐家巴斯勒（Basile）说：“我已经准备了好几个不同的谚语。”——译者注

② 法国过去使用的一种辅助货币，20 苏等于 1 法郎，苏在法国大革命后被取消。——译者注

交纳的那笔税款。如果情况真是这样，那么，这件事也还算是公平的，这仅仅是一种交换关系，因此，我们的论点一点都不涉及官员的那些有效功能。好吧，我想说的其实是：如果你想设计一个政府职位，那么，就请先说明它的用处何在。向老好人詹姆斯先生证明他能得到等值的服务，他付出那笔钱确实是物有所值，而除了这些内在的固有的效益之外，不要再像支持创建新官僚机构的人士那样胡言乱语，说什么这些机构可以为官员本身、为他的家人、为那些供应他们日常用品的商人带来多大的好处；也不要说这能创造多少就业机会。

如果老好人詹姆斯先生把100苏交给某位政府官员并得到了真正有用的服务，那么，这种情况就跟他把120苏给某位鞋匠从而换到一双鞋没有区别。这是种买卖交换关系，其结果对双方都是公平的。但是，如果老好人詹姆斯先生拿出100苏给政府官员，却没有得到等值的服务，甚至因此给自己带来了麻烦，那么，这就相当于他把自己的钱给了个盗贼。别再说政府官员花费的这100苏会给我们国家的工业生产带来多大的好处，这种说法毫无意义；比起政府官员，盗贼甚至可以用这些钱做更多的事，如果老好人詹姆斯先生没有倒霉地碰上这两位合法的或非法的寄生虫，他自己也完全可以给这笔钱派上更多用场。

因此，我们一定不能仅仅根据看得见的方面就做出鲁莽的判断，而要习惯于参考看不见的方面进行综合评价。

去年我还在议会财政委员会任职时，因为当时反对党的成员还没有全部被人从制宪国民大会中轰出来。当时，制宪者们的行为还不算很糊涂。我们曾经听梯也尔先生①说："我毕生都在跟那些保王党人和教会党人作斗争，但自从我们都面临共同的危险以来，我开始渐渐理解他们，我们也经常在一起聊天，这使得我发现，他们并不是之前想象的怪物。"

是的，如果双方无法经常接触，那么，敌意就容易被夸大，而仇恨就会越来越强；如果多数派能够允许少数派成员进入各个委员会的圈子，那么，或许双方都会发现，他们的理念差异并不如想象的那么大，而最重要的是，

① 路易·阿道夫·梯也尔（Louis Adolphe Thiers，1797—1877），法国政治家和著名历史学家。在其漫长的政治生涯中，曾担任过议员和首相（1836年和1840年），最终则在1871年当选为法兰西第三共和国总统。——译者注

他们将认识到少数派的意图也许并不像想象的那样不正当。

这种情况并非不可能发生，去年在财政委员会时，每次我们的同事一说到应该把共和国总统、内阁部长、驻外大使的工资固定在一个比较适中的水平上时，就会有人对他说：

如果想要得到良好的服务，我们就必须让某些官员能够生活在声望显赫以及富有尊严的气氛中，这是让这些杰出人士奉献他们才智的办法。无数不幸的人都有求于共和国总统，而如果他总是不得不拒绝帮助他们，他就会陷入痛苦之中。另外各部委和驻外使馆装饰得稍微奢华一点，也是保证宪政政府正常运转的需要，如此等等。

不管这样的说法是否合理，但总是值得严肃对待的；不管他的想法是对是错，这样的说法至少还是基于公共利益的。就我本人而言，我可以比很多反对这种说法的人士给出更有说服力的论证，一般的反对者不过是被狭隘吝啬和嫉妒心理所驱使罢了。

真正触动我作为经济学家良知的，让我为我的祖国的知识声誉感到羞愧的是，他们从这些论点出发继续胡言乱语（他们总是忍不住继续胡言乱语的），最后提出下面这种荒唐的陈词滥调（不幸的是，却总是有人乐于接受）：

除此之外，政府高官的奢华生活也可以促进艺术、工业和就业发展。国家总统和他的内阁部长们如果不能举行豪华宴会，就无法把自己的个人生活完全融入政治生活中去。降低他们的工资，就必然使巴黎的经济成为无源之水，从而使整个国家的经济陷入萧条状态。

看在上帝的分上，先生们，不尊重经济学规律您至少也得尊重算术吧，这样不知羞耻地跑到国民制宪大会上说，“A数字加B数字的总和，会由于选择用A加B还是用B加A而有所不同”，这样胡言乱语之后还能怪人家不支持你吗？

好吧，让我们做一个假设，假设我正准备找个工人来帮我在田里挖一条排水沟，为此我准备出100苏的价钱。就在我跟工人快要谈妥的时候，税务官跑来了，他拿走了我的100苏。经过一系列复杂的程序，最后这100苏到了内政部长手里。如此一来我田里的排水沟挖不成了，而部长大人的晚宴上多了一道菜。那么，你是根据什么断言，这位官员的支出，增加了全国的经济总量？你难道看不清楚吗？这其实仅仅是一次简单的消费和劳务的转移。内阁部长的晚餐的确更加丰盛了，但相应地，一位农民的田里的排水从此却不畅通了。我承认，身在巴黎的某位包办宴会者能拿到100苏了，但你也得承认，法国某地的某个挖沟工人也少挣了5法郎。对此我们所得出的结论就是：官员的餐桌和心满意足的包办宴会者是看得见的，而让雨水泡了的田地和挖沟工人没活可干就是看不见的了。

我的上帝啊，真没想到在政治经济学中要证明2+2=4竟是这么困难！万一你竟然证明了这一点，肯定会有人不屑一顾地说："这本来就很简单嘛，谁不明白？啰里啰嗦的烦不烦啊？"然而，在他们投票决定这件事的时候，他们该怎么来还是怎么来，就好像你从来就没有证明过任何东西一样。

第四章　剧院与高雅艺术——政府应该补贴艺术吗

关于这一问题，辩论一定会很激烈，正反双方都能说出一大堆理由。

有些人会说，艺术可以开阔民族的视野，提升民族的精神文化，并使民族的心灵富有诗意，为此，国家应该扶持艺术产业。这些人还说，艺术可以将本民族从物欲的沉迷中解救出来，让本民族追求那些优美的东西，这样也可以对我们的行为方式、我们的习俗、我们的道德甚至还有我们的经济产生积极的作用。他们会问，如果没有意大利剧院和音乐学院，那么，法国的音乐会是什么样子？如果没有法兰西戏剧院，法国的戏剧艺术会是什么样？如果没有众多的画廊和博物馆，我们的绘画和雕塑艺术会是什么样？人们甚至可能更进一步指出，如果没有对高雅艺术的集中管理（centralization）和补贴政策，还是否能够发展出这种高雅的艺术？高雅艺术——这是法国人耗尽心血、并奉献给整个世界的高贵的成就。对这么高尚的成就，竟然不做补贴，难道不是最轻率的行为吗？再说这种补贴分摊到每个公民身上，根本就没有什么负担，而我们所取得的艺术成就却可以让我们在整个欧洲觉得自豪和光荣。

1875年，巴黎歌剧院的宏伟楼梯上，名人们带着仪仗队进入礼堂。19世纪末的法国巴黎，是一个令所有醉心于艺术的人所向往的梦幻之都。

对于这种种理由，我得承认当然是很有说服力的，不过，我们也可以给出很多同样有说服力的驳斥。首先，这里面存在着一个分配性正义（distributive justice）的问题。立法者的权力是否大到可以使他研究艺术家的工资水平问题，进而对艺术家给予补贴？拉马丁[①]曾说过："如果你要取消对剧院的补贴，那么，接下来你还想取消什么？按你的逻辑，你是不是也要关闭大学各个科系，关闭博物馆、研究所和图书馆？"对此，人们可以这样回应：让我们换个思路，如果你想补贴所有高雅而有用的事业，那补贴到什么时候才是个头？按你的逻辑，是不是也应该为农业、为工业、为商业、为教育同样拨出王室专款？而且，你怎么就那么确定，补贴就一定有利于艺术的进步？这是一个根本没有答案的问题，而我们也会发现，生意繁荣的剧院恰恰是那些靠自己的努力维持生存的剧院。最后，如果我们从更深层次进行考虑，就会看到需求和欲望是此消彼长的，在让全国的财富满足这些需求和欲望时，你会发现一个规律：必然是越高级的欲望，占的比例就越小。因此政府绝不能多管闲事干预这一过程，因为不管现在全国的财富有多少，通过税收来刺激奢侈品产业，都不可能不伤害基础产业。这一系列事件也必然会逆转自然的文明进程。人们也会指出，人为地干扰需求、趣味、劳动和人口之间的相应比例，将把国家置于一种不稳定而危险的境地，使之丧失稳固的基础。

这是反对国家干预某种秩序的人士提出的一些意见。在自然的秩序中，民众相信他们应该满足自己的需求和欲望，因而可以自主地决定自己的行动。老实地说，我也认为选择和刺激应该来自下层而不是上层，来自民众而不是立法者。如果将之颠倒过来，在我看来，就将导致自由和尊严的毁灭。

然而，你知道现在人们是怎么只看错误而不公正地责骂经济学家的吗？如果我们反对补贴艺术，人们就会指责我们反对要进行补贴的这一艺术活动本身，于是我们便被看成所有这些艺术活动的敌人，仅仅是因为我们想让这些艺术活动成为人们的自愿活动，参加者去寻找恰当的报酬。以此类推，当

① 阿尔封斯·德·拉马丁（Alphonse Louis de Lamartine，1790—1869），法国重要的浪漫主义诗人、著名政治家。1834 年第一次当选议员。在 1848 年革命时期，他的声望达到顶峰。当时他是建立共和制最积极的鼓吹者。他运用自己雄辩的口才说服了那些威胁要毁灭巴黎的人，并成为临时政府领导人。不过，他更多的是个理想主义者和演说家，因而很快就失去影响力，并于 1851 年退休。——译者注

我们要求国家不要用税款补贴宗教事务时，我们就被人看成是该下地狱的无神论者；如果我们要求国家不要用税款补贴教育，那么我们就被人看成是憎恨知识启蒙者；如果我们说国家不应该利用税款人为地虚增某块土地或某个工业部门的价值，我们就成为财产权和劳工的敌人；如果我们认为国家不应该补贴艺术家，在某些人眼里，我们就成了觉得艺术无用的未开化野人。

当然，我坚决不赞同上面的这些推测。我们绝不会荒唐到想取消宗教、教育、财产权、劳工和艺术的地步，只不过我们认为，我们应当要求国家保障所有这些人的自由发展，但不应当用别人的钱来供养他们；恰恰相反，我们相信，所有这些至关重要的社会活动都应该在自由的气氛中和谐地发展，不管是哪一类活动，都不应该成为麻烦、弊端、暴政和混乱的根源，而这种状况今天恰恰正在发生。

我们的论敌认为，对于一项活动，国家如果既不给予补贴也不加以节制，就等于取缔该活动。我们的观点正好与之相反。他们所信任的是立法者而不是普通人，而我们信任的则是普通人而不是立法者。

于是，拉马丁先生又开口了："如果按这项原则来办，我们恐怕就不得不取消能够给这个国家带来财富和荣誉的公共博览会。"

对拉马丁先生的指责，我的回答是：按照你的观点，不予以补贴就是取缔，之所以会这样想是因为你是从下面的前提出发的：除非依靠国家，否则任何东西都不能存在，据此你得出结论——如果不用税款来支撑，任何事情都办不成。但是我会就你举的例证再举一个恰恰相反的例子，我要告诉你，迄今为止世界上最大、最壮观的博览会，就是现在伦敦正在筹备的博览会[①]。这个博览会是建立在最自由、最普遍的概念基础上的，我想把"人道主义"这个词用在这里也并不算夸张，而这样一个盛大的博览会，政府一点都没有插手，也没有一点税款补贴。

回头再来看看高雅艺术吧。我想重申一遍，人们可以提出很充分的理由来赞成或反对补贴制度。而为了与本文的写作目的保持一致，我就不再赘述

① 本处指 1851 年 5 月在伦敦海德公园举行的万国博览会（The Great Exhibition），由伦敦工艺协会（The London Society of Arts）主办。这是大型国际博览会即"世界博览会"的第一届，博览会是在海德公园新建的"水晶宫"中举行的。维多利亚女王的丈夫艾伯特亲王主持了博览会。——译者注

这些理由，或者在两种立场中间进行选择。

但是对于拉马丁先生提出的一个论据，我却不能假装没有看到、坐视不理，因为他的论证刚好就在我的经济学研究范围之内。他说：“剧院的经济问题可以用一个词来总结，那就是就业。这种职业的性质我就不用多说了，它跟别的任何行业一样，在创造就业机会方面也是很有潜力、很有效用的。你们都知道，剧院的工资支撑着至少8000名各式各样的人的生活——美工、砖瓦匠、装潢工、服装道具师、建筑师，等等，他们都是活生生的生命，他们产业的总产值占我们的首都总产值的四分之一，他们应该有资格获得你们的同情！”

你们的同情？这句话说得有点隐晦，而说得直白一点就是：你们的补贴。

拉马丁先生还不止说了这些：“巴黎的戏剧同时也为外省各部门提供了就业机会和消费品，富人的奢侈是整个共和国靠复杂的剧院经济为生的20万各行各业工人的面包之所在，这些工人都是通过这些高雅的活动获得报酬。也就是说，这些高雅的活动一方面使得法国的形象光辉灿烂，另一方面又使得工人得以维持自己的生计，并给他们的家人和孩子提供生活所必需的东西。你们拨付的这6万法郎，正是为了这一目的。”（太精彩了！太精彩了！热烈地鼓掌。）

而从我的角度看，我不得不说：“糟透了！糟透了！”当然，我的这一说法仅仅是针对拉马丁先生的经济观点。

没错，我们现在讨论的这6万法郎至少有一部分会到达剧院员工的手中，但可以肯定的是，也有不少会在半路上就被人截留。仔细研究一下我们甚至可能会发现，这笔补贴的大部分都落入了不相干的人手中。如果最后竟然还能有一些碎渣留给员工们，那他们就实在太有福气了！不过现在我倒愿意假设，全部的补贴都能送到美工、装潢工、服装道具师、发型师等人士的手中。这些是看得见的。

然而，这些补贴款是从哪儿来的？这又是硬币的另一面了，考察这一面跟考察它的正面一样重要。说明白点，这6万法郎是从哪儿蹦出来的？假如某次议会投票没有抢先一步让这笔钱从市政厅跑到塞纳河左岸①，那么这笔钱会流向什么地方？这则是看不见的。

没有人会说，议会的投票活动能让这笔钱从投票箱中自己孵出来；也没有人敢说这笔钱是对国民财富的一个净增加；更没有人敢说，如果没有这奇迹般的投票，这6万法郎就仍然是看不见、摸不着的。恐怕我们必须得承认，议会投票时的多数派唯一能够做到的，就是决定从某个地方拿出这笔钱，然后把它发到别的地方，也就是说，这笔钱只有从一个地方先转移出来才能被接着送到其他的地方去。

这就是事情的真相。我们已经可以看得很清楚了，纳税人一旦交出了1法郎后，就跟这一法郎彻底说再见了；事情很明白，他被剥夺了那1法郎所能带来的享受，而本来准备满足他这1法郎的享受的工人，不管他是谁，当然也就得不到这1法郎的收入了。

因此，我们千万不要抱有那种天真幼稚的幻想，以为5月16日的投票真的凭空增加了国民财富和大把的就业机会。它只不过是重新分配了财富，重新分配了工资，如此而已。

也许有人会说，政府所补贴的那种事务或者那种行业，是一种更需资金、更道德或者更合理的东西或职业？对这样的看法我无法评论。我要说的是：你平白拿走纳税人的6万法郎，提高了歌唱家、发型师、装潢工和服装师的收入，那么，庄稼汉、挖渠工、木匠和铁匠的收入就相应地减少了相同数量。没有任何东西可以证明前一个阶层就比别的阶层更高贵、更重要，甚至连拉马丁先生也并没有这样说。用他自己的话说，跟其他行业相比，剧院的工作是一样地有效率，一样地有价值，而不是更多。这样一来这种说法就值得怀疑了，因为剧院行业没有比别的行业更有效率的，最好的证据就是它竟然呼吁别的行业抽出资金来补贴它！

不过，对不同职业内在价值和优点的这种比较，并不是本文的写作目的所在。我在这里竭力要证明的只是，拉马丁先生及那些为他的说法鼓过掌的大人们，如果已经看到了那些向演员们提供必需品的商人们所获得的收益，那么，他们也应该看到另一面——那些供应纳税人必需品的人们所蒙受的收

① 即从市政厅到塞纳河左岸的戏院区。——译者注

入上的损失。如果他们做不到这一点，他们就怪不了被人讥笑为把某种重新分配错当成了某种净收益。如果他们的理论讲究逻辑性，那么，他们就应该要求对所有行当给予补贴；因为在1法郎或6万法郎身上都很灵验的东西，放在10亿法郎的项目上，也不应该失灵吧。

先生们，在涉及税款的问题上，我们可以用某些论据来证明它是有用的，但千万不要使用下面这种拙劣的说法："公共支出能使劳动阶级维持生存。"这种说法的错误之处在于它掩盖了一个我们必须彻底了解的事实，即公共支出无非是私人投资的替代品而已，这种做法或许会很有力地支持一位工人替代另一位工人，但却不会让作为一个整体的工人阶级的总体收入增加哪怕一丁点。所以我们已经得出结论了：你们的看法很时髦，但十分荒唐无稽，因为你们的推理过程是不正确的。

第五章　公共工程的诡辩

当国家确信在某个行业中创办一个大型企业会促进社会经济发展后，他们就会动用一大笔资金创办一家这样的企业，当然这笔资金也是从民众那儿征收上来的。这不是天底下最平常的事儿吗？不过，当我听到有人竟然用"除此之外，创办这种企业还是为工人创造就业机会的一个好办法"这样的谬论来解释这件事时，不得不说，我立刻就火冒三丈。

国家的所有公共工程确实可以制造就业机会，比如开通一条公路，建造一座宫殿，修整一条街道，挖掘一条运河……这是可以看得见的。但我们不容易看见的是，这种做法同时也剥夺了另一些工人的就业机会。下面我们会来解释一下。

假定政府正在某地修筑一条长途公路，每一天从早到晚都有一千名工人在辛勤劳作，他们将通过劳动挣得自己的那份工资——这一点是毫无疑问的；假设政府没有修筑这条道路的计划，假如议会没有投票为这条路的建设拨出预算资金，那么这些勤劳的工人就无法得到这份工作，也拿不到这笔工资——这点也是确定无疑的。

但上面所说的一切却只是事物的一面：让我们再全面地考虑一下，在整个过程中是不是还有别的什么事情被我们忽略了？当教育家迪潘先生[①]庄严地宣布“议会正式决定……”时，筑路所需的那几百万法郎难道真的像免费的月光一样，轻而易举地就洒落进富尔德先生[②]和比诺先生[③]的保险箱中？在筹集这笔钱的过程中，国家除了大方地做出预算外，难道不需要组织人征集这笔资金？难道不需要先派各个层级的税务官到全国去征税？纳税人难道不需要打开钱包做出贡献？

因此，我们必须要从两个方面辩证地来看待这一问题。一方面要明白，国家要用议会拨付的几百万法郎做一项大工程，同时也不能忽视纳税人本来可以用这几百万法郎干一些别的事情——当然现在他们什么也做不成了，因为这些钱已经长翅膀飞走了。说到这里，你应该明白了，公共工程其实是一枚有两面不同图案的硬币，一面画的是一位忙碌工作的工人，这幅图案我们是直接就可以看得见的，另一面画的则是一位失业的工人，这幅图案却是无法直观看见的。

请注意，如果有人把我在本书中竭力批判的这种诡辩运用到公共工程中，就更加危险了，因为这种诡辩所做的主要工作就是在为愚蠢的浪费辩护。如果是修筑一条必需的铁路或一座桥梁，那么，还可以根据这一事实来论证它所带来的种种好处，比如方便出行，运输物资等。而如果这些公共工程实际上并没有多大用处，那么，那些人会怎么做呢？好吧，你一定猜得到他们会说什么：“我们必须要为工人们创造就业机会呀！”简直胡言乱语！

之所以举这样的例子，是因为这样的事情不乏先例。比如从前有人先是

① 夏尔·迪潘（Charles Dupin，1784—1873），法国著名教育家、工程师和经济学家，艺术和工艺学院教授，众议员，参议员，迪潘对政治经济学的最大贡献是在经济统计领域。——译者注

② 阿切利·富尔德（Achille Fould，1800—1867），政客与金融家。——译者注

③ 比诺（Jean Martial Bineau，1805—1855），工程师和政客，1852 年担任财政部部长，促进了法国早期铁路的发展。——译者注

下令修建战神广场[1]（the Champ de Mars），但是后来又下令废弃不用。这也是有前例的，据说伟大的拿破仑就曾做过这样的事情，他在下令工人挖开一条渠道后又再次填上时，也自豪地认为自己在干一件很有意义的事。他也曾满怀自豪和博爱地说过："看似无意义的事情其实是有意义的，我们所做的是在让财富流入劳动阶级的手中。"

让我们从本质上探讨一下这个问题。货币往往会使我们产生一种幻觉。如果要求所有的公民对一项公共工程提供货币资金支持，实际上就是要求他们提供真实的物质上的资助，因为他们每个人所交纳的税款都是通过自己的辛勤劳动得来的。现在，假如我们把所有公民都召集起来，要求他们为一件利民工程贡献自己的一份力量，付出劳动，大家都会理解这件事情，因为他们得到的报酬就是这项工程所能发挥的作用。但是如果把他们召集起来之后，强迫他们修筑一条根本不会有人要走的道路，或者修建一座根本没有人会去住的房子，而这样做的唯一理由是这项工程可以为他们创造出工作来，那也未免太荒唐了，他们当然有正当的理由予以反对：我们才不要这样的工作，这样还不如自己给自己干呢。

如果要求公民们付出的不是劳动而是货币，事情的性质其实并没有任何改变。但是，如果公民付出劳动，损失要所有的人承担，而如果公民们贡献的是金钱，那些由国家出面雇用的人就不会损失他们的那一份，而那些已经上交了一笔税款但却没有在这里谋到一份工作的人，却还得再蒙受更多的损失。

《宪法》中有一条是这么写的：

"社会要……通过国家、各部委、市政当局所组织实施的雇用失业者的适当的公共工程，帮助和鼓励劳工的发展。"

作为应付经济大萧条的一种临时性应急措施，代表纳税人进行的这种干预具有良好的效果。这种措施并没有增加就业数量，也没有提高工资总量，只不过是把平时的一部分就业和工资拿出来，在困难时期作为一种慈善事

---

① 战神广场（Champ de Mars），也叫"马斯校场"，位于巴黎第7区，现在是埃菲尔铁塔和军事学院之间的一处公园，也是著名旅游景点。18世纪下半叶之前，这里是一块被遗弃的空地，直到军事学校在1765年建立，地位才逐渐提升，当时用来作为军事训练场所。以后1900年的奥林匹克运动会在此举办，法国还多次使用这个场地迎接世界博览会。——译者注

业，对于总体经济来说这实际上是一种损失。

而把这种措施作为一种持久性的、普遍的、系统的经济政策，就完全是只有负面影响的骗人把戏了，这是根本不可能长期实行的。表面上看来，它似乎创造出了一点点就业机会，这是可以看得见的，但它却掩盖了一个悲哀的事实：有更多的就业机会因此而被排挤掉了，这是看不见的。

第六章 中介

给社会下个定义吧：社会是人们相互提供的所有服务的总和，无论这种服务出自强制还是自愿，强制提供的就是公共服务，自愿提供的就是私人服务。

公共服务是由法律所强加或管制的。这种服务相对稳定，一般都不大容易随着需求的变化而变化。它们具有顽强而超长的生命力，即使已经没有任何实际用处而完全成了公共祸害，却仍然可以大言不惭地自称为公共服务。私人服务则是自愿的，也即个人承担责任的领域。在交易之后，每个人都付出他所拥有的而买进他所希望得到的。我们可以认为，这些服务肯定都是真正适用的，这种用处的大小可以用它们的比较价值来准确地衡量。

正是基于以上理由，前者通常都是静止得如死水一潭的，而后者则遵循着进步的法则不断改进。

尽管公共服务部门已经因为过度的扩张导致了资源的大量浪费，并且在社会中造就了一群病态的寄生虫，然而，令人惊奇的是，很多现代经济思想流派却把这些糟糕的现象归罪于私人服务部门，他们企图转变这些职业所发挥的功能。

这些思想流派在攻击他们所说的中介的时候简直是义愤填膺。他们强烈地要求消灭资本家、银行家、企业家、商人和小店主，指责这些投机分子横插在生产者与消费者之间，向两边都榨取钱财，却没有为生产者和消费者增加任何价值。不过，说起来这种中介的职能好像不大容易彻底消灭，于是，改革家们宁愿由国家担负起中介的角色。

这其实是一种诡辩，他们大肆宣扬公众为其获得的服务向中介支付了什么，但却刻意掩盖如果取消中间人他们将向国家支付什么。我们再一次遇到了同样的冲突：我们可以亲眼看到的，与我们只能在头脑中意识到的，也即看得见的与看不见的。

如果巴黎人觉得肚子饿了，而能满足饱腹欲望的小麦是在俄罗斯的敖德萨[①]（Odessa），那么，在小麦进到胃里之前，人们的饥饿痛苦是不会消失的。有三种办法可以摆脱饥饿：第一，饥饿的人自己跑去寻找小麦；第二种办法是，他们可以自主地把这事完全托付给专门从事这门生意的人；第三种办法则是他们甘愿让国家征收一笔税款，然后由政府官员来承担这一工作。

在这三种办法中，哪一种最有优势？

在任何一个时代的任何一个国家中，那些自由、文明、有阅历的人，如果可以自愿选择的话，他们毫不例外地会选择第二种。在我看来，这已经是其占绝对优势的有力证据了。我不相信人类会在这么一个显而易见的问题上自己欺骗自己。

不过，我们还是来仔细研究一下这个问题吧。

让3600万人全部跑到敖德萨去买回他们必需的小麦，这种方法显然是不可行的。第一种办法被否定了。这种事情消费者不可能亲力亲为，他们不得不转而求助于中介，不管是政府官员还是商人。

然而，我们得注意到一点，第一种办法其实应该是最自然的办法。从根本上说，谁觉得肚子饿了，那他自己就有责任去买到可以充饥的小麦。这是一个只关乎他自己生命健康的任务，按理说，这项任务只能由他自己来完成。假如别人——我们先不管他是谁——为他提供了这项服务，替他完成了他自己本该完成的任务，那么，这个人就应该获得补偿。我们在这里所谈论的其实正是这一点：中介的服务里包含着某种获得补偿的权利。

有些人把中介称为寄生虫。我们姑且按照他们的观点承认中介就是寄

① 敖德萨是乌克兰南部城市，是一座被誉为“黑海明珠”的港口城市，始建于古希腊，现在的城市设计形成于叶卡特琳娜二世时代，效仿了彼得大帝兴建圣彼得堡，修建了这座“通向黑海的窗口”城市。——译者注

生虫，那么，两种寄生虫——商行或公共服务机构，到底哪一个的寄生性少一点？

商行（假定它是有自主权的，否则的话，论证就无法继续进行下去了）是受它自己充满私欲的动机驱使的。它会研究季节的变化，一日不停地了解农作物的生长环境，收集来自世界各地的报道以此预测人们的需求，并对一些导致价格出现变动的情况采取预防措施。它的轮船时刻准备着航行，它在世界各地都有合伙人，它完全是自私自利的，而正是这些因素，使它能以尽可能低的价格买进，并且能有效地利用经济运转过程中的微小细节，从而能以最小的代价获得最大的成果。时刻忙碌着满足法国人的日常需求的，不仅仅是法国的商人，还有世界各个地方的商人；如果趋利之心能驱使他们以最低的成本完成他们的任务，那么，他们之间的激烈竞争也同样有助于让消费者从他们已经获得的实惠中分享好处。一旦小麦运到，商人就希望能在最短时间内将其售出，以降低自己的投资风险，兑现自己的利润。如果情况允许的话，还可以再多跑一趟买卖。商行或者说私人企业总是会在价格的指引下，把商品配送到整个世界范围内，而且他们总是从最紧缺的地方开始，也就是说从人们的需求最急迫、最强烈的地方开始。因此，我们真的无法想象，还有别的什么组织能够比他们更好地满足饥饿的人的需求？如此美好的组织，是基于下面的事实存在的：它是有自主权的，也就是说，它的一切行为出于自愿。是的，消费者必须向商人支付他花在陆上运输、跨洋运输、存储、委托等方面的费用，但是那些消费小麦的人在哪种体系下，又可以不支付将其运送到自己手里的费用呢？当然，除此之外，消费者还必须为商人的服务付费；但是，中介的份额，可以通过他们之间的相互竞争压缩在最低水平；至于公正问题，马赛的商人既然能够为巴黎的工匠服务，那么，为什么巴黎的工匠就不能为马赛的商人服务？

如果这些事情不是交给个体商人来做，将会出现什么局面？拜托了，且让我看看这样做到底能给公众带来什么样的实惠。零售价格会降低？让我们想象一下，4万个市政当局的代表在某一天——大家需要小麦的那一天——同时涌到敖德萨，你以为这种情况会对价格产生何种影响？运输费用会降低？运输这些东西所需要的轮船、水手、远洋货轮、仓库会减少吗？或者我们真的不必支付这些运输及其他费用？商人的利润会减少，然而，那些市政代表和政府官员不辞辛劳地跑到敖德萨难道就一无所求吗？他们大老远跑去难道是出于兄弟友爱？他们就不需要生活吗？他们的时间就不值钱吗？你以为这些林林总总的费用加起来不会达到商人准备获得的2%~3%这样的利润率的上千倍？

然后，再想想征收这么多税款来配送这么多食品的难度，想想伴随着这样的活动而来的那些腐败和陋习，想想政府是否能够担负起这么重大的责任。

现代社会中，人与人的合作越来越密切，形式越来越丰富，整个社会在事实上成了一个巨大的合作团体，而这种合作给我们生活带来的益处也是非常明显的。

且让我们用一个例子来说明这一点：

有一个人，他一早起来可以穿上一套衣服，在一块圈起来的土地上，施肥、疏浚、耕耘，种上某种牧草，然后在上面养一群羊，再从这些羊身上剪下羊毛。这些羊毛经过纺纱、编织、染色等步骤后，织成布料。布料经过裁剪、缝纫，做成一套套衣服。我们看到，这一生产过程需要无数他人的介入，需要利用农业、牧业，需要工厂、煤炭、机器、货运等行业的配合。

假如社会的合作不是那么密切，那么，不管是谁，如果要想有一套衣服穿，就都不得不自己独立奋斗，也就是说，要自己来完成上面所说的烦琐的整套操作过程，从最初开始的挥镐翻地一直做到最后的拿针缝衣。

谢天谢地我们有现成的协作关系。这是我们作为人这种高等动物的根本属性。这些烦琐的操作过程已经被分解到无数劳动者名下了。为了实现共同的利益，他们再继续往下细分，直到将协作细分到某一个点。在这里，只要消费需求增加，每一独立的、专业化的操作过程就可以成为一个新兴行业。整个生产过程被细分之后，每个人都为增加总体社会价值贡献了自己那份力量。如果这还算不上是协作，我倒要请教一下这是什么？

注意，每个劳动者都无法自己制造出他所需要的最细小的原材料，因此，他们必然依赖于他人提供的服务，双方互利互惠，为了一个共同的目标而互相协助；每个群体都跟其他群体以多种多样的形式联系在一起，因此，所有的人都可以被看成是中介。举个例子，假如在整个生产交换过程中，交通运输变得十分重要，所以雇用某一个人从事此项工作，按重要程度排序，接下来是纺线，再下来是织布，那么，你从哪点得出结论说头一个人比别人更像寄生虫？是不是没必要存在交通运输了？不是有人在花费时间和精力在做这件事吗？他为何不把这些时间和精力省下来让别人来干？是他们会干得比他好，还是仅仅由于他们干的是不同的事情？至于他们所得到的报酬——他们在生产交换过程中的应得一份，难道不是都得在一个法则的约束下，限定在协商达成的价格这样范围内？这种合理的劳动分工和这些充分自主的制度安排，难道就不利于共同利益？

上文中，我所描述的协作难道就不是协作吗？在这里每个人都可以自由地进入或退出，可以在其中选择自己的位置，可以按自己的意愿做出判断和做交换行为，自己承担由此而引发的一切责任，个体商行的私利之心正是他快速行动的力量源泉，也是他成功的保证。

第七章 贸易管制

贸易保护主义先生[①]（这个花哨的大名可不是我起的，而是来自迪潘先生的创意）把自己全部的时间和精力都用在把他的祖国土地上的矿石转化成铁。由于大自然对比利时人更慷慨一些，于是他们可以用比贸易保护主义先生所能提供的更诱人的价格向法国人出售铁。这就意味着，所有的法国人，或者说整个法国，如果从心地善良的佛兰德斯（Flanders）人[②]那儿购买一定量的铁的话，需要付出的劳动就比较少了。于是受到私利之心的鼓动，大批的法国人就充分地利用这种优势，每天都有无数的制钉者、金属加工工匠、车匠、技工、铁匠、犁匠，跑到比利时去购买他们所需要的铁，或者是本人亲自出马，或者是找中间人代劳。这种情况却让贸易保护主义先生大光

① 在法语中，Mr. Prohibant 具有讽刺意味，通常是指贸易保护主义者，是由后面所提到的迪潘最早使用的，大致可以翻译为“贸易限制论先生”（Mr. Restrainer-of-Trade）或“贸易保护主义先生”（Mr. Protectionist）。——译者注

② 西欧历史地名，包括今比利时的东、西佛兰德斯省和法国的诺尔（Nord）省。——译者注

其火。

他的第一个想法就是自己奋勇向前、赤手空拳地进行干预，以阻止这种可恨陋习继续蔓延到全国。可惜的是这种办法收效甚微，最后自己反倒弄得遍体鳞伤。于是，他对自己说，不能这样下去了！我要扛起我的长枪，我要在我的腰里别上四把手枪，我要在弹夹中装满子弹，我要打开枪上的刺刀，我要跑到边界上去，首先要杀了那些金属加工工匠、制钉匠、铁匠、技工、锁匠，这些可恶的投机分子竟然只顾追求自己的利润，就不管我的死活。瞧着吧，我非得给他们点教训不可！于是他全副武装起来。

然而就在他马上要动身的时候，又有了另外一个想法，这想法给他的战斗激情浇了盆冷水。想想看：那些跑去买铁的人——我们的那些同胞，当然也是我的敌人，他们很有可能采取自卫行动，最后的结果也许不是我干掉他们，而是白白牺牲了自己。而且，就算把我的全部仆人都派上阵，恐怕也未必能守住整个边界。还有，我这么费心费力，付出的代价也太大了吧，这代价大得都超过了我能从中得到的好处。

这番考虑之后，贸易保护主义先生无可奈何地长叹一口气，颓然倒下，但是突然间，他又有了一个很棒的主意。

他想起来了，巴黎有一个了不起的法律工厂。他自问自答：法律是什么玩意儿？法律就是一种强制措施，一旦昭告天下，管它是对是错，每个人都得遵守。为了执行这一法律，政府还专门组织起一支警察队伍，而为了维持这支所谓的警察队伍的运转，国家专门拨出了人力和财力。

那么，如果我能让伟大的巴黎法律工厂炮制出一部小小的、精密的法律，宣布“查禁比利时出产的铁”，比利时的铁再便宜也没用了。政府会派2万名威风凛凛的关税税官替代我的那几个仆人，到边界上去对付我痛恨的那些金属加工工匠、锁匠、铁匠、手艺人、技工和犁匠。当然，为了让这2万名关税官员保持良好的精神风貌和健康的体魄，每年要拨给他们2500万法郎以作薪酬，至于这笔钱的出处嘛，掏掏那些铁匠、钉匠、手艺人和犁匠的腰包不就行了。经过这样一番组织，就可以达到我的目标了，而我自己却什么也不用付出：我再也不会像一个野蛮的掮客了，我可以随意定价出售铁了。看到我们伟大的人民被人不体面地愚弄，我心里真有一种说不出的痛快。他们到处说自己是欧洲一切进步的先驱和推进者，这下总算给他们当头一棒。这可真是一个聪明的主意，完全值得一试。

于是，贸易保护主义先生匆匆来到法律工厂（我也许会另找个时间来说说他在这里所做的那些阴暗的、见不得人的小勾当，但是在这里，我只想谈谈他那些公开的、人人皆见的活动步骤），他站在那些尊敬的议员先生面前，发表了一次演说：

“比利时铁在法国的售价极低，只有10法郎，他们逼得我不得不以这个价格亏本出售。实际上，对于我们来说，合理的出售价格应该是15法郎，但由于这些讨厌的比利时铁，我却不敢这么做。赶紧制定一部法律吧，规定“比利时铁不准进入法国”。我立刻就可以把我的铁售价提高5法郎，这样做的好处如下：

我售卖的铁每100千克的价格不再是10法郎而是15法郎，这样一来，我自己将更快地富裕起来，之后我的生意规模将变得更大，我将雇用更多工人工作。我和我的雇员会花销更大，从而给供应我们消费品的那些供应商带来更大的市场。这些供应商也因此会对整个工业下更多的订单。慢慢地，这种扩张会影响到整个国家。你们投进我的保险箱中的这100苏硬币就像一颗石子扔进湖里，将形成无数个同心圆慢慢扩散到很远的地方。”

法律的制定者们被这一番话迷住了。他们的头脑中充满了这样的想法：仅仅通过立法就可以这么容易地增加国民财富啊！于是他们很快投票通过了禁止法令。他们说：“如果确立一项法令就可以增加国民财富，那么为何还要喋喋不休地说什么劳动和储蓄？这些痛苦的办法还有什么用处？”

的确，这部法律的诞生会产生贸易保护主义先生所预料的所有后果，不过，除此之外，还有其他一些他未指出的后果。公平地说，他的推理也许并没有错，但问题在于还不够完整。为了寻求法律的庇护、高价售铁的特权，他指出了能够看得见的那些结果，但却掩藏了那些看不见的效应。在他的论述中提到了两个人物形象，而实际上在这幅美妙图景中还隐藏着第三个人物。我们的任务就是补上他遗漏的那些细节，不管是他真的不知道还是有意隐瞒的。

当然，通过立法程序落入贸易保护主义先生腰包的那5法郎，对于他本人和那些因此而得到工作机会的人来说当然是一件好事。这5法郎如果是法律一声令下后从月亮上落下的，当然就是一件绝对的好事而不会出现什么坏效应。不幸的是，这奇迹般的100苏并不是从天上掉下来的飞来横财，而是来自金属加工工匠、针匠、车匠、铁匠、犁匠、建筑工的腰包，一句话，来自老好人詹姆斯先生的口袋。今天，他们掏出了这笔钱，不幸的是却连一毫克的铁都没有得到。于是，我们现在讨论的问题立刻就要换个角度了，因为事情非常明显，贸易保护主义先生从这件事中得到的好处将被老好人詹姆斯先生的损失所抵消。贸易保护主义先生确实可以用这5法郎促进国内工业的发展，但是如果这5法郎在老好人詹姆斯先生手里，他也同样能够做到这一点。一枚石子之所以恰好扔到这个湖里的某个地方，那完全是因为法律禁止把它扔到别的湖里。

于是，看不见的东西所带来的损失抵消了看得见的东西所带来的益处；而这整个过程的后果则是某种不公正，而导致这种不公正却恰恰是法律，再也没有比这一点更可悲的了。

但这问题还不止如此。我必须指出，有一个第三者还藏在阴影中。我得让他现出原形。他的出现将告诉我们，我们还会再损失5法郎，到此为止我们才算搞清楚了整个过程中的全部后果。

老好人詹姆斯先生有15法郎，这是他辛勤劳动的果实（此处我们是在追溯他还可以自由行动时的情景）。他怎么花掉这15法郎？他花了10法郎买了一顶漂亮的女士便帽，他用这顶帽子来换取（或者由他的中介替他换取）100千克比利时出产的铁。他手里还有5法郎。他是不会把这一小笔零花钱扔到河里去的，而会用它们支付某位匠人的工资或者别的什么可以满足自己需要的东西——比如，用它跟某位出版商换取一本博叙埃[①]所著的《通史》。

因此，他对国内工业的贡献是15法郎，即：

（1）支付给巴黎的女帽制造和贩卖商的10法郎；

（2）支付给出版商的5法郎。

老好人詹姆斯先生同样有收获，他用他的15法郎得到了两样能够满足他需要的东西，即：

---

① 雅克·贝尼涅·博叙埃（Jacques Benigne Bossuet，1627—1704），当时著名的布道者，他曾担任路易十六的王位继承人导师，写作了《通史》，是法国几代学生必读的经典。他最坚定地反对新教，也领导了限制宗教权力的运动，因而成为教会史上和文学史上的重要人物。——译者注

（1）100千克的铁；

（2）一本书。

现在却颁布了一条禁止法令。

老好人詹姆斯先生会遇到什么样的情况呢？国内工业又会有怎样的遭遇呢？

老好人詹姆斯先生把这15法郎一股脑儿交给了贸易保护主义先生，换取他的100千克铁，然后，买完这些铁之后，他就一个子儿都没有了。那本书或者别的任何一个与此价值相当的东西带来的享受他再也感受不到了，也就是说他平白损失了那5法郎。你也赞成这种说法吧，你无法否认这种说法，你不能不承认，贸易限制确实抬高了价格，给消费者造成了5法郎的损失。

然而，有人却说，这笔钱并不是完全消失了啊，国内工业得到了这个差额。

不，国内工业也没有得到这个差额。因为，颁布法令后，这笔钱带来的促进作用是一样的，都是15法郎。

由于颁布了一项不公正的法令，老好人詹姆斯先生的15法郎只能全都交给冶铁商，而在法令颁布之前，这笔钱却可以分成两份，分别给女帽制造贩卖商和书商。

从道德层面来看，贸易保护主义先生个人在边界上所能使用的力量，和这项法令为争取他的利益所发挥的力量，是截然不同的。有些人竟然有这样的观念——法律规定抢掠合法，那么它就不再是不道德的了。但对我来说，我无法想象有什么事是比这更令人惊心的了。但是也许有一点事情是确定的，那就是其经济后果总是不会有什么改变。

你可以随便从什么角度来研究这个问题，但是如果你能冷静地思考，就会发现，不管怎样，从合法或非法的抢掠中都是得不到任何好处的。我们并不想否认，这种行为可能为贸易保护主义先生或他的行业，你愿意的话甚至也可以说是为国内工业，带来了5法郎的好处，但我们也可以肯定，这种行为同时也导致了两层损失：一是老好人詹姆斯先生，以前他只需10法郎就能买那些铁，而现在却需要支付15法郎；另一个蒙受损失的是国内工业本身，它无法再得到那5法郎的差额。你自己选择一下，我们看得见的那些好处能够补偿哪个损失？无论如何，你没有选择的那一项就必然遭受净损失。

第八章 “邪恶的”机器

“我们诅咒机器赶快下地狱！一年又一年，这些机器惊人的动力使上百万的工人陷入贫困之中，机器毫不留情地剥夺了工人们的工作机会，抢走了他们的工作，就是抢走了他们的工资，而抢走了他们的工资，也就抢走了他们的面包！我们诅咒机器！”

这是来自无知者的带着成见的呼声，这种呼声终日回响在我们的报纸上。

然而，咒骂机器，其实就是咒骂人类的智慧。

令我感到难以置信的是，竟然还真有人信服这样一种荒谬的理论！

因为，如果这些说法是可信的，那么，按照这种逻辑我们的社会会是什么样子？其结果必然是这样的：只有那些愚昧到精神上处于静止状态的民族，老天没有赋予他们思考、观察、发明、创造，以及用最小的代价获取最大的成果的天赋的可怜民族，才有可能获得财富、幸福。与之相反的是，那些努力寻找和探索铁、火、风力、电力、磁力和化学、力学法则——一句话，即深入挖掘自然的力量——及自身所蕴藏的力量的民族，反倒只能衣不蔽体，屋不遮雨，陷入贫穷和停滞。这种反常的情况真是应了卢梭的一句话：“人的思考状态是一种反自然的状态，思考者是一种堕落的动物。”

事情还没完。如果这种理论是正确的，那么，人们运用智慧所思考和发明创造的一切，事实上也就是从头到脚的一切都是该被咒骂的：包括人的每时每刻的存在本身，人们努力想利用自然的力量，以小博大，尽量减少自己的体力劳动或服务于他们的那些人的体力劳动，用尽可能少的劳动量最大限度地获得能满足自己需求的东西。据此，我们必然要得出这样的结论：就是因为这个世界上的每个人都在利用自己的聪明才智让自己不断进步，所以，整个人类都正在走向堕落。

19世纪被蒸汽动力和电力所改变的生活，绘制于1876年，从图片中可以看到蒸汽压力机、电报机车和蒸汽船，这都是当时最新的发明。

因此，从统计学上我们就可以肯定，兰开斯特[①]（Lancaster）的居民必然会为了远离机器，通通跑到爱尔兰去，因为那里的人们还不知道如何使用机器；因此，如果按照这种理论，历史就应该换一种形式发展了——野蛮的阴影笼罩文明的新纪元，而文明必然繁荣在无知和野蛮的时代。

显然，这种理论中存在着很多令人震惊的自相矛盾之处，希望这可以给我们一点警示：这个问题掩盖了对解决该问题非常重要的因素，然而对于这一点尚无人充分地予以揭示。

① 英国英格兰西北部城市，主要工业有纺织（主要是合成纤维）、家具、漆布、印刷、印染、酿酒等。——译者注

在所有看得见的东西后面，还隐藏着看不见的东西——这就是秘密的关键所在。我下面要做的就是揭开这看不见的东西，让读者看见光背后的影。当然，我的论证无非是前面已经讲过很多遍的东西的重复，因为这里的问题其实没有什么两样。

我们会发现，人的天性就渴望交换，只要不受暴力阻挠，他们就希望进行交换，也就是说，互相交换某种东西，某种能够满足自己需求的同等价值的东西，以节省自己的劳动。至于这种东西是出自能干的外国制造商之手，还是出自精明能干的机器制造商之手都无关紧要。从理论上来看，反对人的这种天性的理由都是一样的。不管在哪种情况下，人们都指责应用及机器生产的厂主减少了工人的工作机会。然而，这种看法其实是荒谬的，机器生产实际上并不是使工作机会减少，而是更多地解放人的劳动，使其能够从事其他工作。

也正是因为这样，面对外国人和机器的竞争，保护者们都设置了同样暴力的障碍。立法者严禁外国产品在本国参与竞争，也不许机器进行竞争。让这些立法人士不惜压制所有人的天性、取消他们的自由的，还能有什么原因呢？当然，在大多数国家，立法者往往只禁止一种形式的竞争而对另一种形态的竞争只是抱怨几句而已。这只能说明，在这些国家，立法者对自由竞争的打击还不够持之以恒。

这一点其实没什么好奇怪的。在各种各样错误的道路上，我们总会看到这种不能贯彻到底的事，也幸好如此，否则人类岂不是早就完蛋了。老实说，我们从来没有看到过、也希望永远不要看到，把某个错误的原则贯彻到底。在其他地方我曾经说过：充满荒谬错误的事物必然是前后不一的。在这里我愿意再补充一句：前后不一也正是其荒谬性的最好证据。

我们还是回归正题，继续来谈谈机器吧，我不想在题外话上费太多口舌。

我们假设老好人詹姆斯先生有2法郎，这2法郎可以让2个工人挣走。

但是现在，假定他发明了一套省力省时的滑轮装置，这样一来，同样的工作只需要原来一半的时间和一个工人就可以完成。于是，这项工作完成了，老好人詹姆斯先生的需求得到了满足，但却节省了1法郎，少雇用了一个工人。

他少雇用了某一位工人，这是我们可以看得见的。

于是那些仅仅看到这一点的人就开始大放厥词了："看看吧！对渴望走向文明的人类来说，这是一件多么不行的事情啊！有时候，过度的自由对于平等来说，可真是致命的威胁啊。一帮人费尽心力搞出了个新玩意儿，立刻就有一位工人永远地陷入可怕的贫困深渊了。有人可能会辩解说，老好人詹姆斯先生还可以再雇两个人给他干活，但他却不可能再给他们每人10苏了，原因很简单啊——这两个工人会互相竞争，最后只能以更低的价格来出卖他们的劳动力。这样下去，富人就越来越富而穷人却越来越穷了。为了正义起见，我们必须改造我们的社会。"

这可真是个很了不起的结论，也是一个前提应该更坚实一点的结论。

让我们欢呼吧，这里的前提和结论其实都是错误的，因为在可以看得见的那一半现象的背后，还有另一半看不见的东西。

人们忽略的一面就是，老好人詹姆斯先生节省下来的那1法郎必然会带来的辐射效应。

现实中，老好人詹姆斯先生由于巧妙地利用了自己的发明创造来满足自己的需求，就不用再花费2法郎而只需花1法郎即可，他手里还留下1法郎的余钱。如果此时市场上有一个想找点活干的工人无事可做，那么，在另一个地方，也必然有个人在为他手里的1法郎寻找出路。这两个因素会相遇，然后就结合在一起，使得彼此的需求都得到满足。

事情很清楚，此时，劳动的供应和需求之间以及工资的供应和需求之间的关系，都没有任何改变。

现在，以前由两个工人干的活将由发明出来的新技术和那个获得了第1法郎的工人一起完成。

至于另1法郎则会由哪个角落里的另一个工人获得，不过他是去干了一份新的工作。

那么，我们的世界会因此发生哪些改变呢？最起码的一点是，整个国家的满足程度提高了；也就是说，新发明简直是一顿免费的大餐，整个人类都可以获得一种不用付出任何代价的好处。

也有人可能会根据上面的论证得出下面的结论："就是那些贪得无厌的资本家，拿走了从机器的发明中所获得的全部好处，而辛苦工作的劳动者，不但要暂时地承受机器带来的痛苦，而且还无法从中得到任何好处，因为，根据你上面说的那番话来看，机器的发明不过使劳动阶级在全国各个产业中的比例出现了调整，好吧，也许这个过程中并没有减少工作机会，但也没有增加工作机会呀。”

我试图在这篇文章中回答所有的疑问，但这事实上是不可能的。写作本文的唯一目的是驳斥一种无知的偏颇见解，因为这种偏见危害很大偏偏又广为流传。我希望证明一点，新机器的发明，不仅可以创造出满足一定数量工人的工作职位，而且也必然会创造出可以支付他们工资的资金。更重要的是，这些工人和这些钱最终会结合在一起，从而生产出在发明之前根本不能想象的东西。由此我们可以得出结论，发明创造的最终结果，就是人们的满足程度增加了，增加的幅度就等于因此而节省下来的劳动力。

那么，这部分超额的满足人们需求的东西最后落到谁手里了呢？

我们必须承认，首先是资本家获取了它，是发明者以及那批最早利用这台机器的人获取了它，这份收获是对他们天才和勇气的奖赏。写到这里，我们已经看清楚了这样的情况：新发明机器的利用实现了生产成本的节约，至于那部分节省下来的钱，不管他怎么花（反正他总要花出去），总是可以提供就业机会，而且其数量就等于机器节约出来的就业岗位。

但是事情很快会发生变化，竞争就会迫使他降低其产品的售价，直到无法继续占有节约的那些成本为止。

到了这个时候，发明家也不再能够占有发明创造所带来的好处了，受益者变成了这种产品的购买者、消费者以及公众，其中也包括工人——一句话，是整个人类。

这就是看不见的：节约下来的那部分钱，会落到所有消费者的腰包里，从而形成了一笔数额可观的资金，这笔资金可以转化为工资，用来雇用那些被机器淘汰的工人。

让我们回到前面的例子，在之前老好人詹姆斯先生要支付两个工人的工资才能得到一件产品。但现在由于新的发明创造，他只需要为体力劳动支出1法郎。

假设这件产品也以同样的价格出售，那么，与以前相比，现在制造这件产品就要少雇用一个工人，这是看得见的；但是，将6法郎节省下来的那个老好人詹姆斯先生又可以用之多雇用一个工人，这是人们看不见的。

随着整个事态的自然而然的发展，老好人詹姆斯先生渐渐地就得把这件产品的价格降低1法郎，直到他无法再从这件商品上比别人多赚一个子；这时候，他就不再能够剩余出1法郎为整个国家创造生产新产品的就业岗位。但是这1法郎并没有消失，总有那么一个人，或者是整个人类得到了这笔节省下来的钱。也就是说，不管是谁购买这件产品，他都可以为自己省下1法郎，他必然把节省下来的1法郎转变为工资基金。这同样也是看不见的。

为了解答这一问题，人们还提出了另一条思路，听起来也挺像那么回事儿的。

有人说："机器的高效率压缩了生产成本，降低了产品价格。价格降低必然会刺激消费，而消费的增加必然又会促进生产增加，最后，就会使用跟发明创造之前同样数量的工人——或者更多工人。"为了加强这种论点的说服力度，他们举出了印刷术、纺纱机、印刷机的例子。

但实际上，这种说法是不科学的。

根据这种说法，我们可能会得出这样的结论，如果我们正在探讨的这种产品的消费额基本上保持平稳不变，那么，机器就会对就业问题产生负面的影响。但事情当然不是这样的。

我们假设在某个国家，所有的人都喜欢戴帽子，而帽子也成为他们生活中必不可少的装饰品。现在如果使用了机器，使帽子的价格便宜一半，那么这种情况未必会使帽子的销售量也相应地增加一倍。

如果情况真是那样，那么是不是说全国劳动者中就有一部分变得无事可做？如果按照无知的逻辑去推导的话，我们的回答就是："是。"但如果根据我的理论来推导，答案就是："否。"因为，在这个国家，用来作为工资的资金总量并没有发生变化；我们看到，所有消费者所节省下来的钱如果不是都流入帽子加工行业，那就会转变为由于机器高效率工作而多出来的其他劳动力的工资，从而推动整个工业取得新的进步和发展。

社会的现实就是这样的。比如，我以前看的报纸都要卖到80法郎左右，现在却只卖48法郎。节省下来的那32法郎毫无疑问留在了订户的口袋里。虽然我们不能肯定地说这32法郎必然会继续流入新闻行业；但我们可以肯定的是，这些钱如果不流向这个地方，就要流向另一个地方，事情必然是如此。

而节余下来的钱更不必担心没有花费之处，1法郎可能用来买更多的报纸，另1法郎可能买更多的美食，第三个1法郎可能买来更好的衣服，第四个1法郎可以买来更好的家具。

在一个社会中，各行各业都是紧密相连的，它们交错纵横构成一个巨大的网络。在这个网络中，所有的线都通过各种各样明显的或者不易察觉的方式连接在一起。一个行业中的节约会有利于所有行业的发展扩张。重要的是每个人都要清楚地认识到：永远，永远不要以就业和工资为借口来干预经济。

第九章　谁关心阿尔及利亚

在国民公会上，有4位雄辩家都在声嘶力竭地讲着他们的观点，先是一起呼喊制造威势，接着又一个接一个地喊话。那么，他们都说了些什么呢？老实说，他们说的确实都是些很美好的东西，让人听后感觉愉悦的东西：夸耀了法国的实力和伟大，描绘了我们广阔殖民地灿烂的前景，宣讲了重新配置我们过剩人口的好处等。当然，这些雄辩的演说最后总是装点着这样一种诱人的结论：

政府可以在阿尔及利亚[①]（Algeria）修建港口和公路，这样就能够把我们的殖民者运进那里，为他们建造房屋，为他们开辟出土地。这样一来，原本压在法国工人肩上的负担就可以卸掉一部分，同时也能促进非洲的就业，增加马赛（Marseille）的贸易，所有人都可以从中受益。而我们所要做的，仅仅是拨款5000万法郎（在拨款数额上，有的人说的多一些，有的人说的少一些）。

在花费这5000万法郎的时候，如果我们只考虑这笔钱款的流向，却不愿意分一点时间出来考虑它们是从何而来的；如果我们只考虑它们离开税务官

① 阿尔及利亚曾为法国殖民地。1834年阿尔及利亚被宣布为法国领土，1871年成为法国的三个省，1905年阿全部沦为法国殖民地。——译者注

牢固的钱箱运转起来后所带来的好处，而不管征收这些税款会带来什么样的负面影响，或者说不考虑这些钱由于进了政府的钱箱而给纳税人造成损失的问题，那么，我们只能说，确实所有人都在受益。而且，如果始终用这样的逻辑这样考虑问题，那么，所有事情都是有利的。毕竟那些建在北非伊斯兰教区的房屋是看得见的，建在北非沿岸的大大小小的港口也是看得见的……这些地区所创造的就业岗位也是看得见的；法国国内的闲余劳动力在某种程度上有所减少是看得见的，马赛地区的商业活动渐渐地繁荣起来，也是看得见的。

然而，还有一些东西是这些人士没有看见的：政府出手大方地花掉了这5000万法郎，贡献了这笔钱的纳税人就不能再花了，事实上从各种公共开支所带来的好处中，我们总能推论出这种行为妨碍私人开支的全部坏处——有一点还是值得欣慰的，至少我们还没有过分到竟然说老好人詹姆斯先生根本就不在乎他辛苦挣来的但却被税务官轻松拿走的那5法郎——这种说法无疑荒唐到了极点，因为他之所以不辞辛劳地去挣那5法郎，不过是因为他渴望用这些钱来获取某些满足自己欲望的东西。比如他原本可以雇人给自己可爱的小花园扎上一圈篱笆，现在却不可能了，这是看不见的；他原本可以雇人给自己的田地施肥、除草，现在也办不到了，这是看不见的；他原本可以为家里添置一点家具，现在没指望了，这是看不见的；他原本可以改善一下饮食，给自己多买几件衣服，他原本可以让儿子接受更好的教育，给女儿多置办一些嫁妆……现在他通通做不到了，这些是看不见的。于是我们看到，一方面，他被剥夺了一些必需品的享受，现在他日常生活要依赖的东西眼睁睁地就没有了；另一方面，他的那一小笔款子本来可以使他所在村子里的杂工、木匠、铁匠、裁缝或者教师有更多的活儿可干，而现在这些工作机会却凭空消失了，这些都是看不见的。

阿尔及利亚未来的繁荣景象是美好的，我们的国民应该要好好地考虑这一点，这当然没有问题；但也得分点神同时考虑一下法国以及法国纳税人必然要蒙受的损失。人们总乐于向我描述马赛商业繁荣的前景，然而，假如这种繁荣是税款一点点培育出来的，那我倒宁愿指出，国内其他地区的商业将遭受的损害有多大。他们兴奋地说："想想吧，每运送一位殖民人口到北非伊斯兰地区，就可以减轻一点留在法国的人们所面临的人口压力，增加他们的就业机会。”对此，我会这样回答：“问题是，在我们把这位殖民者运送到阿尔及利亚的时候，我们是不是也得同时运送去比他在法国维持生活所需要的多二至三倍的生存资本？”[①]

我这样反复地言说的唯一的目的就是希望读者们明白，不管是什么样的公共开支，在其表面所呈现的种种好处的背后，都隐藏着通常难以发觉的坏处。我所有的努力都是为了使读者们养成一种习惯，那就是在看到看得见的一面的同时，也要仔细地思考洞察看不见的一面，在判断其可行性之前对二者进行综合的考量。

因此如果再有人提出增加公共开支，我们必须仔细地考察它给我们自身带来的正面的以及负面的影响，而不应仅仅考虑其在增加就业机会方面带来的所谓的正面效应，因为很多时候这方面的效应无非是一种错误的幻觉。老实说，公共开支在这方面能够做到的，私人来投资一样可以做到，甚至可以做得更好，因此，就业机会问题根本就与此不相干。

虽然本文的讨论范围并不包括评估投入到阿尔及利亚的公共开支的内在价值，但我还是忍不住要做一点分析。这样做是很有必要的，因为之前人们没有对通过税收进行的公共支出所带来的正面经济效应做出过正确的评价。为什么？我提出下面的理由。

首先，这么做有损公平精神。老好人詹姆斯先生辛辛苦苦地挣来100苏，是想用这些钱来满足自己的需求，但是现在税务官出现了，这笔钱被征走了，他肯定会生气，至少会说，税务官把他应得的享受拿走，给了另一个人。拿走了人家的钱，那些征税的人当然得给人家一些好听的理由吧。于是国家在征税后总是会用这么一个俗套的理由安抚纳税人：“用这100苏，我会创造就业岗位，让某些人有活可干有钱可拿。”对于这样的理由，如果老好人詹姆斯先生头脑清楚的话就必然会回答：“天啊！我本来是可以用这100苏让别人为我干活的！”

国家确实曾经提出过上面的理由，也确实有人曾毫不客气地提出过这种

---

① 国防部部长最近宣布，把一个人送到阿尔及利亚去，要花掉国家整整8000法郎。然而按照现在的一般标准，我敢说现在一个普通人每年有4000法郎，就可以在法国生活得很不错了。这样一来，我就很想知道，如果你在带走一个人的同时，带走了可以供养两个人的钱，这就是你为法国所做的贡献？——原注

反驳意见，如此一来公共财政官员与可怜的詹姆斯先生之间的辩论就非常简单了。假如国家对他说："我要从你这儿拿走100苏，用来雇用警察，他可以保障你的生命财产安全的，这笔钱也可以用来雇人修筑你每天都要走过的马路，也可以用这笔钱雇用官员，他可以负责保护你的财产权和自由权利，也可以供养军队，以保卫我们的边界安全。"如果是这样的话，老好人詹姆斯先生恐怕无话可说，我所考虑的那些看不见的东西也就派不上用场了。但是，如果国家这样对他说："我虽然从你这儿拿走100苏，但如果你好好地耕种自己的田地，或者让你的儿子学习你不想让他学习的东西，或者让某位内阁部长在他有100道菜的豪华晚宴上再增加一道菜，我就奖给你1苏。我也可能拿着这100苏在阿尔及利亚某地修建点什么，不用说也可能拿更多钱去养活某位被运送到那里的殖民者，或者从税款中抽出一笔钱供养一位士兵保护这位殖民者，再用另外一笔钱供养一名将军领导这些士兵，如此等等。"那么，我想老好人詹姆斯先生一定会愤怒地叫嚷起来："这是什么司法体系？简直就是强盗法则！"国家也可能会聪明地预见到这些反对的理由，那么它会怎么办呢？答案是搅乱一池清水，模糊焦点。它会提出某种对讨论问题没有助益的而且老套的让人生厌的论点。大谈特谈这100苏可以创造多少个就业机会；会说有多少个厨师和商人因满足部长大人们的需求而获得收入；给我们大讲这5法郎可以养活一位离家万里的殖民者、一位勇敢的士兵或一位睿智的将军……总而言之，它给我们讲的，都是那些看得见的东西。这样一来老好人詹姆斯先生就很容易被愚弄，如果他不知道下一步就该探讨那些看不见的一面的话。正是考虑到这一点，我才要反复地强调，殷切地教给他这种观察方法。

让我们认清一个事实吧！公共支出只能重新配置就业岗位而无法增加工作岗位，因此我们可以得出结论，这种支出的质量是低劣的，效率是奇差的，应该消除这种情况。因为重新配置就业岗位就意味着使工人的就业位置发生变化，破坏了控制着人口分布的自然法则。相反，如果让这5000万法郎留在纳税人手中，这笔钱均匀配置在全国范围内，就可以促进全法国4万个市镇的就业发展；如果真能这样，那么这笔钱就成为让每个人都能跟他的祖国密切地联系到一起的纽带，它可以在尽可能多的工人中间和所有可以想象得出的行业中配置。而现在，假如国家以税收的名义拿走国民们的这5000

万法郎，并且把这笔钱集中花到一个地方，毫无疑问，这必然会将其他地方相应数量的工人吸引到这个地方来，就业问题暂时解决了，但一旦这些钱花完，这些工人就会失去工作，成为事实上的流动人口，同时失去了原来的社会地位，我敢打赌，那时这些工人的处境就会更艰难了。还是让我们回归本文的主题吧，现在的情况却是：国家这种把所有的钱都聚集起来投向一个小地方的狂热举动，吸引了每个人的注意力，这些是看得见的；人们都拍手叫好，感叹国家轻而易举就解决了很多问题，不仅如此，他们还要求多多实施这种经济活动，并进一步扩大实施范围。看不见的则是在法国的其他地方，却再也创造不出同样数量的工作岗位了，而且是可能更有用、更符合国民利益的岗位。

第十章　节俭与奢侈

非常遗憾的是，事物看得见的一面掩盖了不容易看见的一面，这种情况并不仅仅发生在公共支出问题上。由于对政治经济学智慧的无视，这种看得见和看不见的现象慢慢地形成了一种错误的道德标准，这导致人们往往把道德利益和物质利益看成是对立的。真的没有比这更令人沮丧或更令人悲伤的了！请看：天底下所有的父亲们，都在教导自己的孩子遵守秩序，勤俭节约，不要随便花钱；天底下所有的宗教无不痛斥摆阔气和奢侈无度的行为。表面上看来，上面的说法都很好，对我们的生活是有益的。然而，另一方面，我们知道还有一些比这些言论更流行的说法：

“过分聚藏钱财会使一个民族的发展陷入停滞。”

“大人物生活得奢侈一点可以使小人物生活得更舒服。”

“纨绔子弟的纵情享乐毁了自己但却富了国家。”

“仇富是没有必要的，正因为有了富人的大手大脚，穷人才能够得到面包。”

在上述这些论调中，我们可以很清楚地看到道德观和经济观之间存在着不可调和的矛盾。有很多目光敏锐之士也指出了这种矛盾，但让我无法理解的是他们在之后仍然可以对此熟视无睹！在我看来，没有什么比在自己的内心中发现这种矛盾性更令人痛苦的了。这样做不对，那样做错误，非此即彼的二元对立，反正人类总是得堕落——选择节约俭省，人类的经济就将进入可怕的停滞状态；选择挥霍浪费，人类便会滑入道德破产的深渊！

凡尔赛，法国巴黎的卫星城，曾是法兰西王朝的行政中心，位于巴黎西南15千米处。为艺术城市，凡尔赛宫是法兰西艺术的明珠。宫殿、花园壮观精美，内部陈设和装潢富艺术性，底层为艺术博物馆。

我要在这里指出，上面这些广为流行的格言对节俭和奢侈的看法是错误的，原因是它们只考虑了眼前的、可以看得见的后果，而没有考虑到那些远期的、看不见的效应。下面我们就对这种不完整的看法做一些修正。

有一对兄弟蒙多（Mondor）和阿里斯特（Aristeetd）平分了父亲留下的遗产，他们每人每年有5万法郎的收入。靠着这笔丰厚的遗产，哥哥蒙多过上了最最时髦的生活，他花钱大方慷慨，其实我们也可以说是挥霍无度：一年之内几次更换家具，每月都换一辆新马车，周围的人们也把他当作“富豪”“肥羊”，每天都在想着搞出新奇好玩的东西，好尽快将他那些钱榨干净。总之，他让巴尔扎克（Balzac）和大仲马（Alexandre Dumas）小说中生活奢靡的主人公[①]也相形失色。

结果这样的纨绔子弟被人吹捧起来，一时间备受赞誉：“给我们讲讲蒙多先生的事吧！多么了不起的人啊！穷苦人都要感谢他呢，他可真是法兰西的拯救天使。没错，蒙多先生的生活确实有点奢华无度，他从街面上疾驰的马车确实溅了行人一身泥水，他的行为虽然不那么体面，我们甚至可以说他的行为使其本人以及人类的尊严多多少少都受到了损害……但这又有什么关系呢？虽然他没有通过自己的勤劳而成为对社会有用的人，但他确实也通过自己的财富造福于社会了。他的消费让钱快速地周转起来了，商人们络绎不绝地出入他的家中，而且每个商人都钱包鼓鼓地满意而归。金币本来就是圆的，就是应该转起来嘛。”

同样是继承了5万法郎的财产，但弟弟阿里斯特的生活方式却截然不

① 巴尔扎克和大仲马都是法国著名作家，他们都善于写没落衰败的贵族阶级和暴富的资产阶级，笔下多有生活奢侈的人物。——译者注

凡尔赛城堡的大理石楼梯。由阿姆斯特朗创作，发表于1844年巴黎马加辛皮托雷斯克。

同：就算他不是个自我中心主义者（egoist），至少也该算个人主义者，因为他花钱的时候总是精打细算，不太追求享受，总是考虑自己孩子的未来，一句话，他是那种节俭度日的典型代表。

现在，咱们来听听看大伙儿是怎么评价他的！

“地地道道的守财奴！吝啬鬼！他这样生活对社会有什么好处？当然，我们承认他的简朴生活很感人，而且他的人品没问题，他是仁慈的、善良的，但是要我说在金钱这件事上他也太会算计了。他有那么多钱，却不愿意多拿出一些用来消费。看看他的房子吧，一年到头既不光彩照人，也不门庭若市。那么，你想木匠、车匠、马商和糖果商人能对他有什么好印象吗？”

毫无疑问，这些评判对道德伦理来说是有害的。人们之所以会有这种看法，是因为他们只看到了一件事：纨绔子弟的挥霍给商人们带来了多少好处，但却没有看到另一个事实：节俭度日的兄弟相比挥霍无度者的花销，其实是同样多，甚至更多。

我们要相信，自然所安排的社会秩序是美好而有序的。政治经济学与伦理跟万事万物一样，都在这种秩序中保持和谐一致，它们不可能也不应该是彼此相冲突的，因而，阿里斯特的节俭生活的智慧不仅更珍贵，而且比起荒唐的蒙多来，社会带来的益处也就更多。

我需要解释一下，这里所说的能带来更多好处，并不仅仅是指为阿里斯特本人带来更多好处，也不仅仅是对整个社会带来更多益处，甚至也包括能给我们时代的工人、对当代的产业，带来更多好处。

而要想证明这一点，我们就必须在思考人的行动带来的那些眼睛看不见的隐蔽后果。

是的，蒙多挥霍金钱的效应是所有人都能看得见的：每个人都能看见他驾着各种各样的豪华马车，比如华丽的四轮双座有篷马车、最新款的双排座开合式顶篷四轮马车、四轮敞篷轻便马车；人们也都能看见他家天花板上精美的绘画、看见他名贵的地毯、看见他那奢华富丽的豪宅；每个人也都看到了，他在赛马中骑着从国外高价购进的纯种马，在巴黎豪宅中举行着让林荫道上的路人都颠倒迷醉的宴会……关于他的传说到处都是："看看那个出手大方的家伙，他的钱袋子上开了个永远缝不上的洞，他简直花钱如流水。"

但是说阿里斯特的行为有益于劳动阶级，我们却不大容易看清楚。但是，只要花一点时间好好梳理，就可以完全肯定地说，他的所有收入——注意，我说的是每一分钱——最后都会用来雇用工人，他的钱所产生的作用跟蒙多的消费一模一样。两者之间唯一的区别是：蒙多大手大脚、今天不管明天的挥霍必然使其口袋迅速瘪下去，最后一分不剩；而阿里斯特明智的花钱方式却会使他雇用工人的数量一年一年地增加，无形中也就给社会提供了更多的就业机会。

如果你承认这样的说法的确有道理，那么，同样就得承认公众的利益实际上是跟伦理道德和谐一致的了。

阿里斯特平均每年为他本人和家人的生活花去2万法郎。如果这样大的花费还无法让他觉得幸福，那是无论如何也说不过去的。对于穷人所承受的不幸他怀有同情，觉得自己有一种道德上的义务，多少也要救济一下他们，于是，他每年拿出1万法郎从事慈善活动。除此之外，他有一些朋友在一年中也有可能暂时陷入财政困难里。这些朋友可能是商人、制造商、农民。他了解到他们的处境，也愿意在必要的时候拉他们一把，当然他对此要考虑周到，并且要帮到点子上。在这方面每年又花去1万法郎。最后，他也会为自己的儿女做考虑，自己的女儿需要有副好嫁妆，自己的儿子要有个好前程，于是他每年都为此而储蓄、投资1万法郎。

因此，下面就是他的收入的用途：

（1）个人生活开销2万法郎；

（2）慈善方面的活动1万法郎；

（3）帮助朋友1万法郎；

（4）储蓄或投资1万法郎。

如果我们仔细地考察一下这些支出项目。那么，就会发现阿里斯特同样将每年所有的收入都花了出去，支持了国家的工业发展，一个子儿也没剩。

（1）个人生活开销。这一点显而易见，对于各行业的店主和工匠来说，这些钱的效应跟蒙多花同样数量的钱产生的效应完全相同，我们不用更多地讨论。

（2）慈善方面的活动。撇去道德方面的影响不提，他为此目的而捐献出的1万法郎跟别的同样数量的钱一样扶持了工业发展。这些善款会通过各种途径最终流入面包师、屠户、裁缝、家具商手中，只不过用这笔钱换来的面包、肉、衣服，并不是要直接地满足阿里斯特的个人需求，而是会满足那些受惠于捐款的人们的需求。钱都花出去了，至于消费者到底是谁，对于整个工业并没有任何影响。同样100苏，是由阿里斯特本人直接消费，还是他捐赠给一位穷人去消费，结果都是完全相同的。

（3）帮助朋友。阿里斯特把钱借给某位需要帮助的朋友，或者慷慨地用这笔钱为朋友举办葬礼，这样做所产生的经济结果跟我们的说法也没有任何矛盾之处。他的朋友拿到这笔钱后可以购买商品或者偿还自己的债务。在前一种情况下，这些钱会促进法国工业的发展。谁敢断言蒙多用1万法郎购买一匹纯种马给牧业带来的好处，就大于阿里斯特或他的朋友用1万法郎购买布料给工业带来的好处？还要指出一点，如果这笔钱是朋友用来偿还一笔债务，那么在这一过程里将出现第三个人——债权人，他将拿到这1万法郎，但是这并不会产生什么负面影响，毫无疑问地他也必然会用这笔钱投资于企业、工厂，或者开发利用某些自然资源。他的出现只不过是在阿里斯特和工人之间又多了一道中介而已。钱的所有者是谁无关紧要，重要的是钱总会花出去，因而照样会促进工业发展。

（4）储蓄。别忘记，还有1万法郎被储蓄起来了。正是这一点最容易让人质疑阿里斯特，因为从表面上看，从促进艺术、工业发展和创造就业机会的角度看，蒙多似乎要比阿里斯特表现得好一些，尽管从道德上讲，阿里斯特要比蒙多优越一点点。

如果这种冲突是真实的，如果伟大的自然允许这种矛盾存在，那么，我不可能不陷入实实在在的精神痛苦之中。如果人类沦落到只能在两者之间做选择，要么让自己的利益蒙受损害，要么让自己的良心备受折磨，那么，对于人类的前景我们恐怕就要绝望了。所幸事实并非如此。要想证明阿里斯特的生活方式不但具有道德上的优越性，同时也具有经济上的优越性，我们只需明白下面这个令人欣慰的公理即可，而这条表面上看起来有点矛盾的公理也是经过了检验的：储蓄也是支出。

让我们看看阿里斯特怎么储蓄他那1万法郎的？他是不是跑到自家的花园中挖一个坑把那20万苏硬币埋起来？不，当然不是，这是最笨和不讨好的做法，他还想用之增加自己的资产和收入呢。因此，他会用这笔暂时闲置不用的钱来购买一块地、一栋房子，购买政府债券，购进一家工业企业，当然，他也可能把它委托给一位经纪人或是一位银行家打理。我们且不管这些钱到底是用这里假设的哪一种方式处理，你都得承认，这笔钱也会通过买家、卖家之手流通，并最终起到促进工业发展的效果，这跟他的兄弟用这笔钱来购买家具、珠宝、纯种马没有两样。

阿里斯特之所以用他那1万法郎购买一块土地或一笔债券，是因为他觉得他不需要消费这笔钱。这一点可能会让你产生他没有尽到促进工业发展责任的错觉。然而，出售这块土地或者债券的人，最后也必然会以某种方式花掉他得到的那1万法郎，在这件事上不会有任何例外。

因此不管怎样，这笔钱总是会花出去的，区别只是由阿里斯特本人花，还是别人代替他来花而已。

因此，从劳动阶级的立场和扶持本国工业的角度看，阿里斯特的行为和蒙多的行为真的差别不大：蒙多的所有支出都是由他本人直接花费掉的，并且只为满足自己的欲望，这是看得见的；而阿里斯特的消费行为中，有一部分钱是通过中介渠道花费的，中间过程有一点曲折，这是看不见的。然而在实际效果上，对那些受他们消费活动影响的人来说，看不见的行为所产生的效应与看得见的行为产生的效应是完全相等的。能够证明这一点的就是，在这两种情况下，钱都在经济系统内周转，留在弟弟保险箱里的钱并不比留在大手大脚挥霍的哥哥保险箱里的钱更多。

因此，那种认为节俭会对工业带来实际的损害的观点，是错误的。就促进工业发展而言，节俭和奢侈的最终效果是一样的。

即便如此，我们还是觉得，这些钱如果不是用于肆意享乐，而是细水长流，那么，对工业的好处会更多，道理何在呢？

10年时间很快过去了。纨绔公子蒙多和他的财产以及他广为传诵的轶闻，如今安在？这一切辉煌早已经烟消云散了，蒙多已经风光不再了，他非但不能每年为经济发展投入5万法郎，相反，他可能早就开始靠吃福利金过日子了。他现在怎么样已经没有人关心了，反正他不再是店主和商人们的乐趣所在了，他也不再被当成是艺术和工业的促进者了，他对工人也不再有任何用处了；更悲惨的是他对他的子孙也毫无用处，他大肆挥霍、罔顾后代利益的做法已经把他们抛置在悲惨生活之中。

同样是在10年之后，当初被认为是“吝啬鬼”的阿里斯特却不仅继续将其收入投入到货币周转中，而且，每年为社会、经济发展贡献出的钱还在增加。我们可以看到，他用于支付工人工资的资金数量每年都在增加，他雇用的工人越来越多，为劳动阶级提供的报酬也越来越多。等到他去世的时候，他的生命已经留下了痕迹，这些进步和文明的成果就是最佳见证。

从道德上讲，节俭是要优越于奢侈的，这一点没有什么争议。而令人欣慰的是，从经济角度来看，节俭也同样具有优越性，不管是谁，只要他不是仅仅考察事物的直接效应，而选择深入探究其深层效应，就必定会认同这一点。

第十一章　就业的权利与保证获取利润的权利

“兄弟们，把你的钱分一点出来让我有活可干吧！”这是在要求获得就业的权利。

“兄弟们，把你的钱分一点出来让我也有钱可赚吧！”这是在要求获取利润的权利。

以上所说都是靠看得见的那些效应来维持生命力的，如果我们仔细去思考看不见的那些效应，那么其合法性和合理性就会大打折扣。

可以看得见的是，向纳税人征税、向社会搜刮钱财，的确创造出了很多工作机会和利润；而看不见的一面则是，如果这些钱被留在纳税人自己手中，也同样能够创造出这么多工作机会和利润。

在1848年的一段时间里，就业的权利曾经像一枚硬币一样向公众显示了其两面性。这就足以把它毁在公众舆论手中。

一面被称为：国有工厂；另一面则是：加税45分[①]。

每一天，都有上百万人从塞纳河两岸[②]涌入国有工厂工作。这是这枚硬币美好的一面。糟糕的是，这枚硬币还有另一面。如果想要从保险箱中拿出那几百万法郎，首先得有人贡献出这笔钱。于是，发起“就业权利”这一运动的组织者们最后都不得不向纳税人伸手。

于是，农民们委屈满腹了：“我必须得多缴纳45分。因此，我就会平白失去一件衣服，我不能再雇人给我的田地施肥了，我不能再找人修整我的房子了。”

于是，等人雇用的手艺人们也牢骚不停了：“由于我们的雇主没钱添置新衣服了，所以，裁缝的活儿就少了；由于他没钱再给自己的田地施肥了，所以帮工的杂活也少了；由于他没有钱修整房子了，所以木匠和砖瓦匠的工作也少了。”

到这里，我们已经可以看得很清楚了，一桩买卖中你无法两头获利。这也证明了，由政府掏钱创造工作岗位，那么也要付出代价——纳税人不能再掏钱创造就业岗位了，这就是就业权利的最终结局。我们都可以看到，它既是一种不公平，也是一种不现实的幻想。

然而，获取利润的权利说穿了也不过就是就业权利的一种扩展而已，但与后者相比，它却显得很有生命力，在当今社会仍然大行其道。这样说来贸易保护主义者让社会在整件事中扮演的角色是不是多少有些可耻？

贸易保护主义者蛮横地对社会说：“你必须给我提供就业机会，不仅如

① “二月革命”时实行的一项经济政策：新政权为了解决失业问题，创建了国有工厂，同时也把间接税率提高了45分。但事实上这项政策只是一个闹剧：国有工厂对解决失业所起到的作用微乎其微，甚至根本就无法运转。——译者注

② 此处指代巴黎。塞纳河流经巴黎时，把巴黎分为两部分，巴黎两岸由34座桥梁连接在一起。——译者注

此，你还必须给我提供有利可图的工作岗位。进入这个行业是一个愚蠢的选择，我现在亏损了10%。对我来说，我要求有盈利的权利，你也有义务满足我的要求，事情其实很简单，如果你对大家征收20法郎的税金的时候，给我来个免税，那我就扭亏为盈了。”

他的这一番诡辩打动了社会，于是在对全社会都征税的时候，他却幸运地成了例外。社会没有认识到这样一个问题，那个行业扭亏为盈了，并不等于它不亏损了，表面的亏损之所以被勾销，是因为社会中的其他人被迫承担起了那个亏损——我倒是觉得，这个社会也活该承担别人强加给它的这些负担。

从上面讨论的很多问题中我们也可以看到，如果不了解政治经济学，那么我们在面对某一现象的直接效应时就很容易被冲昏头脑；而对政治经济学有足够了解之后，就能够全面地考虑各种各样的效应，权衡利弊。这里所说的效应既包括直接效应，也包括远期的效应。

如果我愿意的话，其实还可以找出一大堆问题进行一番同样的分析。不过，我还是决定到此为止吧，因为道理都是一样的，一通则百通，反复论证也无大益。我希望把夏多布里昂[①]（Franois-René de Chateaubriand）谈论历史的一段话用到政治经济学上，作为本文的结语：

历史总是会产生两种后果：一种是眼前的，几乎在事件发生的同时就可以认识到的；另一种则是远期的，最初可能觉察不到的。你会发现这两种后果经常是互相抵触的，前者出自我们短视的眼睛，而后者则需要我们具有思虑深远的智慧。值得庆幸的是，最终的结果总是合乎人性的。在人的后面站着上帝。可能有人不愿意相信这种智慧的力量，或者干脆偷换概念，把普通人称之为天意的东西称为“环境的力量”或者是“理性”；但是，看看那些已经出现的结局吧：如果一件事情不是起初就建立在道德与公正的基础上，则其结果必然会是南辕北辙，适得其反。（夏多布里昂《墓外回忆录》）

---

① 夏多布里昂，法国作家、法国浪漫主义文学运动的先驱。1814年波旁王朝复辟后成为贵族院议员，出任外交大臣。其主要著作有《革命史论》《基督教的真谛》《关于罗马帝国崩溃的历史研究》，最著名的则是其积40年之功力写就的回忆录《墓外回忆录》。——译者注

第二篇
经济学的诡辩

原作者序

我准备在这本书中对各种反对自由贸易的观点进行回击。

我并非故意想与保护主义者唱反调，只是想向那些对这一问题还疑惑不解的人阐述一些基本常识。

虽然在我看来，那些拥护保护主义政策的人，其出发点不一定是一己私利，但我依然认为反对自由贸易的理由是牵强附会的，或者说是对错参半的。当然，作为一种比较新的事物，自由贸易本身也存在着很多“问题”，不然也不会有如此之多的人会对自由贸易或心怀恐惧，或疑虑重重。

我的目标或许听起来有些太大，但真诚地讲，我希望我的这本书能达成目标，成为人们鉴别各种理论的实用手册。除了那些理解自由贸易真谛并对此坚信不疑的人，人们的思想多多少少都会受到保护主义谬论的影响。为了肃清这些谬误，每一次都需要进行详细的分析，但不是任何人都有时间来进行这项工作，对立法者来说更是如此——这也是为什么我要提供一套现成分析的原因所在。

也许有人会提出这样的问题：难道来自自由贸易的益处如此高深莫测，只有那些知识渊博的经济学家们才能揭示出来吗？

是的，我们必须承认，我们的对手在这一点上占尽了优势。他们只用只言片语就能讲出一个似是而非的理论，但我们如果想证明这个理论是错误的，则需要绞尽脑汁、费尽唇舌。

发生这样的情况也是符合事物本质的。保护主义对其带来的一点点好处大肆鼓吹，但对其造成的方方面面的隐患却很少提及——因为好处往往都是有目共睹的，而隐患却是非常隐蔽的，只有经过深入地思考才能发现。而我们最终将明白，自由贸易与保护主义是水火不容、完全对立的。

社会生活中的经济问题大多是这样。

有人断言：“工厂中每增加一台机器就会让30个工人丢掉工作。”

有人说："奢侈浪费对我们的社会来说是一件好事，可以推动各个行业繁荣发展。"

还有人说："通过征服阿尔及尔，马赛将使其贸易额轻松翻一番。"

最后，还会有人提出："政府的支出是非常有帮助的，它至少使10多万家庭过上了温饱生活。"

这样的表述内容简明，语言直白，人们一听也会觉得有点道理。也许，人们还能从中得出如下结论：

（1）机械化是邪恶的；

（2）开疆拓土、侵略征服以及征收重税都是善行。

所有上述论断都可以在生活中轻易找到"铁证"，因此这样的结论也很容易说服普通大众。

然而，在我们看来，这些论断实在过于粗暴，世界上的事物之间广泛地存在着依存关系，因此我们就不能仅仅考虑单一的原因和直接的后果。为了能够做出正确的判断，我们不能只满足于一个后果，而是要从后果追溯到最终的结果。直白点说——要弄明白事情的来龙去脉。

但是这样"烦琐"地做判断，我们很容易就会遭遇这样的非难：反正你们都是华而不实的理论家、形而上学者、观念主义者、乌托邦和教条主义者等。公众很容易受到这些偏见的影响进而不加思考地反对我们的观点。

那么，我们应当如何反制呢？我们要做的就是激发读者的耐心和追求真理的决心，尽可能用通俗直白的语言将真理和谬误表述清楚，这样的话，就可以帮助人们弄清楚自由贸易和保护主义最终哪一个会获得胜利。

我一直致力于做这项重要的分析和研究工作。

这本书中的一部分内容已经在《经济学季刊》上公开发表。

保守主义者罗亚尼特发表了很多公开论文，其中有几篇批判性文章已被人们普遍接受，他在文章中指责我倡导废除关税。在这里必须澄清一下：这位先生说错了，我说的是废除保护主义制度——对于给政府缴税并不反对，我反对的是国家之间彼此征税。关于关税，拿破仑曾经一语道破："关税实质上并不是一种税收，而是保护工业的一种手段。"他还说："关税不能作为一种勒索对方国家工人的手段，而应该是一种良性的税收。"我们，也许只有我一个人全力倡导废除高关税，因为我知道，这与法国未来金融的稳定息息相关。

这将是一件困难的事，因为高关税可以带给国家财政丰厚的收入，而且政府支出的增长速度总是快于经济学原理的传播速度，所以贸易改革的关键就在于财政部。

有人也许会问："那么，您说了这么多到底要得出什么样的结论呢？"

得出具体而微的结论并不是我的初衷，我的目的只不过是揭穿谬论而已。

"然而，"也许有人会就这个问题继续纠缠不休，"仅仅揭穿谬论是远远不够的，怎么也得提出一些有建设性的意见啊。"其实，我认为，揭穿了谬论实际上就等于指明了真理。

另外，我不打算在这里直接表明我的态度。我看到的被大众所认可的关税条款与下面的关税规定基本一致：

从价关税税率：

基本必需品：5%

一般消费品：15%

奢侈品：15%或20%

撇开政治经济不谈，老实说，我并不认为这样的关税能发挥人们所希望的作用，但是，这个问题还是留待后面详细阐述吧。

第一部分　经济学的辩论

第一章　人为制造稀缺

富足与稀缺，两者被放在一起比较的时候，人们是更喜欢前者，还是更喜欢后者？

“这还需要问吗？”很多人可能会觉得这个问题很可笑，并且不耐烦地回答，“答案如此显而易见，难道有人会认为稀缺能给人类带来更多的幸福吗？”

荒谬吗？但是我要告诉你们，确实会有许多人是这样认为的，而且会日复一日、年复一年地反复提起。迄今为止，稀缺理论已经成为经济学界最有影响力的理论，这是毋庸置疑的事实。它经常会被人们大篇幅地引用，出现在社会生活的各类谈话中、各种报刊文章中、各级图书中以及各种政治话题中。在“财富是商品的极大丰富”这一简洁主张未得到社会大众认可之前，每天人们都在抱怨：“市场里到处都是外国商品，真是可怕，简直要把我们淹没了。”从这一点来看，人们害怕富足。

德克里克也曾经断言：“长期来看，在经济中，生产是过剩的。”因此，他也害怕富足。

在工厂中，工人们经常会毁坏他们认为多余的机器。因此，他们也害怕生产过剩，换句话说就是，他们也害怕富足。

比格奥不是也经常说“只要面包涨价，农民就会因此变得富裕”吗？众所周知，只有当面包的供给小于需求时，即面包稀缺时，其价格才会上涨。因此，比格奥也是在赞美稀缺。

达加奥特曾指出糖产业的生产力是过剩的，还对这种情况提出了批评。他还反复强调：“糖用甜菜的需求是有限的，不需要无限制扩大种植面积，因为只要每个地区种植若干公顷的甜菜，就能够满足全国消费者的需求。”从这番话可以推断，对人们有利的是稀缺和贫瘠，对人们不利的反而是富足和丰饶。

新闻署、商务部和主流日报也在积极地做着洗脑的工作，它们每天早上都用至少一篇文章告诉众议院和政府，虽然关税政策导致了市场上商品价格的普遍上涨，但是这是合理的。这种做法非常成功，众议院和政府也是按照媒体的腔调行事的。然而，关税导致价格普遍上涨的主要原因是什么呢？是市场的供给相对减少了。于是，报纸、众议院和政府用稀缺理论指导实践，这同时也印证了我们上面的说法：稀缺理论已经成为目前最有影响力的理论。

在工人、媒体和政府官员的心中，为什么稀缺受到如此地推崇，而富足却受到抵制呢？其中的缘由我会在下文中细细道来。

我们可以发现一个一般规律——在产品热销的行业，工人的付出可以得到更高的回报。换句话说，在同等劳动强度下，在同等劳动时间里，工人可以获得更高的薪酬，工人通过劳动获得的薪酬的多少与生产产品的“短缺”“稀缺”程度关系密切。由此我们可以得出结论：稀缺可以使工人更加富裕。以此类推，对全体工人而言也是一样的，于是人们就悟出了稀缺理论。因此，如果人们用这样的理论来指导实践，就会为了厂商的利益使出各种不合理的招式，如人为操纵价格上涨、通过限制和保护主义措施来炮制短缺、抵制引进机器设备，等等。

接下来我们再分析一下富足会导致什么样的结果。有一点是很容易看清楚的，如果一种产品的供给超过了需求，那么这种产品只能用很低的价格才能卖出去，厂商的利润自然就会减少甚至亏损。一旦所有的厂商都处在这样的经济环境之中，其结局将是厂商无法生存，即使侥幸存活下来也是举步维艰。因此，富足会给我们带来不幸。如果人们认可了这样的理论并用它来指导实践，那么一些国家的法律法规会抵制富足也是合情合理的。

这个荒唐的理论，如果仅仅是一个无关紧要的学术结论或许没有什么，但是如果被应用到各个领域，应用于某个产业，或应用于某特定行业的生产中，那就另当别论了。从某个角度来讲，这个理论是有一定道理的，但它是片面的。而且，我们很容易看到这个理论中正确的部分，但是如果我们不仔细揣摩，就很容易忽略掉其片面、荒谬的部分。

人们是为了消费而生产，即人们拥有生产者和消费者的双重身份。上文分析出的结论只是单一地从生产者的角度得出的。如果从消费者的角度去分析，那么就会得出相反的结论：

假如消费者能够用最优惠的价格买到所需的全部商品，那么他们会更富有，因此从消费者的利益出发，社会产品越丰富，消费者会越富有，而且这一结论适用于所有的消费者，于是富足理论就应运而生。

如果对交易进行片面的理解，就很容易得出这些荒唐的结论。但是通过对个人利益性质的仔细分析，我们就会发现交易具有两面性——作为卖方时，他们倾向于更高的价格，于是乎喜欢稀缺；作为买方时，他们倾向于更低的价格，于是乎喜欢富足。仅考虑其中任何一方的利益都是错误的，我们应该从两个方面综合考虑人类的整体的、永久的利益。

如果这世界上只有一个人，他每天为自己的日常所需而付出劳动，劳动的成果完全归自己享用，简单地说就是没有任何交易行为，在这种情况下稀缺理论就不会产生。很明显，产品富足是一件对他有利的事情，而且无论这些产品如何获得——通过辛勤劳动所得、通过发明先进机器所得、通过肥沃的土地所得、通过大自然所得以及天外来物等，情况都没有什么不同。此时，这个人绝对不会为了体现劳动的价值，而去毁坏先进的机器、肥沃的土地或舍弃天外来物。因为他很清楚劳动只是获取物质财富的手段而不是目的，为了保全财富而去舍弃财富是极为不明智的行为。他非常清楚节省劳动力是一种进步。如果每天需要劳动两个小时来满足一天所需，而利用先进的机器、肥沃的土地、天外来物等可以帮他节约一小时，他会毫不犹豫地利用这些条件用一小时去获得一天所需，然后用余下的一小时来自由支配以提高他的生活质量。

但是自从商品交易出现以后，如此简单的道理，我们却很难做出正确的理解。因为在现实社会中存在社会分工，一件商品的生产者是这个人，而商品的消费者往往是另外一个人，因此他们从各自的利益出发认为劳动是结果而不只是手段。由于交易的出现，同一商品包含着两方面的利益：一是消费者的利益，二是生产者的利益。这两方面的利益处于一种博弈的状态，此消彼长。

分析这两个方面是我们分析和认清事物本质的关键。

首先从生产者的利益出发。生产者要获得最大的直接利益必须考虑两个方面：

（1）所从事的行业中，生产者的数目要最少；

（2）消费者需要该行业提供的消费品要达到最多。政治经济学用精辟的术语做出了类似的表达：社会总需求大于社会总供给。换句话说，即竞争是有限的，市场是无限的。

而消费者要想使自己的直接利益最大化，也不外乎两个方面：

（1）消费者所需要的商品的供给很充足；

（2）消费者对这类商品的需求相对较小。

由于两者都以各自的利益最大化为目标，因此两者是无法相容的。法律应该做出怎样的选择才能代表公众的利益呢？此时公众的利益包括生产者的利益和消费者的利益。如果其中某一方的利益符合社会或整体利益，那么另外一方必定是敌对的。

明白了这一点，我们就很容易理解如果每个人的所有愿望都得到满足，那么将会对社会造成什么影响。

因此，从生产者的利益出发，我们不得不承认他们的愿望是反社会的：如果我们是葡萄园主，此时全世界的葡萄都遭霜冻而枯死，但是我们的葡萄得以幸免，那么我们会感到异常开心；如果我们是铁匠，不管公众是否有需求，我们都希望市场上出售的是我们自己生产的铁制品，急切的愿望、得不到满足的需求带来了好价钱；如果我们是农民，我们会赞成比格奥的观点——让面包涨价，面包供给相对少了农民就富了……这一切的一切都是在倡导稀缺理论。

如果我们是医生，我们很清楚外部状况的改善给行业造成的后果，因此很关注外部的一些迹象：如政府加强了公共卫生的建设；培养节制、戒酒等美德；普及关爱自身健康等相关知识；发现了一种简便易行的治疗方法，等等。如果我们是医生，从我们自身的利益出发，我们的真实愿望可能是反社会的，但是我并不是说医生真的有此愿望。我宁愿相信医生的真实愿望是：发现包治百病的妙药，但这不可能是一个理性的医生应该拥有的想法，而是一个圣人、一个基督教徒无法克制的冲动——为了实现自我牺牲的价值，他们行事必须从消费者的利益出发。我们甚至可以这样说：一名医生，只要他的行医生涯与他的福利、威望甚至全家生活支出息息相关，他的想法就可能是反社会的。

如果我们以生产棉纺品为生，那么，为了获得更高的利润，可能完全支持消灭一切对手。虽然我们不会公开地表达这一愿望，也不会付诸直接的行动，但是我们确实会以另外一种方式实现这一目标。比如，为了减少供给——将国外的纺织品拒之门外，同时运用国家权力影响国内供给，导致衣物短缺。

以此类推，无论在哪个行业，我们都能发现这些行业中员工的“反社会”态度。“商人”蒙田说：“商人生意兴隆得益于年轻人的挥霍，农民富足要靠粮食的价格昂贵，建筑师谋生要靠房屋朽坏倒塌，司法人员存在的理由在于人们的诉讼和纠纷，神职人员的尊严和职责有赖于我们的死亡和罪过，医生们生活在身体健康的人群中会感到不安，士兵们都不希望本土太平，如此等等。更为可怕的是，如果人人都探测一下自己的心灵，我们会发现我们心中孕育和产生的愿望大多是损人利己的。”

由此可以推导出的结论是：如果每个人隐藏在心中的真实愿望都得以实现的话，人类社会将会迅速退化到蛮荒时代——风帆替代了先进的蒸汽技术，木桨替代了风帆，四轮马车替代了木桨，骡子替代了四轮马车，最后是骡子被脚夫所替代；羊毛厂商下令棉花停产，棉农下令羊毛停产等，直至稀缺将整个地球占领，人类在地球上消失。

如果立法和行政机构授予米姆尔商业协会处置权，允许每一位会员制定一项法律并按这项法律指导实践，那么我们很难想象这部产业法典将会是什么样子。

而当我们站在消费者的立场上考虑问题，就会发现消费者的利益与社会总体利益几乎完全一致，如在人类对福利的诉求方面。当消费者来到市场，他希望看到自身所需产品供应充裕的繁荣景象；他希望风调雨顺，庄稼获得丰收；希望通过先进的技术发明创造更多更好的产品以满足自己的需求；希望能够节省精力；希望距离能够消失；希望能够减轻税负；希望关税壁垒终将消失。通过分析可以发现，消费者的利益与公众利益保持高度一致。潜藏在消费者心中的真实愿望即使再荒诞、再离奇，也不会与他人的利益相悖。消费者可能想要美味的食物，想要避风的屋顶和温暖的壁炉，想要教育和美德，想要安全和和平，想要力量和健康，他们希望这些都可以不劳而获、予取予求，如尘土、水汽和空气般充裕，如阳光般慷慨……但是，即使是这样夸张的愿望也并不会对社会福利产生任何影响。

此时也许有人会说，如果消费者的这些愿望都得以实现，那么就意味着对生产者劳动的要求越来越高，最终会使劳动者感到无所适从并导致生产陷入瘫痪。为什么会这样呢？因为在这个虚构的极端例子中，如果消费者的所有愿望都得以实现，人类就变得像上帝一样，只要动一动念头就可以获取所需。但是既然是这样，我们也根本没有必要去悲叹工业生产末日的来临。

现在我们假设立法议会由商人组成，代表生产者利益，且每位成员都有权实施一项法律，实现生产者的真实愿望。可想而知，立法议会的法律会将稀缺理论贯彻到底。

同理，如果众议院的成员都代表消费者的利益，从消费者的利益出发制定法律，他们将会制定自由贸易制度，取消所有限制性法律，取消所有人为的商业壁垒——换言之，即将富足理论进行到底。

总之，将生产者的利益作为出发点考虑，就会与社会总体利益相背离；而将消费者的利益作为出发点，就是将社会总体利益作为制定社会政策的依据。

尽管有啰唆之嫌，我还是要再次强调这一点：

消费者和生产者之间存在基本的对立关系。前者希望市场上的商品相对稀缺，物以稀为贵；后者希望市场上的商品相对丰裕，物美价廉。

按常理来讲，我们的法律应该持中立态度，但事实上它却支持生产者而抵制消费者，支持昂贵而抵制便宜，支持稀缺而抵制富足。

从某种角度来说，他们这么做又是“合乎情理”的——他们认为一个要什么没有什么的国家是富裕的。

因为他们代表的是生产者的利益，需要保证生产者的产品有一个好市场。于是，他们就必须提价；为了提价，就必须使产品供给变得相对短缺；产品供给相对短缺就是人为制造稀缺。

如果这样的法律得以全部执行，就会出现这样一个库存清单，清单上的物品（如满足法国人民所需的肉类、服装、燃料、小麦和殖民地等产品）不是以货币来衡量，而是以重量、尺寸、容量和数量来衡量的。

我们进一步假设，此时取消所有壁垒——进口到法国的外国商品的关税壁垒。

最后，为了更好地得到改革的结果，我们再进一步假设库存清单在3个月后取得。

那么经过这番改革之后，法国的小麦、家畜、服装、布匹、钢铁、煤炭、糖等产品的第二个库存量是否真的能够超过第一个库存量呢？

答案是肯定的，保护关税危害多，它试图阻止外国商品的进入，限制市场供给，最终造成商品价格昂贵，市场供应不足。

这样一来，我们又如何能够相信人们在现行法律下生活得更幸福！一个国家的肉类和糖类短缺可以使人们吃得更好吗？一个国家的亚麻和羊毛织物短缺可以使人们穿得更体面吗？一个国家的煤炭短缺可以使人们的房屋供暖更充分吗？一个国家的钢铁短缺或工具机器短缺可以使人们的工作更轻松吗？

当然，你们可能仍有疑虑：如果取消关税壁垒，外国商品大量涌入我国，我们的金钱就会大量流失，我们怎能过得更幸福呢？

事实上，金钱流失并不重要，因为人们不能吃现金、穿黄金，也不可能用银子来给房屋取暖。重要的是这个国家民众的食品柜中是否有足够的面包和肉、衣柜中是否挂满衣裳、壁炉前是否堆满木头等。金钱的多少并不重要。

法律中带有限制性的条款也同样会使我们陷入相同的困境。

如果大家都认同这一点，那么我们就要揭露它们给民众带来的所有伤害；如果大家都否认这一点，那么就是否认它们通过限制供给提高市场价格的行为，也就是否认它们在维护生产者的利益。

这样的法律既没有给人民带来好处，又丧失了效率，简直一无是处。

第二章　财富的阻力和动力

把“阻力”当作“动力”——就如同把稀缺和富足相互混淆一样——不幸的是这种情况时常发生。接下来我们看一看它误导人们的各种形式。

在远古时代，人类是一无所有的。

一无所有的人类希望实现自己的某些愿望，在达成愿望的过程中存在着重重阻力，因此人类必须付出劳动克服这些阻力，这样才能满足自己的愿望。然而，令人不解的是，人类在满足自己愿望的过程中的阻力怎么可能成为人类行动的动力呢？

假设，我到达目的地需要跋涉100千米，在这一路上存在着高山、河流、沼泽、密林、劫匪等阻力，为了克服这些阻力，我必须凭借自己的力量或者想办法借助外力，也就说为了到达目的地需要付出很多努力。而如果这些阻力不存在，那么我到达目的地就会轻松许多。

从出生到生命结束，人的一生是一个漫长的过程，为了维持生命我们必须吃很多食物，必须避暑防冻，同时还要预防和治疗各种疾病。在人生旅途中，有很多阻力与我们是如影相随的，如饥饿、干渴、疾病、酷暑和严寒，等等。在没有他人帮助的情况下，我们必须凭借自己的力量去狩猎、捕捞、耕种、纺纱、织布和建房，去克服一切生存阻力。如果阻力减少，那么我们的生活会更轻松；如果所有阻力都消失了，那么我们不需要付出任何努力就能幸福生活。在社会中，虽然阻力很多，但是我们并没有靠自己克服所有的阻力，因为其中一些阻力已经有人帮我们克服了，同时我们也帮助我们的同伴克服了一些阻力。

这些道理是显而易见的，如果可以轻易地克服阻力或阻力几乎不存在，那么人类不需要付出任何努力就可以过上幸福生活，整个社会的境况自然就会明显好转。

此时此刻，如果我们仔细地观察各种社会现象，仔细地观察始终处于交

《圣路易斯的奇迹》，手稿发表于1844年的巴黎马加辛皮托雷斯克。画面上是穿着传统中世纪服装的法国资产阶级。

易过程中的人们的观念，就会发现人们已经变得不知所措，已经无法分辨需要与财富、阻力与动力。

产品交换使社会产生了劳动分工，因而人们没有必要克服所有的阻力，只需要克服其中之一就行（不仅为自己，同时也为他人），社会中的其他人同样只需如此。

因此，为他人克服阻力成为人们致富的直接动力，阻力越大，克服阻力的人们就可以获得越高的报酬。

例如，医生只需要治病救人就可以获得所有福利，满足日常生活所需——不需要亲自烤面包、制作家具或织布裁衣，因为这些阻力已经有其他人帮他克服了。病人的病情越严重越频繁，治病的医生就可以获得更多的福利。疾病对于其他人而言是获得福利的阻力，而对于医生而言则是获得福利的动力。各行各业虽然都有其特殊性，但是其基本逻辑都是一样的。名为“距离”的阻力帮助船主致富；名为“饥饿”的阻力使农民得以生存；名为“寒冷”的阻力使纺织工得以维生；名为“无知”的阻力使得教师应运而生；名为“虚荣”的阻力使得珠宝商暴富；名为“或有失信”的阻力使得公证人生意红火。就如同医生靠人类疾病谋生一样，阻力成为他们获得福利的动力，阻力的大小与他们获得福利的多少密切相关。

根据这一认知，一些理论家试图构建这样一个分析体系：以个人的感受为起点，认为财富是需要，财富是劳动，财富是获得财富的阻力本身。按照这一逻辑，增加阻力就是对勤奋的奖励。

政客就很信奉这一理论并积极地将之付诸实践。他们执掌权力，巧借各种名目创造和加大阻力，因为他们认为这样做可以创造和增加财富！例如，他们说：“为了让钢铁产业工人更富足，我们可以在钢铁产业上增加一个阻力，如禁止从生产钢铁的国家进口钢铁，即创造了一个轻松获取钢铁的阻力，进一步说就是增加了供给的阻力。如果供给的阻力足够大，对供需市场产生较为明显的影响，那么就会迫使人们为了克服这一阻力付费。自然而然社会上就产生了致力于克服这一阻力的人，这一阻力的存在为他们创造了生财的机会。供给的阻力越大、产品越稀缺、越不易获得、产品越难运输或矿藏越偏远，该产业的各部门就越需要雇用更多的劳动力，人们因而获得了创造财富的机会。因此他们言之凿凿地说要禁止进口铁矿石，自设阻力可以创造更多的就业机会，可以为人们创造更多的财富。”

相同的逻辑导致机器被禁用。

例如，一些人想贮存美酒，就出现了贮存的阻力，如贮存容器的制造，此时有些人的工作是制造酒桶帮助人们克服贮存的阻力。与此同时，富有创意的机器也因此而产生，它可以轻松完成从砍倒橡树、修整、锯板、安装到生产出酒桶的全过程。这样一来贮存容器的制造更容易了，贮存的阻力就减少了，但是这造成了桶匠的过剩，因此需要政府出台一项法律保护桶匠的利益，于是就规定禁止使用机器制造酒桶。

如果我们要戳破这个荒唐的理论，我们就必须铭记一点：人类劳动只是手段，而不是结果。这样一来就不会产生失业问题，因为一旦人们克服了一个阻力，此时一部分人确实会因此失去就业的机会，但是同时另一个阻力也会随之产生，原先的那一部分人或者转到这里克服新产生的阻力，或者转而克服其他的阻力，这样他们就会重新获得就业机会，而且原先的阻力可能只需要一个劳动力，但是新产生的阻力可能需要两个劳动力去解决，如此一来新产生的阻力不但没有造成工人失业，反而创造了更多的就业机会。一旦制造酒桶的工人被淘汰，那么这些工人要么继续留在这一产业从事其他事情，要么转到其他行业。此时可能有人会问，工人获得报酬的依据是什么？工厂老板支付报酬的依据又是什么？人们如何判断克服阻力需要多少劳动力？又如何知道需要提供多少物品来补偿人们付出的劳动量？如果我们要知道人们何时会无事可做，那么就必须弄清楚阻力何时被完全清除。如果真有这么一天，那时我们就不再需要做任何事情，因为我们是无所不能的，我们只需一个规定，那就是我们的所思所想都能够被满足。

第三章　西西弗斯的荒诞主义哲学

我们已经弄清楚了一点：在愿望与实现愿望的路途中存在各种各样的阻力，为了实现愿望，我们可以发挥自己的主观能动性克服或减轻这些阻力。

于是有些人就会认为，从一般意义上来讲，工业是一个努力的过程，它带了结果（即福利），一言以蔽之，工业是人们创造福利的努力过程。

但是，福利的衡量标准又是什么呢？是财富吗？财富是努力劳动的结果吗？用努力劳动本身可以衡量福利吗？尽管我们现在还无法明确福利的衡量标准，但是我们可以确认一点：付出努力与得到结果之间始终存在着一种比例关系。那么，增长是与（结果/努力劳动）相关，还是与（努力劳动/结果）相关呢？

事实上，不论选取哪个指标都会引起争议，正因为对该问题存在分歧，政治经济学家才被分为两派。

按照第一种说法，财富是努力劳动的结果，其增长比例与（结果/努力劳动）成正比例关系。也就是说在努力劳动程度足够小、结果足够大的情况下，财富的增长可以无限大，即一丁点努力都不需要付出就可以获得无限的产出。

按照第二种说法，努力劳动本身就是财富，而且它可以作为衡量财富的标准。财富增长就与（努力劳动/结果）成正比例关系。此观点绝佳的代表人物莫过于做无用功的西西弗斯——日复一日地徒劳无功。

那么，支持第一种说法的人就赞成任何减少努力、增加产出的事物：高效率的机器提高人们做事的能力；交易的出现使人们通过交换获得了更多的资源；智慧使人们有了更多的创造发现；经验支持人们验证了猜想；竞争促进了生产，等等。

而支持第二种说法的人就赞成所有劳而无功的做法：特权、垄断、约束、禁令、限制机器的使用、贫瘠，等等。

如果我们认真分析一下就会发现，在人类的进化发展中，我们一直遵循的是第一种标准。我们都可以看到农民、制造商、商人、工匠、士兵、作家等各行各业的人，都会想方设法地把事情做得更好、更快、更经济，人人都在追求事半功倍的做事效果。

虽然第一种说法受到各行各业的人们的普遍支持，但是令人惊奇的是第二种说法同样很有市场。理论家、立法者、记者、政府官员和内阁要员等，这些在社会中充当指挥角色的人很信奉第二种说法。

但是就这些人个人来说，他们遵循的做事准则与其他人也并没有什么不同，都是追求以最少的努力获得最丰厚的回报。

也许有人认为我过于夸大了事实，这个世界上根本不存在西西弗斯式的事情。

如果说没有人会真正地、彻头彻尾地实施第二种准则，那么我很同意这些人的看法。大家一定会同意这样的一个逻辑：如果前提条件是错误的，那么就会推导出错误而有害的结果，而这个错误也会因此而停止。这也是生产实践不会出现西西弗斯式结局的原因，因为一旦发生错误，就会造成实际的经济或劳动损失，因此错误很难一直持续下去。但是在现实中，理论家、政府官员还是较长时间顽固地坚持这一错误准则，直到产生无法掩盖的重大损失，出现种种荒谬的结果，他们才会放弃，在其他一些领域同样如此——只有等到他们的种种算计落空了，他们才会放弃先前的错误观点，但是这种情况下也别指望他们承认错误，现代格言已经帮他们挽回了颜面：在政治经济领域根本不存在所谓的绝对真理。

让我们仔细思考一下，这两个准则无疑是对立的，但是它们在哪些领域可以大行其道呢？我们做进一步细分，第一种准则适用于生产实践中，而第二种准则适用于产业管制中。

我曾经反复引用比格奥的一句话，但是，比格奥实际上拥有双重身份：农民和立法者。

作为农民，比格奥致力于减少劳动量，且能用更便宜的价格买到面包。因此，他选择了一把好犁；他改良牧草；为了翻整土地，他大手笔地更换了耙和锄头；他想方设法调动雇工的积极性，使之达到最佳的劳动状态……他所做的一切都是为了一个目标：使努力劳动与结果的比例最小化。实际上，要评价农民的技术高低和努力程度，我们没有其他办法，只有通过其劳动量及所获结果来判断。全世界农民都遵循着一个相同的原则，任何人的付出都是为了使自己的利益最大化，都是为了以更低廉的价格买到面包和所需的其他全部商品。

关于这一部分，我们不再多说，只要读者认清人类这种无可置疑的天性就足够了，这足以提示立法者什么才是正确的标准、怎样做才是对生产有利的（这一点至少在其权力范围之内应该做到）；如果立法者都违背本辖区的法律，那么这将是一件荒谬透顶的事情。

但是事实是怎样的呢？我们看到，作为立法者的比格奥是这样说的："对于所谓的低价理论我简直无法理解，我很希望看到面包更昂贵，工人工作更努力。"而且，这位从多尔多涅省来的代表最终投票支持立法——制裁阻碍贸易的行为，这只是由于贸易的间接性有利于对产品价格进行操作，有利于把产品的大部分成本转嫁给消费者。

很明显，比格奥作为立法者时的观点与他作为农民时的观点简直是完全背离。为了使这位先生言行保持一致，他要么应该反对所有的限制性措施，要么应该在自己的农场中实施原先承诺的原则和标准。如果选择后者，他就应该在最贫瘠的土地上种植他的作物，如果不这样做的话，他就不能达到这样的效果——投入甚大而收获甚微。他不应该使用犁或更先进的工具，因为假愿望——面包更昂贵和劳动更艰辛。

在给定结果的前提下，宣称的目标和倡导的限制性措施导致必要劳动最大化。

另一个被公开倡导的目标和被认可的结果就是人为提高价格，而这与稀缺理论异曲同工。

查理斯·杜邦男爵是一个潮流人物，他是贵族中学习经济学的第一人。作为一名业余经济学家，他曾经指控铁路运输的出现损害了海运的利益，而事实是，适者生存，较快的运输方式会自然地影响较慢运输方式的生意。而且铁路运输的出现对海运的损害只是借助其低廉的价格夺走了部分运输市场。而只有降低（努力劳动/结果）的数值，才能获取低廉的价格，这样才能实现低成本。因此当杜邦男爵强烈地指控这种情况时，他遵循的就是典型的西西弗斯主义教义。按照他的理论，就是希望海运长久地维持下去，不被先进的铁路运输取代，这就像是有人希望马车替代海运，人力搬运替代马车运输，因为只有这样才可以使付出的大量劳动获得最少的回报。

我们的商务部部长德森特·克瑞科时常这样说："劳动是一国的财富。"他崇尚对商业施加若干限制。我们千万不要把它理解为以下说法的变体："劳动结果是一国的财富，"因为两者具有截然不同的内涵。这位经济学家认为劳动强度是衡量财富的标准，因此总是别有用心地、不停地颁布了许多限制商业发展的措施，他殚精竭虑地试图使法国花费两倍的劳动产出一定量的产品，如钢铁，并且相信这样做可以增加法国的财富。如果英国的钢铁成本是8法郎，那么法国的钢铁成本就是16法郎。假定劳动力成本为每天1法郎，本来法国为了得到100千克钢铁要付出8天的劳动，而在德森特·克瑞科的限制措施下，法国要得到100千克钢铁需要付出的代价就是16天的劳动。两倍的付出满足了相等的需求，所以财富增加了一倍，此时财富是依据劳动强度衡量的，而不是按照劳动结果衡量的。这真是地地道道的、纯粹的西西弗斯主义。

这样说起来似乎很荒谬，但是请相信，我并没有误解他的意思，因为这位阁下制造的麻烦已经足以表明他的意图。他将劳动强度与财富画上等号，他就必然认为劳动带来的丰裕结果或对需求的更充分的满足是一种贫困。“现在到处都是这样，”他说，“机器生产替代了人工生产，导致了生产过剩，导致供求不均衡。”很明显，德森特·克瑞科认为，法国之所以出现如此艰难的状况，是由生产过剩导致的，也就是说这是生产者太聪明，生产水平过高造成的。我们吃得太好、穿得太考究，所有的物品都供给过剩，生产的发展速度超出了人们需求的增长。所以这一悲惨的状况应该尽快结束，政府应该马上出台限制措施，保证多劳少得，这样有利于法国的发展。

这种限制是法国一贯的传统，为了说明这一点我还想引用另一位商务部部长德阿戈特的一段话，这段话品味起来也很有趣。这位部长先生致力于打击蔗糖业的发展，他说：“种植蔗糖肯定是有用的，但是蔗糖的用途是有限的。人们应该认识到，蔗糖缺乏被利用的巨大空间，其原因何在呢？因为蔗糖的种植量受制于消费者的需求。假设法国蔗糖现有消费量陡然增加两三倍，你就会发现其实我们并不需要这么多蔗糖，只需增加少许蔗糖就能使法国民众的日常需求得到满足（目前可谓怨声四起）。”这一点可以用一组数据来证明：现在法国产蔗糖可以满足三分之一的消费市场，其种植面积为16700公顷，占可耕地面积的九百七十八分之一，平均每家公社45平方米。假设国内的全部需求都由法国自产的蔗糖来满足，也只需种植48000公顷面积的蔗糖，占可耕地面积的六百八十九分之一。

本节重点强调两个因素：事实和教条。事实逐渐证明，只需少量的土地、资本和人工就可以产出大量的蔗糖，法国各个公社只需种植1公顷的蔗糖就可以使自己的所有需求得到满足。教条之一认为这种状况是不利的；教条之二认为这虽然是一个高效率、高产出的新兴产业，但是它的作用十分有限。

首先说明，我并不是蔗糖产业的卫士，也没有必要刻意追究德阿戈特讲述的奇怪事实的真假。我们的重点是要研究一下过去政府官员所信奉的教条，毕竟它曾在一段时期内左右过法国农业和商业的命运。

之前我就一直认为劳动强度和劳动结果是完全不同的两回事，前者的极端情况是劳而无功，后者的极端情况是不劳而获，而所谓二者的进步只是相对于一定的结果付出了相对较少的劳动。

在德阿戈特眼里，情况就完全是另外一个样子。他认为产业的重要性是由其非生产性的程度所决定的。那么，在蔗糖的种植问题上，他希望情况是怎样的呢？48000公顷土地和相应的人力资本不是就可以满足整个法国的蔗糖需求吗？就如前商务部部长所说的，从需要的劳动力的角度来看，蔗糖产业的确是一个前景有限的产业，只有那些需要大量劳动力的产业才是一个有用的产业。如果碰巧风调雨顺，蔗糖丰收，就更能凸显这种用途的局限性，此时我们只需种植24000公顷的土地就可以收获48000公顷土地才能收获的蔗糖。如果我们能花费20多倍甚至100倍的土地、资本和劳动获得相同数量的蔗糖就好了！立法者会对拥有这样劳动力密集程度的新产业寄予厚望，并将从各个方面提供保护，因为这样的产业需要大量的劳动力，因此可以创造出大量的就业就会，然而如此一来，这样的产业就不能达到事半功倍的结果！这是一个坏榜样，我们应该立法纠正这一错误。

蔗糖产业的情况是这样，但是面包产业却完全不同。比格奥的“导师”德森特·克瑞科、杜邦男爵和德阿戈特会这样说：“生产与蔗糖等量的面包需要更多的劳动力，在这个产业工作机会是充裕的；在同等资源条件下，面包的供给相对较少，因而面包价格更加昂贵。”于是按照这个逻辑，这些人断言生产面包会让法国更富裕。所以，如果评判一个产业是否有用的依据是其为满足一定需求所带来的劳动力的增加，那么我们就会希望所有的土地都颗粒无收，希望我们的土地贫瘠，经常出现极端气候，这样一来为了满足人民的需求，我们就需要投入更多的资本和劳动力，甚至有些人还会得出这样的结论：就业机会与非生产性程度成正比。

为了达到这样的目的，我们只能寄希望于人类文明的倒退或人类智慧的泯灭，否则只要人们的智慧没有消亡，就会无止境地寻求提高效率、提高性价比、提高劳动力产出的方法。这是人类拥有智慧的唯一意义。

所以，西西弗斯主义是那些对我们国家产业前景握有决定权的人所奉行的信条，可能会有人觉得这样的说法会损害当权者的形象，也太武断。但老实说，我们的一些内阁大臣的确受到这一信条的影响，因为立法者信奉它。立法者之所以信奉它，是因为他们是选民的代表。选民信奉这些想法是因为诸如此类的观念完全充斥着公众的意识。

再次声明，我的目的并不在于批评比格奥、德森特·克瑞科、杜邦男爵和德阿戈特等一直奉行西西弗斯主义的人，因为这些人并不会这样处理私人事务，他们都会通过交易为自己谋取最大利益，避免自己花费更多劳动或时间。我所要强调的是，这些人在处理国家事务时背弃了自己处理私人事务的那套方法。

第四章 没有差异的生产条件

为了避免一些人指控我将“稀缺”的谬论强加给保护主义者，在这里我要以他们最坚定的支持者的话来表达我的观点：

我们认为如果国外产品与法国同类产品存在生产成本上的差异，那么我们就必须收取保护关税……收取保护关税的目的在于保证自由竞争……自由竞争只有在同等生产条件和同等成本下才能进行。就如同赛马，如果每匹马的载重量及其他条件存在明显差异，那么这些马之间就缺乏可比性。商业领域也是如此，假设有一位卖者能够以最低的成本将商品运到市场，那么这位卖者将会超越其他竞争对手成为这个市场的垄断者……假如取缔保护关税，由于产品成本之间存在明显差异，那么国外低成本的产品将会迅速占领市场并取得垄断地位。

实施保护主义是非常有必要的，当国外商家以更低的成本生产产品，同时又以更低的价格销售产品时，人人都希望国家实施保护主义，从而国内的同类产品市场能够得到保护，否则就会遭到国外对手的侵蚀。

在保护主义学派的著作中，上述观点会经常出现。我认为这个观点很重要，因此我在这里仔细研究一下。同时希望读者能够重视，并给予耐心。在这里我从两个方面进行研究：首先考察资源禀赋差异造成的不平等，其次考察各种税收造成的不平等。

我们发现倡导保护主义的人们时时刻刻都在为生产者着想，但却完全忽略了可怜的消费者的利益。由于一下子说服反对者接纳我们的想法很困难，因此我们暂且接受他们的观点，并分析这个观点给生产造成的负面影响。

我们的说明如下：

· 如果存在同等生产条件的前提，那么就会破坏交易的根基；

· 即使受到优势国家的冲击，该国的工作机会也不会因此而骤减；

· 即使上述的两个条件都不成立，那么实施保护关税也不可能创造出同等的生产条件；

· 最后，处于劣势的国家将从贸易中获得最大的利益。

下面我们再来具体解释一下：

1.如果存在没有差异的同等生产条件，那么这将会在某种程度上阻碍贸易，而且会破坏交易的根基。因为差异正是交易产生的基础，即你们试图要改变的那些“成本”，如不同的肥力、技术、气候和温度，等等。生活中我们看到吉耶纳的白酒销往布列塔尼，布列塔尼的小麦销往吉耶纳，两省间之所以出现这样的贸易往来是因为他们具备不同的生产条件。国际贸易的基础也是与此一致的，如果试图改变这些差异，那么结果将是交易本身受到破坏。如果保护主义者坚持他们的信念并付诸实践——我们假设他们能成功——那么人类社会就会逐步退化到孤立的蜗居生活状态。

2.在实践中，有些情况可能跟我们料想的不同：如果两个国家的产业结构相同而生产条件不同，那么生产条件处于劣势的国家并不一定处于下风。这跟赛马不同，赛马中如果某匹马得了头等奖，就意味着其他的马全都输了，但是假设两匹马是处在生产实践中，那么每匹马都会获得与其体力相当的产出，虽然较强壮的马获得的产出会更多，但这并不是说相对较弱的马就处于完全劣势，因为双方的产出不同，很可能形成互补。法国不同地区的土地有肥沃有贫瘠，但是基本上种植的都是小麦，如果某个地区没有种植小麦，我们能想到什么原因呢？我想一定是因为即使该地区是为了满足自身需求种植小麦也是不经济的。经济现象千变万化，存在一定的不确定性，保护主义者所想象的"使生产条件相同"只是天方夜谭而已。倡导保护主义的人们总是指责我们是教条主义者，事实上他们才是教条主义的忠实拥护者——因为他们的理论大厦是在单一事实的基础上建立起来的，缺乏一系列事实的广泛支持。在上述例子中，土地价值的差异主要体现在土地肥沃程度的不同上，但是我们还要考虑劳动力水平的高低、生产工具的先进与否，虽然你的土地肥沃，产出可能是我的三倍，但是由于生产工具落后，你所付出的劳动量是我的十倍，因此我们还是可以一决胜负的——这同时也是理解整个事件的关键。尺有所短、寸有所长，人类的智慧让我们能够取长补短，市场达到均衡不是偶然的而是必然的，而贸易就是达到这一均衡的一种最佳的机制。

前面已经用农业作为例子阐述了这个道理，而现在我也可以用工业作为例子做进一步说明。假设坎佩尔有一群颇负盛名的裁缝，很多人慕名而来，生意红火，但是这并不影响巴黎裁缝的生存，尽管巴黎的房子、设施、人工和食物的价格要高很多。实际上两地的裁缝有着不同的特点，各自拥有需求不同的客户群。

所以，在谈到同等生产条件时，我们至少要明确管制目标是否能够通过自由贸易实现。

这个讨论主题涉及的重要内容是经济现象中的趋同规律，我们应该顺势而为，这也是我们讲究权利平等的社会法规立法要遵循的规律，接下来我就来详细阐述这些道理。

倡导保护主义的人们持这样的观点："我国之所以在贸易竞争方面比不过他国，是由于他国的煤炭、钢铁、设备和资本相对价格低廉，我们只能处于下风。"

至于这一表述的潜在含义我将在后文中说明。现在我想说明的问题是：假设世界上只有两个国家，一个国家在竞争中处于绝对优势，另一个国家处于绝对劣势，这两个国家是否能够通过相互制衡而实现最终的贸易均衡。

假设有A和B两个国家，B国在资源及生产条件等各方面都劣于A国。按照这个假设，很多人可能会认为生产将全部集中在A国，B国基本上组织不起有效的生产，在贸易中A国卖多买少，B国买多卖少。虽然我不认同这个观点，但是在这里我暂且接受这个观点。

按照这一假设，A国在生产中需要大量的劳动力，一旦劳动力的供给赶不上需求，工资就会上涨。

此外，A国需要大量的钢铁、煤炭、土地、食品和资本等资源，这些资源的需求一旦超过了供给，价格也会上涨。

与之相反，B国对劳动力、钢铁、煤炭、土地和资本的需求很少，那么工人的工资和要素的价格就会下跌。

按照这样的状态发展下去，由于A国大规模出口商品，B国大规模进口商品，B国的货币大量流入A国，就会导致A国货币非常充裕，而B国货币异常短缺。

但是对A国来说，这并不是一件好事：货币过于充裕容易引起商品的价格高企。所以，A国的贵金属（货币）过多很快就会引起名义生活成本上升，商品过于畅销容易引起实际生活成本的上升。

在这样的情况下，劳动力密集的工厂就会有越来越强烈的动机迁出A国、进驻B国。

我们必须认清这样的一个事实，即制造业生产地点的变迁并不是人为的或刻意选择的，而是事物发展的本质特性使然。假如事物的发展自始至终都能够顺其自然，没有受到强有力的外界干预，那么生产就会在供需规律的作用下自动形成分工和分布的格局。因此将所有生产都集中在一个地区，只能是一种荒谬的解说。

以下是一个工厂主在曼彻斯特商业联盟会议上的发言（其中略去了支持其观点的数据资料），让我们听听他说了什么吧：

如果我们拒绝进口纺织品，确实会给生产纺织品的产业链上带来财富和机会，首先是给纺织品的原材料——纱线带来机会，然后是生产纱线的机器，接着是制造机器的资本，甚至会给形成资本的工人和生产技术带来机会。但是这不是能长久维持的政策，最终这些资源会因为成本过高而陆续外迁，迁移到具有成本优势的国家——所有的生产成本都更低、生活成本更低的地方，例如德国、奥地利、瑞典和意大利等国家，现在的情况已经证明了这一点——我们看到这些国家生产了大部分人们所需的产品，而在过去这些生产都是由英国资本投资，英国工人操作机器，并由英国工程师完成的。

其实这就是自然规律的力量，这就是无法抗拒的趋势，比起生硬片面的理论假说，这种规律更睿智、更富有洞察力，它告诉我们就算一个国家或地区在各方面都具有绝对优势，也不可能将生产完全集中过去。

3.实施保护关税的措施能够使生产条件趋同，不得不说这一说法是极其荒诞的。征收关税不可能使贸易双方的生产条件趋于相同，生产条件根本不会因为征税而发生任何改变，至多只能使销售条件趋于同等化。也许反对者会说这种观点只是从理论的角度上讲是成立的，但是我可以以彼之道还施彼身。如果他们没有充足的理由证明生产等同于销售，那么我会指责他们即使不是在玩文字游戏，至少也是将这两个概念混为一谈。

接下来我举一个例子来说明这一点。

假设巴黎的投机商认为橙子未来价格会上涨，于是决定种植橙子。已知目前葡萄牙的橙子在巴黎的售价为10生丁，由于考虑到在巴黎种植橙子需要更高的成本，如需要育苗、建温室，还需要考虑遭受寒流侵袭带来的损失，因此巴黎的橙子售价至少要达到1法郎才可以保本，于是巴黎政府要求对输入本国的橙子征收90生丁的关税，并声称通过征收关税之后，两国种植葡萄的生产条件才会趋于相同。于是众议院按照这一理由进行立法，对进口橙子征收90生丁关税。

我始终抱持这样的观点，无论有没有征税，生产条件并没有发生任何改变。通过立法实现了征税，但是这并没有减少里斯本温暖的阳光，也没有削弱巴黎的寒流，塔霍河岸的橙子依旧在灿烂的阳光下得天独厚，塞纳河畔的橙子还是“人工”催熟的。不过两者的销售条件确实趋于同等化了：葡萄牙橙子的价格是1法郎，其中90生丁为关税，而关税的承担者是法国的消费者。因此这种做法十分荒谬：消费者购买本国的橙子和葡萄牙的橙子都需要1法郎；消费葡萄牙的橙子，政府不会遭受任何损失，因为向消费者征收的90生丁的税收最终流入了国库；而消费者购买本国的橙子，则会损失与90生丁相等的收入，这是生产者所付出的成本，这是消费者必须承担的。因此，按照这一假设，实行贸易保护主义，国家从橙子中的所得并没有高于橙子的成本。接下来让保护主义者继续推出自己的结论吧。

4.如果我一直对此抱着生产条件与销售条件迥然不同的观点，那么那些贸易保护主义者就会循着其中的不同之处，发现其中自相矛盾的地方。因此我干脆以此作为分析的基础，去印证貌似荒诞的悖论：如果你们想真正实现同等生产条件，那么你们就允许自由贸易吧，只有这样才可以让生产条件趋同。

于是他们会大叫道："你的理论太荒谬了，这真是一个天大的笑话。"于是我将计就计，先假意附和他们，然后把那些贸易保护主义者引入到我的思路来理解这个结论，下面我将继续沿用前面的例子继续我的分析。

我们假设法国人均日收入为1法郎，那么法国生产1斤橙子的成本是一人一天的劳动量或其他等量的付出。而葡萄牙生产1斤橙子的成本只需一人一天劳动量的十分之一，也就是说里斯本优越的自然光照条件需要巴黎用人工的劳动来补偿。如果将运往巴黎的运输费等其他非生产费用忽略不计，那么此时其生产条件与葡萄牙橙子基本上完全一样。因此自由贸易可以直接或间接地实现贸易国双方的生产条件趋于相同，除了运输费用等其他非生产费用不可避免一样，其他差异都可以用自由贸易来实现趋同。

还有人们经常忽略的一点就是，自由贸易也可以使快乐程度、满足程度（即消费）趋于相同。人们很少从这个角度来思考问题，但这又是整个讨论的关键所在，因为说到底，一切生产活动都是为了满足消费。在自由贸易条件下，我们能够享受到葡萄牙阳光带来的好处，勒阿弗尔居民能够享受到纽卡斯尔得天独厚的丰富的矿产资源带来的好处，同等条件下，伦敦居民也同样能够从贸易中受益。

5.贸易保护主义者可能会指出我正处于自相矛盾之中，但是接下来我还准备继续我的分析。我一直坚信，如果贸易双方的生产条件不同，那么自然条件处于劣势的国家能够从自由贸易中获取更大的益处。为了证明这一点，我必须另辟蹊径来阐述，接下来的内容将是我的观点，而且这个非常规的方法将让我有机会揭示一个最重要的经济规律。事实上，如果这个规律被人们所熟悉并认同，那么那些追求经济和谐发展的各派人士就都能够以科学的态度对待一切事物。这个规律就是无形中存在的消费规律，但是大部分人对此一直熟视无睹。

因为消费是生产活动最终的目的，因此一切经济现象都可以在消费中得到最基本、最明确的解释。

不管怎么说，没有什么只会对生产者产生影响。生产者先天或从社会那里得到的优势和劣势最终都会被社会大众即消费群体消化和吸收。

任何对生产者有利的情形都会给生产者带来益处，而它带来的一个影响则是妨碍公众获取更高的报酬、得到更多的服务。任何对生产者不利的情形都会给生产者造成损失，其直接影响是减少生产收益。由于好运气（或坏运气）带来的好处（或损失），最先受到影响的是生产者，他们不得不想方设法寻求对策来趋利避害。

我们认为，当一个工人成功地改进了技术，就应该因此而获得直接利益。这样才是公平的，而且可以促进工人更用心地工作——人们付出辛勤努力获得成功就应该因此而得到相应的回报。

虽然说产生好的结果或者坏的结果都是正常的现象，但这都不是不能改变的。否则的话人与人之间的不平等就会一直存在下去并且还会不断加剧，这也正是为什么这些好运或者厄运迅速成为人类普遍命运的一部分。

我将用下面的例子来做说明。

在13世纪，抄写员还是一个很流行的行业，而抄写员的报酬是由该行业的平均工资决定的。这些抄写员日夜辛苦抄写，有的人甚至因为在油灯下抄写把眼睛都累坏了。后来，其中的一位抄写员通过研究发明了一种快速复制的方法代替抄写工作，这就是印刷术。

这个人很快就变得极为富有，而其他人则因此变穷了。在这项新发明出现之初，人们对于它给社会带来的是福还是祸很难判定，因为一个非常明显的情况是，自从这项发明问世，就在一定程度上带来了不平等。古腾堡因为发明印刷术而一夜暴富，业务也不断扩张，快速的印刷取代了古老的人工抄写，其他所有的抄写员都因此丢了饭碗。对于消费者来说，短时间内他们获益甚微，因为古腾堡的印刷图书价格也并不便宜，只比竞争对手低一点。

幸好，自然规律不仅能使我们居住的星球和谐运转，而且能使社会生活步入正轨。而规律也注定了发明的优势不可能被某个人长期独享，而是最终会成为全人类共同拥有的财富。

印刷技术由于其便捷性很快被广泛传播，古腾堡不再是印刷行业的唯一从业者，一大批人在利益的驱使下陆续进入这个行业。最开始，由于进入这个行业的人很少，竞争不激烈，几乎所有的从业者都可以获得丰厚的回报。第一批应用这项技术的先行者获得了超额利润，而为了获得更大的收益，他们又追加了大笔投资。虽然又赚取了很多利润，但是已经比不上初期了，而且好景不长，越来越多的人进入这个行业，竞争机制的作用越发明显。不仅图书的价格持续降低，印刷术也越来越普及，加之更多人进入这个行业，追随者的利润开始呈现下滑趋势并越来越低。这已经不再是一个暴利行业，随着时间流逝，这个产业趋于稳定的状态：印刷商不再拥有超额利润，与之前抄写员行业的情形类似，行业回报由该行业的平均工资水平所决定。此时生产本身不能够产生回报的差异。印刷术这项发明不再具有垄断或技术领先的优势，给定结果（即生产一定数量的书）时节省时间、减少劳动力和减小劳动强度的情况已经不再突出。那么，我们有一个问题：这些节省及效率已不再显著的原因是什么呢？是体现在低廉的图书价格上，还是落入了谁的腰包呢？答案是消费者、社会和整个人类从中获得了益处，印刷商的回报则回落到行业的总体水平。作为消费者，全体人类分享了新发明带来的好处，这就是发明的最终结果。到了这里我们可以看到，作为印刷商，作为生产者，他们的生产条件开始趋同，无法持续从独占发明的优势中获取暴利。发明也不再只是某个人或某个特定群体的财富，而是成为整个人类自由使用的巨大财富。

这些精妙的规律令人折服，我认为这才是真正的圣西门主义——人尽其用，按劳分配。

印刷术的例子中揭示的道理也同样适用于其他所有的行业和生产工具，如钉子、锤子的技术革新再到机车和电报的发明等。正是因为有了这些工具的存在，由于有了不断创新的发明创造，社会为消费者提供了越来越丰富的产品；对社会来说，这些工具发明是给整个社会的福利，因为随着这些工具的普及，消费者所付出的消费成本越来越低；创造发明为生产做出的最大贡献就是降价，商品价格降低，直接促进消费者的日常消费。在某些新生产工具已经足够普及的生产行业，消费者所要支付的仅仅是生产成本和劳动力报酬，此外无须为此支付额外的费用。以锯子为例，假设我要雇用一个工人做木板，按照劳动力平均价格，我必须向他支付每天20法郎的报酬，如果他有锯子，那么每天可以为我做25块木板；如果当时锯子没有被发明出来，他仅靠粗糙的劳动工具或许一整天连一块木板都无法完成，此时我向他支付的报酬却一分不能少。因此，锯子这项劳动工具的发明，对我来说是一项巨大的福利，祖先的聪明才智让我和其他人同样受益。农业部门的生产劳动也是一样的情况。如果我聘用两个工人为我耕田，一个工人使用犁耕地，另一个工人使用铁铲翻地，那么他们的工作内容虽然一样工作效率却会有天壤之别。但是两个工人从我这里领到的工资是一样的，因为按照现在的惯例，给工人支付报酬的依据不是所使用工具带来的好处，而是工人所付出的努力程度和劳动量。

关于生产条件的内容说了很多，但这并不意味着偏离主题，我只是希望读者能够将看得见的和看不见的因素都看清楚，而且一定要相信我，我并没有忽视自由贸易。希望读者能够清晰地理解我已经得出的结论：报酬不是依据生产者为市场提供的产出量，而是依据付出的劳动量进行支付的。

以人类发明为例，我对此已经进行了详细分析，现在要分析的就是自然禀赋带来的优势。

我们必须承认一点，人类社会的每一项生产活动都需要人和自然共同参与才能完成，很多时候自然带来的好处对于我们来讲是没有成本的，而人类劳动带来的效用是有成本的，从这个角度来说，人类劳动才是交换的对象和定价的依据。当然这样说其实有点绝对了，因为价格还受到多种因素的微妙影响，如劳动强度、技术、速度、及时性、需求和货币战争等因素的影响。尽管如此，我们还是要说在生产中无所不在的自然规律却在定价时毫无作用。

虽然人类生存时时刻刻都需要空气，但是我们不需要为空气支付费用，因为慷慨的大自然为我们提供空气的过程中没有产生任何人力成本。然而如果我们想从空气中分离出氧气，那就需要人力的参与，如果这项工作需要他人代劳，那么就需要与生产其他商品一样支付相应的劳动力费用。很明显，交换与行为、努力和劳动有很大的相关性。虽然我需要的是氧气（纯氧），但是我支付的钱并不是因为氧气，因为氧气就存在于空气中，支付的真正目标是分离氧气的他人劳动，我是在为劳动付费。当然，氧气只是一个简单的例子，我们购买的其他很多东西，如生活用品、材料、设备等也都是如此，我为这些商品的付出也只是与生产这些商品的劳动量有关，如煤的价格反映的是在煤的开采和运输中所需的劳动量。

前文说过，我们的生产和生活都需要阳光，但是却无须为此付费，因为阳光是上天的慷慨的赐予。但是天然气、牛油、石油和蜡烛灯的情况就不同了，它们不是无偿得来的，都需要他人付出辛勤的劳动，我们必须为此支付报酬，但是与这些报酬有关的仅仅是劳动，而不是产品的效用。比如，燃料照明的功能可能会有强弱之分，照明强度弱的产品可能相对更便宜一点，照明强度高的产品可能更贵一点，但这只是因为照明强度高的产品包含着更复杂的劳动。

饮用水工厂的送水工为我家送水，如果要求根据水的总效用来支付报酬，那么即使倾家荡产我也支付不起。幸好我支付报酬的依据是生产可饮用水付出的劳动及送水工人付出的劳动，这保证了饮用水价格相对来说很低廉，每个人都负担得起，如果他们随便要高价，那么就会被其他人取代。在这里，读者们只需要清楚地理解一点：我们真正支付的不是纯净水本身的价格，而是他人为生产纯净水而付出的劳动。由此得出的结论非常重要，因为它也是主张国际自由贸易往来的重要依据，为了能更好地理解，接下来我再以几个例子来做说明。

土豆是一种营养很丰富的健康食品，价格也很便宜，这是因为土豆是一种极易种植的高产农作物，人们只需付出很少的劳动就能收获很多。与之相比，小麦的价格就要高得多，因为人们为了生产小麦需要付出相对较多的劳动量。很明显，如果人们生产土豆和生产小麦付出的劳动量是相等的话，那么两者的价格也会比较接近。但是，小麦生产者获得的收益不一定会比土豆的生产者所获得的收益多很多，因为还有供求规律在其中发挥作用。

我们假设这个星球上所有的可耕作土地都突然变得很肥沃，农作物的亩产量也会一下子提高很多，此时从表面上来看生产者是直接获益人，但是我要说真正的受益者其实是消费者，因为这样一来市场上的农产品供给会增多，平均价格自然就会降低。同样是1千克小麦，现在生产者只需付出较少的劳动就可以获得，那么相应地他们获得的报酬就会减少。反之，如果可耕地突然变得贫瘠，农作物亩产量大幅下降，那么生产者为了实现收获就必须付出更多的劳动，即生产成本增加了，农作物的价格也会全面上涨。因此我认为我的观点是正确的：从长远来看，任何经济现象都会影响社会生活，而这种影响最终都是由消费者（即全人类）来承担的。如果你总是只看看得到的部分，停留在结果上，而不看那些隐形的、长远的影响，没有分析出这个结论，那么就没有资格自称经济学家。这就好像如果你没有弄清楚某种药剂可能对人体产生的综合影响，只是局限于药剂对喉咙炎症的效果，那么你就称不上是一个合格的医生。

热带环境高温多雨，非常适宜种植蔗糖和咖啡这两种经济作物，在这样得天独厚的条件下，种植者只需要付出较少的劳动就可以得到相对多的收获。但是气候优势并没有让这些地区获得非比寻常的收益，因为在竞争的作用下，这些地区得到的回报也只是与其投入的劳动量相等。真正受益的是全人类，这些地区因为拥有自然优势，使得蔗糖、咖啡等供给增多，平均价格下降，而低廉的价格会使每个消费者都受益。

在温带环境下，煤和铁矿处于浅表位置，利于开采。这些地区的人很容易从中受益，但是这并不意味着温带地区的人能独占优势，随意抬高价格。由于竞争，煤和铁的价格会呈现下降趋势，直到人人得以以极其低廉的价格分享这些自然恩赐带来的好处，此时生产者也只有付出劳动才能获得由平均工资决定的回报。

因此，在供求规律的作用下，天赐的好处不能够为生产者带来额外的好处，它会与生产进步一样，最终成为消费者、群众或全人类共同的、无偿的财富。因此，不具有这些产品天赐优势的国家用其他商品与拥有天赐优势的国家进行交易，交易的价格与产品包含的劳动相关，与这些国家拥有的产品的天赐优势无关。

所以，如果消费国仅仅因为商品价格便宜就将这些商品拒之门外是非常可笑的。这相当于说："你具有我不具备的优越自然条件，而我拒绝任何天赋优势带来的好处。我们的竞争是不公平的，因为你生产产品所需投入的劳动是我生产同类商品投入的一半，你之所以能够做到这一点是由于你的国家具有优越的自然禀赋。因此，我拒绝进口你的产品，除非你所在国家的自然条件恶化，直到你生产产品的投入与我生产同类产品的投入一样多，只有这样，我才能和你在同等的生产条件下展开贸易。”

现在假设A国资源丰富，具有非常优越的自然条件，而B国的自然条件很恶劣。如果两个国家进行贸易，则双方都能获得巨大的益处，特别是B国，因为进行商业贸易不是根据产品的效用而是根据产品的价值进行交易的。在A国，等量价值的产品的效用更大，这一点应该不难理解，因为产品的效用总是由自然禀赋和人工一起创造的，而产品的价值只与单位产品所包含的劳动量相关。这样一来，在A国和B国的贸易往来中，B国占到了更多便宜。具体地说，购买A国的产品，B国只需要按照其包含的劳动支付费用，但是通过与A国进行交易，B国还享受到A国天赐之福的好处。

这样我们就总结出了一个普遍规律：一般来说交易是价值的交换，激烈的竞争和生产工具发明带来的高效率使产品的价值几乎等于产品所包含的劳动力，那么交易就是等量劳动的交换。自然资源等天赐的好处在交易中并没有给拥有自然禀赋的国家带来额外的好处，对于交易的双方而言都是免费的，并且没有作为谈判的条件，因此与得天独厚（如长时间的日照、丰富的降水等）的国家进行贸易往来将获益颇多。

在上文中我已经做了一些论述，但是我的理论仍未阐述清楚，还需要加以完善，因为我仅仅分析了与自由贸易相关的问题，一些读者此时可能已经弄清楚了一点，如果我们站在生产者的立场上，就会倾向于保守主义，认为竞争是有害无利的，我们的直接利益会因为竞争而毁于一旦；如果我们站在所有劳动者即全人类，或者说消费者的立场上，那么我们就会发现竞争对道德社会所发挥的作用与对物质世界所发挥的作用是相同的——使其实现并保持均衡状态。这其实就是人们朝思暮想的均贫富、求平等的基础之所在，之所以有这么多新闻记者和改革者仍然对保守主义制度执迷于心，就是因为他们根本就不明白自由贸易到底是什么。

第五章 粗暴的国际贸易平衡原则

不得不承认，在当今世界贸易保护主义是占据优势地位的，他们采取了很有力的措施，而我们提倡自由贸易却处处被动挨打：当我们倡导自由贸易的理论时，他们一副谦恭接受的样子；当我们对他们的保护主义提出批评时，他们立刻就温顺地表示会将其抛弃。但是我们来看看他们是怎么做的吧！他们认同我们的理论是正确的理论时，只不过是将其写入书本，他们承

1900年，法国巴黎世博会全景。参观者达4000万人，多于历届博览会。在这次被称为"世纪之总"的博览会上，展示了西方社会在整个19世纪的技术成就，同时介绍了移动人行道和地下地道。在1900年埃菲尔铁塔广场前的大厅里，放映了人类史上第一部环幕影片——《跨越欧亚两洲的氢气球旅行》，在环形银幕上依次出现了巴黎、布鲁塞尔、伦敦、巴塞罗那等地的城市风景。

认错误而放弃的方法却仍然在实践中大行其道。为了获得征收保护关税的许可，他们会给公众列出一大堆所谓的理论依据。

高尔塞尔·德鲁米里在最近的一次演讲中说："这是毫无疑问的，没有人愿意见到老套的国际贸易平衡理论死灰复燃。"话说得很坚决，然而高尔塞尔仅仅给错误轻轻一击，力度不比打一只苍蝇更大，这显然是远远不够的。如果这个错误不能得到坚决地纠正，就会广为传播并被当成真理，因此它只要出现一丁点死灰复燃的苗头，我们就应对其进行彻底的驳斥。

我还想再说说莱斯蒂堡多斯这个人。我们必须承认他是个务实、思维严谨的人，因此他的理论全部都是在确定前提假设下得出来的，他从不尝试实行理论上行不通的方案。所以，要确定他的理论的正确性，分析他确定的最初前提是否恰当或许就是问题的关键，但至少他的理论并非胡编乱造。他曾坚信并宣称，假如法国"卖10买15"，那么法国的损失将是"5"，他起草法律依据的就是这一原则，这倒也算是言行合一。

他具体地解释说："看看历史数据吧，法国的问题就在于我们进口始终比出口多，也就是说每年法国从外国购买的产品超过法国出售到国外的产品。比如1842年，我们就处于入超状态，进口比出口多出惊人的2亿法郎。这些事实已经清楚地表明了国内产业没有得到有效的保护，国内供给对外国产业过分依赖，竞争对手的商品给我们国内的产业造成了巨大冲击。就这一点来看，我觉得现行的法律已落伍了，对这一事实缺少充分认识，正如经济学家所说，我们购买商品的同时也会销售相应数量的商品，但是请注意这样的问题：我们的购买不是基于我们的传统产品、收入和当期的劳动成果，而是基于之前节俭累积下来的资本和产品。说得再清楚一点，我们在进口中消费和挥霍的是上一期的储蓄，长此以往，我们所有人都会陷入贫困，这样的坐吃山空最终会耗尽全部国家资本。这就是我们现在在做的事情——每年把2亿法郎拱手让给外国人。"

如果不细细分析，仅从表面上来看，大多数人觉得此人的表述非常有条理，没有任何可指摘的错误，至少是符合国际贸易平衡原则。法国每年进口比出口多2亿法郎，这导致法国每年损失2亿法郎巨款，因此为了国家利益必须限制进口。这个结论似乎是天衣无缝的。

如果我们对莱斯蒂堡多斯的"理论"进行犀利地批驳，那么又该怎样评价高尔塞尔的理论呢？假如你对他说："国际贸易平衡原则根本就是错的。"他会回答道："我一开始就是这样表明的。"假如你对他说："国际贸易平衡原则是对的。"他会对你说："我得出的结论也是如此。"

总之，这种争论会让你心力交瘁却得不到结果，质疑莱斯蒂堡多斯的理论就好像是"以卵击石"，挑战平衡贸易理论简直就是"与风车作战"。

因此，我们必须提高警惕，国际贸易平衡理论并非像高尔塞尔所说的那样已经变成一团死灰了，因为在整个议会上，包括高尔塞尔本人，都非常赞同莱斯蒂堡多斯的理论（本质上就是国际贸易平衡理论）。

我可以用枯燥的学术语言对该理论进行深入剖析，但我想读者可能会感到厌烦，于是我更乐于用事实说话。

多年来，我们一直被灌输这样的观点：自由贸易原则只是一种美好的想象，只在理论上行得通。那么，先生，请你回答我这个问题，你认为在交易实践中商人的账簿有实际用处吗？我一直认为世上如果还有什么与利润和损失相关的事是可信的，那肯定就是商业会计。我们根本无法想象几百年来所有商人在记账时将利润错误地记为损失、损失记为利润的后果，相比之下，我宁愿把莱斯蒂堡多斯看作一个差劲的经济学家。

现在我做一个有趣的假设。我的一个商人朋友M.T.近期做了两单生意，得到的两个结果却截然不同，出于好奇的原因，我把银行的会计方法与海关的会计方法（即莱斯蒂堡多斯的方法，我们600余位立法者对此表示赞同）做了对比。

M.T.派出一艘商船，满载法国货物（其中大部分是法国巴黎的时尚商品）从勒阿弗尔出发运往美国，货物总价值20万法郎，注意，这是向海关申报的数字。当货物到达新奥尔良时，要支付10%的运费和30%的关税，这船货物的总价值就变成了28万法郎。如果对这些货物加价20%销售，就会得到4万法郎利润，销售总额为32万法郎。拿到钱后，受托人用这笔货款购买了美国南方的棉花运回法国。棉花要额外支付约10%的运费、保险费和佣金等，因此，当棉花运到勒阿弗尔时总价值为35.2万法郎，这是向海关申报的数字。最后，M.T.从这批货物赚取的利润为20%，共计7.04万法郎，也就是说这批棉花卖了42.24万法郎。

假如莱斯蒂堡多斯需要的话，我可以向他提供M.T.的账簿中的相关数据。通过这些数据，我们可以看到在损益表的贷方一栏中共有两笔利润被记录下来，一笔是4万法郎，另一笔是7.04万法郎，在M.T.看来这样记账是正确的。

但是，面对同样的交易，莱斯蒂堡多斯又从海关的账簿上看到了什么呢？从海关记录中可以看到，法国出口20万法郎、进口35.2万法郎。这位尊敬的议员正是据此得出结论："我们在进口中消费和挥霍的是上一期的储蓄，长此以往，我们所有人都会陷入贫困，这样的坐吃山空最终会耗尽全部国家资本。这就是我们现在在做的事情——每年把2亿法郎拱手让给外国人。"

继续我们的假设。

商人不愿意看到资本待在账户里不动，于是一段时间之后，M.T.又派出一艘商船，同样满载着法国的同类产品去美国，这些产品的总价值为20万法郎。然而天有不测风云，船只在离港后不久沉没了，M.T.平白损失了一大笔财产，他所能做的只是在账簿上的两个分录中写下这样的记录：

日用品：购入20万法郎巴黎商品，由船只N负责运输。

日用品带来的损（益）：运输中总损失为20万法郎。

与此同时，海关在出口项目下计入20万法郎，这一次，相应的进口项目的增加不会再发生了。尽管我可怜的朋友遭受了巨额财产损失，但是按照莱斯蒂堡多斯和议会的观点，这次沉船给法国带来的净利润为20万法郎。

从这个假设的小故事中我们还可以得出更深入的结论：按照国际贸易平衡理论，那么无论什么时候，只要法国愿意，让本国的资本翻倍都是易如反掌的——只要通关后将货物抛入大海就可以轻松实现。假如真是这样的话，那么我们的出口价值将总是与法国资本的增加额相等，让立法者忧心忡忡的进口将不复存在，我们所得到的就是投入大海中的货物的价值。

保护主义者会说："你一定是在开玩笑，我们怎么会说出如此荒谬的话！"但是事实就是如此，你们确实是这样说的，并且也是这样做的，你们一直在竭尽全力地向国民宣扬如此荒谬的理论，这就是事实。

我认为正确的做法应该是，首先改变简单粗暴的国际贸易平衡原则，国家利润的计算与外贸中出口多于进口的部分有关，因此从超出的部分中减去费用后的实际所得才是真实的利润。这个正确的理论提倡的正是自由贸易，读者们，在这里我向你们重申这个理论，我们的立法者可以完全不用担心，这个理论是经得起实践考验的。我们不妨试想一下，法国需要的各种国外商品涌入法国，但却只是给我们带来了利益和利润，这是不是天大的好事？就算我们一直处于入超状态，法国又有什么理由因此变得更穷呢？

第六章　差异化关税的少与多

听听这个小故事吧。

在吉伦特有个贫穷而勤劳的农夫，他在菜园里种了一些葡萄树，从春天到秋天对葡萄树进行了无微不至的照料。终于，长时间的辛苦劳动让他获得了大丰收，他用收获的葡萄酿了一大桶甘美的葡萄酒，每一滴美酒都是由一滴辛勤的汗水换来的。他告诉妻子："我打算把这桶酒拉走卖掉，卖酒的钱就足够给我们心爱的女儿准备一份过得去的嫁妆了。"妻子也高兴地答应了，希望丈夫能为女儿换回20包纱线。

于是，这个淳朴的农夫把酒运到距离最近的一个城市去卖，一个比利时人和一个英国人都对他的酒感兴趣，并给出了各自的交换价格。

比利时人告诉他："你的酒品质不错，我愿意用15包纱线与你进行交换。"

英国人也在一边说："我愿意用20包纱线换你的酒，这样做我并不算吃亏，因为英国人的纺纱成本比比利时人要低。"

农夫正想答应英国人的交易，在场的海关官员却说："假如你同意这个价格的话，那么请你与比利时人进行交易吧。我的职责要求我禁止你与英国人交易。"

农夫惊愕地大叫道："怎么可以这样！我完全可以从英国人那里换得20包纱线，你却让我以15包纱线的价格与这个比利时人进行交换？"

海关官员不以为然地说："你没有听错，我的确是这样要求的。假如你收了20包纱线而不是15包纱线的话，难道你不知道法国将会因此而遭受损失吗？"

农夫说："我实在难以理解您的话。"

海关官员回复说："说起来这个问题有点复杂，尽管我也很难向你解释清楚，然而事实就是这样。因为我们的官员、立法会成员及新闻记者都认为，一国一定数量产品换回的产品越多就会使国家变得越穷。这些有学识的人物都这样说，那么就一定是有道理的，我们也必须这样执行！"

于是农夫只能按海关官员的要求与比利时人进行交换。农夫的妻子也感到很失望，他们的女儿只得到了四分之三的嫁妆，而这些善良的人们到最后仍然搞不清楚这究竟是怎么一回事：一个人怎么会因为得到了4包纱线而不是3包而变穷，一个拥有3打毛巾的人又怎么会比拥有4打毛巾的人更富有。

第七章 缩减关税的妙处

有一个事实是，如果每个人都发自内心地想找到更好的方法来节省运费，那么为了达到这一目的，坑洼的公路就会升级、纵横交错的河流就会被改造成运河、蒸汽船技术也将得到改良，最终巴黎通过铁路网，通过气压、水力、电力及其他牵引力系统就能够四通八达。因此，当我看到国民们迫切地希望缩小产品生产地与消费地之间的价格差异（让国民获得实惠）时，假如我对最近的重大发现仍然缄口不言的话，那么我就无颜面对我的时代，愧对我自己的良心。

通常来说，人们总认为发明家脑洞大开、想法脱离实际，然而我还是坚信自己发现了让全世界的产品以相当低的价格向法国出售的方法，这个方法绝对可靠。

接下来我要说的话可能会让你们感到吃惊：绝对可靠只不过是我这个重大发现众多优点中的一个而已。

更妙的是这种方法不需要进行复杂的计划和测算，不需要国民准备生产资料，也不需要工厂提供机器设备，更无须制度、合约、资本、股东或政府提供支持。

此外，我们还不必担心沉船、爆炸、战争冲突、大火或者火车出轨等意外事件的发生。

重要的是，这种方法效果立竿见影，只需要一天时间就可以看到效果！

好了，现在我要毫不犹豫地将这种方法推荐给公众，这个方法是如此的完美——没有增加丝毫的预算，还可以节约一些成本；政府机关不会因此而增员或增设机构，相反还可能会减少；这不会对任何人的自由造成侵犯，相反还可以使个人更自由。

当然，这不是人人都能做到的，我不是偶然获得了这个重大发现，它是我长期观察的结果。接下来就讲讲我是怎样做到的吧。

长期以来，我都在寻求下面这个问题的答案：

“布鲁塞尔生产的产品运到其他城市（比如巴黎）之后，其销售价格就会提高很多，这究竟是什么原因呢？”

作为一个经济学家，我很快就得出结论，涨价是因为阻力，即那些存

18世纪巴黎的林荫大道，许多贵族男女结伴，三两闲聊，体现出贵族奢靡悠闲的生活。由戈达尔创作，发表于1843年巴黎马加辛皮托雷斯克。

在于巴黎和布鲁塞尔之间的重重阻力。首先，不付出努力、不花费时间就不可能克服两者之间的距离阻力，我们要么自己解决，要么花钱请人帮忙；其次，还存在河流、沼泽、险恶地形和淤泥等障碍，我们需要通过修筑堤坝、架设桥梁、修路清障、铺设铁轨等方式克服这些障碍；最后，还存在秩序阻力，我们要担负雇用保镖、警卫等支出。

上述障碍已经被克服了，如今，布鲁塞尔和巴黎之间还存在着一个我们人为设置的障碍，其成本非常之高。那就是沿着国境线有一支武装到了牙齿的队伍，他们的职责就在于阻碍货物从一个国家运到另一个国家，人们将其称为海关官员。这些海关官员们发挥着与淤泥、犁沟相同的作用，让贸易受到拖延和阻碍，曾引起我们高度关注的消费者支付价格与生产者收取价格之间的巨大差异就是由他们的存在造成的，而我们所要试图解决的问题就是尽可能消除这种差异的存在。

解决问题的办法就是缩减关税。

如此一来，不需要国民们为北疆铁路的建造从腰包里掏出一分钱，这岂不是妙事一件！还远不止这样，从这个办法实施的第一天起就能够让每一位国民减少开支，最终省下一大笔钱。

事实上，我一直无法理解人们怎么会为克服法国与其他国家之间的自然阻力而冥思苦想、不惜花费数百万法郎，而与此同时又为了设置人为阻力而毫不吝惜地一掷百万法郎，这种人为阻力与自然阻力完全具有相同效果。也就是说，我们设置的人为阻力的作用完全抵消了克服自然阻力而产生的效果，贸易生态没有得到任何改善，唯一的变化就是付出的费用增加了一倍。

一件比利时国内生产的产品运到首都布鲁塞尔可以售出20法郎，到了巴黎价值30法郎，此时增加的全部都是运费。巴黎自行生产的同一产品可以卖到40法郎。又该如何解释这个现象呢？

首先，我们至少对比利时的产品征收10法郎的关税，经过进一步的考察就会发现，该产品长途运来，又没能免于关税的征收，结果是，这件商品到达巴黎时，支付了10法郎的运费，交了10法郎的税收。

假如采取这种做法的话，那么我们可以进行如下推理。从布鲁塞尔到巴黎额外增加了运费，因为我们花了2亿或3亿法郎建造了铁路，这样可以使运费降为原来的一半。很明显，我们消费者将因此而受益，现在比利时的产品在巴黎只卖35法郎，开动脑筋计算一下：

20法郎 在布鲁塞尔的价格
10法郎 关税
5法郎 铁路运输使运费减半
35法郎 总计在巴黎的售价

假如我们不修筑铁路，只将征收的关税减半，也就是征收5法郎的关税，能不能得到同样的结果呢？其计算过程如下：

20法郎 在布鲁塞尔的价格
5法郎 关税
10法郎 无铁路运输的运费
35法郎 总计在巴黎的售价

这种措施可以让我们节省为建造铁路而支付的2亿法郎，此外还能节省很大一部分关税稽查支出，让成本进一步降低，因为更低的关税本身就能够打击走私。

但有我们的社会中总有些人坚持认为关税是保护巴黎工业的必不可少的措施。果真如此的话，就无法享受这种方法带来的与铁路相似的降低售价的效果了。

因为我们的生产者坚持认为比利时的产品在巴黎与巴黎自行生产的产品相同，其售价都应为40法郎，这样一来，因为铁路节省了5法郎运费，海关就必须将关税提高到15法郎，于是价格构成如下：

20法郎 在布鲁塞尔的价格
15法郎 关税
5法郎 铁路运输使运费减半
40法郎 总计在巴黎的售价

那么，我冒昧地问一句，在这样的情况下，便捷的铁路运输所带来的福利到哪里去了呢？

若干年后，再回顾19世纪还在做这些天真幼稚的自我欺骗活动是不是有失颜面？我们动用代议制政府如此庞大的机构反复地进行自我蒙蔽，这已经不再是算术问题，真希望能够再来一场启蒙运动。

第八章　互惠的寓言

交通不便所造成的影响与保护关税的后果几乎相同，这一点我们已经知道了，为了让读者更好地理解，我们也可以这样表述，即保护关税与交通成本上升会造成相同的效果。

说得再精确一些，关税其实就是我们交通系统中的沼泽、车辙、路上的横沟或陡峭的山崖，简单地说就是前进的阻力，它会在生产者得到的价格与消费者支付的价格之间制造一个巨大的落差。

有些人（很少的一些人）开始意识到贸易往来中竟然有人为阻力的存在，意识到自由贸易给我们带来的好处要比保护主义政策带来的好处大很多，就像笔直畅通的大路比“山丘、沙漠的路途”更有利于通行一样。

这样的认识可喜可贺，然而他们仍然坚持认为自由贸易必须是互惠的。举例来说，如果我们降低了西班牙产品进入法国的壁垒，而西班牙并没有降低法国产品进入该国的壁垒，那么我们就吃了大亏。所以让我们签署以互惠原则为基础而建立的贸易条约，就是让我们彼此做出妥协，让我们为了卖而买。

假如这些人还存在着这种想法，那么我只能很遗憾地说，他们在本质上依然是保护主义者。他们确实比纯粹的贸易保护主义者更进步，但是两者之间也只是存在细微的差别而已，就如纯粹的贸易保护主义者与倡导将所有外国产品拒之于国门之外的人差别相同。

想要简单清晰地说服这些固执的人是非常困难的，但下面这则寓言正好表达了我所想要表达的观点，我们可以一起来看一下。

很久很久以前，一颗星球上有两座城市，一座叫作笨城，另一座叫作蠢城。为了睦邻友好，两座城市花费大量的金钱建造了连接双方的公路。但是在公路竣工的那天，笨城一拍脑袋突然产生了这样的忧虑："这有了公路之后，蠢城的产品将蜂拥而至，为了保护我们的生产者，必须对此采取一些预防措施。"因此笨城迅速成立了一支阻碍兵团，并给兵团开了很高的工资。称呼他们为阻碍兵团是非常准确的，是因为他们的任务就是在蠢城到笨城的路上设置各种障碍。没过多久，蠢城也出于同样的忧虑成立了自己的阻碍兵团。

几个世纪后，这颗星球进一步开化，知识和技术也获得了极大的进步，蠢城终于意识到这样互设障碍只会给双方都带来损失。他们派了个有名望的使者来到笨城，这位使者除了传达官方的意见，还表达了这样的观点："我们建造了一条高等级公路，但现在我们却在这条路上设置障碍。还有什么比这更荒谬的事吗！那还不如什么都不做好了，这样我们就不需要支付建造公路的费用，也不用花大钱供养一支阻碍兵团了。我作为蠢城的代表，在此做如下公平提议——我们双方应该联合起来共同采取行动，不是立即彻底取缔互设的障碍，而是逐步取消，这样做可以确保我们各自承受的损失基本一致。"

笨城听完使者的意见后，并没有立刻答复，他们认为需要对这一建议进行一段时间的考虑，还要征求制造商和农夫的意见。这一过程进行了很久，直到几年过后，笨城的最终答复还是导致谈判破裂。

知道这个坏消息后，蠢城的居民召开了居民大会。一位老人（大家都怀疑他私底下收受了笨城的好处）站起来说："笨城建造的阻碍妨碍了我们的产品在笨城的销售，让人感到很可惜；然而我们自己设置的障碍对我们购买笨城的产品构成了障碍，这同样让人感到可惜。第一种情形我们无可奈何，但是第二种情形却是我们能够改变的。既然我们无法同时挽回两个遗憾，为什么不使其中之一得到补救呢？我提议，我们可以在不要求对方改变的情况下，单方面取消我们设置的障碍。一点障碍的消除也会带来巨大的变化，终究有一天，笨城会认识到取消障碍会使他们自己受益。"

第二个发言的是一位受尊敬的议员，他是一位实业家，没有受过教育，而且也不清楚各种规律和前人的经验，他严厉批评了老人的提议："我认为我们不要听信这个白日梦想家、空想理论家、乌托邦人、经济学家和亲笨城者的话。必须认清楚这一点——假如我们取消我们的障碍，那么公路上两国设置的障碍就会失去均衡，这会导致我们陷入万劫不复的境地，因为那样的话，对方货物很容易就可以运来，我们的货物却很难运走，也就是说进口货物很容易，但出口很难。在与笨城的竞争中，我们就处于绝对劣势，大家都知道勒阿弗尔、南特、波尔多、里斯本、伦敦、汉堡和新奥尔良与塞纳河、卢瓦尔河、加龙河、塔古斯河、泰晤士河、易北河和密西西比河上游城市相比，在贸易中总是处于不利地位，为什么呢？因为逆流而上要困难得多，而顺流而下则简单得多。"

会场一片安静，人们似乎都被这位雄辩家说服了。过了一会儿有人小声反驳说："地处入海口的城市比上游城市繁荣多了。"

议员回应："根本不可能。"

那个人又说："可事实就是这样的啊。"

议员斩钉截铁地说："那么这些城市的繁荣是不符合规律的！"

再也没有人说什么，大会就这样结束了。

故事中，与会者被这样的结论说服了。当然我们还缩减了一些内容，事实上这位实业家的谈话还涉及国家独立、国家荣誉、国家尊严，国内产业将受到外国产品致命竞争的冲击和外国人得到的好处等内容。简单地说，他认为最明智的办法就是维持现状，保持现有的障碍。假如你对这种事感到难以置信的话，我可以让你亲眼看看某个国家的道路维护人员与设置障碍的工作人员是如何协同工作，共同遵守同一个立法委员会颁布的法律，由相同的税人供养的，有趣的是前者使道路更加通畅，而后者却在道路上设置障碍。

第九章 货币价格的迷惑性

如果你想在自由贸易和保护主义之间进行选择，如果你想了解经济现象的本质，那么你的判定标准就应该是商品的多少而不是其价格的高低。不要纠缠于货币价格，否则就会走入迷宫再难理清头绪。

保护主义政策会导致物价升高，马修·德多姆巴索已经证明了这一点，请看他的观点：

商品价格的上涨会导致生活成本的提高，随之而来的是劳动力成本的上涨，这样一来每个人从涨价中得到的好处恰好可以弥补因涨价而多支出的生活成本。因此，每个人作为消费者支付更高价格，作为生产者也收到更多货款。

这个观点的意思就是："假如生产者想得到更多货款，消费者就必须支付更高价格。"然而这恰恰说明了保护主义政策的作用其实非常微小，只不过是对财富进行了不公平的再分配，跟劫匪做的事情也没什么两样。

但是在这个特定机制的效果被判定为单向的、不对称的之前，我们姑且相信马修·德多姆巴索的"随之"是真理，认为劳动力的价格会随受保护商品价格的提高而上涨。这是一个重要的问题，一定要弄清楚这是否是事实，其实我们可以去问问莫雷尔·德乔尼斯，他自己应该很清楚工人的工资是不是会随着昂赞公司矿产品价格的提高而同步上涨的。而在我看来答案是否定的，我认为劳动力的价格与其他商品的价格没什么分别，都会受到供求关系的影响。限制性措施减少了煤炭产量，煤炭价格也随之上涨，但我不确定这是否会导致劳动需求的增加而使劳动力价格上涨。换言之，劳动力需求受到资本的制约并不会带来工资上涨，况且，保护主义或许能够通过资本在产业之间的转移实现资本的再分配，但丝毫不会使资本得到增加。

这个问题已经引起了人们广泛的关注，只要是与货币价格有关的话题，像马修·德多姆巴索那样满是漏洞的分析就随处可见。

我们假设有一个孤立国家，这个国家并不同其他国家进行贸易往来。这个孤立的国家拥有一定量的货币，而出于某种目的（或许是消遣）该国每年要焚烧一半的产出。下面我就打算用马修·德多姆巴索理论来证明，这种做法并不会让该国变穷。

物以稀为贵，该国剩余产品的价格会因为焚烧而涨了一倍，因此大火过后存货还具有相同的名义价值。那么，在这种情况下真正蒙受损失的是谁呢？假如一个叫约翰的国民以较高的价格购买所需布匹，为了收支均衡，也按较高的价格出售他的小麦；假如另一个叫彼得的国民为了购买小麦支付了更多的钱，相应地，他会提高布匹的价格，以此来弥补受到的损失。就像马修·德多姆巴索说的“每个人从涨价中得到的好处恰好可以弥补因涨价而多支出的生活成本。因此，每个人作为消费者支付更高价格，作为生产者也收到更多货款”。

这实在太荒谬了，看一看我们的假设情况，会有人觉得这种观点有道理吗？事实上，我们只需要只言片语就可以将其戳穿：不管是焚烧了还是消费了这些小麦和布匹，货币价格方面确实没有发生变化，然而财富总量发生了巨大变化，因为财富或人们的福利的增减恰恰是通过人们消费的物品数量变化体现出来的。

同样的道理，保护主义的限制性措施在事实上减少了商品数量，尽管从货币价格上来看，价格的上涨会使人们与往常一样富有。存货无论是3千克小麦（20法郎/千克），还是4千克小麦（15法郎/千克），结果都是60法郎，但是这两个数量所能满足的人们的需求是相等的吗？

读者们会发现，这是站在消费者的角度来分析的，从消费者角度来分析问题也是我一直以来要求保护主义者予以重视的，因为我们所有努力的最终目标就是消费，只有从消费者的角度出发才能切实地找到解决问题的最终办法。在这里我想要重申一下我的观点：阻碍自由贸易、限制劳动分工、以大量的人工来弥补地理位置或气候缺陷等限制性措施，只会使单位劳动的产出极大地下降，难道情况不是这样吗？保护主义制度下的产出减少与自由贸易条件下较大产出具有相同的名义价值，难道情况不是这样吗？我们需要尊重事实，而事实就是衡量国民生活水平的不是名义价值，而是实际生产的真实商品，不管价格是高是低，人们拥有越多的商品，生活就会越富足快乐。

我认为接下来就可以得出一个简单的结论：我们无法用货币价值来衡量一个国家的财富与实际物品的丰裕程度，因为两者没有任何关系。但是要说服民众仍不是一件简单的事，痴迷于货币价格的人群体十分广泛，我甚至在德·沙马斯的书中看到过这样的观点：

假如一个国家将价值1500万法郎正常生产的商品销往国外，该国每年为满足需求需要正常生产估价5000万法郎的商品，那么剩余的3500万法郎的物品不能完全满足正常的需求，然而商品稀缺会导致价格的提高，其货币价值仍旧是5000万法郎。在这种情况下，国家平白增加了1500万法郎的收入……所以，国家也增加了1500万法郎的财富，正好与输入货币的价值相等。

这种分析事物的方法真是让人拍案叫绝！我们按照这种思路再扩展一下：假如一个国家每年的工农业生产总值为5000万法郎，那么只要将产值的四分之一销往国外，就会增加四分之一的财富，假如把二分之一的产值销往国外，就会增加二分之一的财富；假如把最后一根线、最后一粒米都兑换成现金，那么该国将会获得惊人的1亿法郎的收入。这种致富的方法真的是太简单了，所需要做的就只是以赤贫制造天价。

那么现在，你还要坚持比较这两个教条吗？我们还可以更夸张一点。

依据德·沙马斯的观点，我能使法国马上就如愿以偿，变得富有，这个方法就是只要提供现有产量的一千分之一就行了，货币价值就可以获得1000倍的增长。

而按照我们的观点，只有当法国的商品极大丰富时才意味着法国极为富有，而此时的商品价格会非常低廉。

第十章　空想家和掠夺者

因为我们崇尚自由贸易，所以我们被误认为是缺乏对实际情况充分考虑的理论家。

“萨伊的偏见是多么可怕，”费尔叶说，“有太多优秀的管理者和著名作家不同意他的观点！”萨伊对此反对言论也略知一二。面对这些反对的声音，让我们来看看他是怎样回应的：

人们会理所当然地认为，错误之所以可以长时间地被人们认可而存在，是因为其中确实有各国普遍都承认的正确的东西。当有些人的想法与这种观点发生冲突时，难道我们不应该对这种观点与产生的相应结论提出疑问吗？我承认，这是一种略带牵强凑合的争论，有可能会混淆视听，或者会对一些确定无疑的事实产生怀疑。但不可否认，在历史上，最为荒谬的观点（其错误之处现在广为人知）也得到了广泛的传播和认可，就在不久前，从最原始的社会过渡到最文明的每一个国家，从社会底层的苦力到知识精英和哲学家的每一个人，都毋庸置疑地认为世界上有四大元素。从来没有人试图颠覆这个观点，虽然这个观点很明显是错的，如果一个生物学家认为只有土、水和火三大元素就必定名誉扫地、颜面无存。

费尔叶对上述这段话进行了如下分析：

如果萨伊认为这番评论可以作为反对他的诸多观点的回应的话，那就大错特错了。那些对自然领域研究不十分透彻的人会存在这样或那样的认知错误，这是很正常的。然而这个事实本身并不能说明问题，无论人们是否认为水、气、土和火是基本的元素，但这些元素对人类发挥的作用丝毫不会因此而减少。这类错误不存在任何后遗症，不会造成骚乱，更不会扰乱人们的思想，关键是不会使人类的福祉受到任何损害，这也就解释了为什么几个世纪以来，人们没有对这种观点产生过任何怀疑，就好像这些错误从来没有发生过一样，物质世界还是像以前一样照常运转。但倘若错误发生在道德的世界，那又该是怎样的情况呢？这些不良后果造成的错误，会在数百年的时间里得到政府有识之士的一致认可和不懈坚持吗？这样的制度如何能对这些国家的持续繁荣做出贡献呢？萨伊也承认自己进行辩驳的话有些牵强。确实如此，经过萨伊的推论，不仅没有使这种情况有所改观，反而比以前更严重了。

让我们看看德森卡马斯对这个问题有何见解：

18世纪中期是一个任何事情、任何理论都有可能遭受质疑的时代，无论如何，怀疑一切的怀疑论者们，开始准备编写政治经济学。在此之前，有关政治经济制度并没有任何书面的记载，只是各国政府在实践中的探索过程。这个制度最先在欧洲各国盛行开来，创始人据说是柯尔贝尔，不过令人难以置信的是，虽然这个制度受到了严厉的批评和无情的嘲讽，与此同时现代经济学也已经取得了重大的进展，但到今天为止这个被人诟病的制度依然存在。许多作者认为这个制度是重商主义制度，包括设置各种关税壁垒、一律将外国产品拒之门外或者增加关税税收，从而使本国工业免受与国外产品竞争而带来的伤害。不管是哪个流派的经济学家都宣称，这是一个毫无意义、荒唐可笑的经济制度，会导致整个国家陷入贫穷的困境。不过这个制度仅仅是在理论上声明被禁止实施，而在每个国家的实践运用中却“大放异彩”。经济学家始终都不能理解的是，为什么事关国家财富的大事，政府一意孤行地坚持自己多年实践的制度，却对专家的意见不闻不问。特别是，他们始终都无法明白为什么法国政府在政治经济的运用上执迷不悟，不肯接受先进的知识，在实践中贯彻根深蒂固的错误思想，几乎所有的经济学著作都揭示了这些错误……但重商主义制度顶多也只是一种客观存在，不会带来任何其他的好处，而且任何人也不会为它辩护！

这种表述很容易让人产生误解，认为追求私人财产自由的经济学家与傅里叶主义者相似，规定了一种全新的、虚幻而缥缈的社会秩序，是一种史无前例的法伦斯泰尔组织。但我认为，如果存在空想或荒谬的话，这就是保护主义，而不是自由贸易，是人为地对自然定价过程进行破坏、征收关税，而不是自主交易的过程。

然而，在这里我们要做的是探究哪一种制度是建立在经验的基础之上的，而并不是评价和比较这两种制度的优劣。

此时，我们最关心的就是这个问题。你们认为证明己方观点的有力证据在于垄断竞争的事实，而我们的理论就是我们的全部依据。

你们甚至可以将政府进一步实施的各种政策作为有力的证据，比如曾对萨伊产生重要影响的欧洲的长期实践。我承认萨伊并没有运用其超凡的智慧对这个问题加以反驳，但我并不认为你们的观点可以得到你们所谓的事实的论证，因为你们列出的事实是通过强制手段而产生的个别特例，而人类所有的一切自愿的实践都会支持我们的观点。

我们是怎么说的，你们又是怎么说的呢？

我们说：“假如某种物品的生产成本过高的话，那就最好从别处购买。”

而你们说：“即使生产成本再高也无所谓，能自给自足才是最重要的。”

那么，先生们，就算撇开让保护主义羞愧难当的理论、论证和推理，人类的一般实践会被哪一个论断所限制呢？

到乡村、车间、工厂和商店走访一下，看一看周围的一切，想一想你平时是怎样做家务的，思考一下你的所作所为，然后再想想看，指导农民、工人、企业家和商人活动的究竟是哪一项原则，更不用说你自己的实践了。

农民的衣服是自己缝的吗？裁缝吃的粮食是自己种植的吗？假如自己烤的面包比市场上卖的面包还贵，那你的管家还会自己动手制作面包吗？为了不把钱支付给擦鞋的人，你会放下手中的钢笔拿起鞋刷擦自己的鞋吗？难道整个经济得以建立的基础不是劳动分工（或者说是交换）吗？一旦我们能够既省钱又省力地以间接的方式获得某种产品的话，交易就会引导我们停止这种产品的直接生产。

所以，是你们忽视了实践的作用，因为在这个世界上，按你们的原则行事的人一个都没有。

然而，你们也许会说，你们从未试图在个人决策领域奉行你们的原则，你们清楚地知道这样做会破坏社会秩序，会使人们像蜗牛一样生活在自己的狭小的一方天地里。我们需要指出的是，不同组织成员间的关系一般都是处于孤立状态的。

事实上，这种说法也是不对的。家庭、社区、州、部门和省等各种组织都会把你们的原则拒之门外，不同意实施，从来没有浮现过这样的想法。无论成本多少，来自交换的收益肯定比直接生产所得到的收益要高。国家之间如果不是因为迫不得已一定也会如此行事。

所以，我们才是真正注重实践的人，实践经验是建立在基础上的原则。一方面，为了限制你们对一部分国际贸易实行强制措施，我们会以个人的名义或由个人组成的组织自觉自愿积攒的实践经验作为我们观点的有力支撑。另一方面，你们又是如何论证自己的观点呢？首先实行强制或阻挠措施，其次通过强迫或禁令来人为地制造你们所需要的论据，最后就是强制验证了论点："瞧，我们的观点得到了实践的证明！"

你们不仅对我们的实践理论进行猛烈的抨击，而且还反对我们提出的所有理论。先生们，清醒一下吧！你们与我们一样，实际上都是理论家，但我们的理论与你们的理论存在着很大的区别，如下所示：

我们所观察到的事实、采取的态度、推测过程都包含在我们的理论之中，是为了便于充分理解，然后可以进行必要的分类和修改。

我们采用理论与实践相结合的方式，只不过是将实践所揭示的规律叙述出来。我们看到人类在自卫本能和对进步的渴求的驱使下，他们产生的自愿行为就是我们所说的政治经济或经济社会。我们一直都认为，每个人都可以成为实践中最出色的经济学家，他们会选择对自己来说更有利的原则，来判断是自行生产划算还是通过交易换取产品划算。在实践中，每个人都已经掌握了这个科学的原则，而科学的实质就是对所观察到的这些经验进行条理化的表述。

再来看看你们，把你们也称为理论家，也许含有贬损的意味。没有一个人会把你们提供的方法作为行动的指导标准，因此你们才会认为有必要实施强制措施来强迫人们生产那些产品，而人们如果从其他的地方购买那些产品的话会更有利。你们为的就是让人们自觉放弃这种利益，并以一种本质上自相矛盾的原则作为行动的准绳。

我对你们实施这样的原则表示反对，在处理人与人之间的关系时，在家庭、社区或省份之间进行交易时，就连你们自己都认为遵循这样的原则是很荒谬的。按照你们自己的观点，这种原则只能运用在国际关系中。

这也就是你们为什么每天不停地发牢骚的原因：

世界上不存在绝对的真理。适用于个人、家庭、社区或省的东西，未必同样适用于国家，也可能对国家来说是有害的。在小范围内有利的（如当从别处购买优于自己生产的产品时，就应该外购而不应该自己生产），可能从大范围来看反而是不利的。个体的政治经济与一个国家的政治经济是完全不同的两回事。

鉴于此类的废话。

请睁大你们的双眼仔细瞧瞧，所有的这一切到底说明了什么？你们试图证明我们消费者是你们的私有财产，无论是我们的肉体还是灵魂都应该完全归你们所有，你们可以控制我们的胃和肢体。即不论你们多么昏庸无能、贪得无厌或者经济状况是多么糟糕，你们始终都能按你们制定的价格来供应食物和衣服！

不，你们是完全脱离实际的人，你们是空想家和掠夺者！

第十一章　自由贸易与贸易保护主义

我一直被一件事情困扰着，百思不得其解：

真挚的政治理论家们单纯地从生产者的角度出发，在对经济问题进行了深入的研究之后，得出了下列两个结论：

（1）政府应该让本国消费者遵守有利于国内产业发展的各项法律。

（2）政府应该让国外消费者遵守有利于本国产业发展的各项法律。

第一类政策被称为贸易保护主义；第二类政策则要求外国打开大门，接受我们的产品，实行自由贸易。

所谓的贸易平衡是这两类政策共同假设的前提：

一个国家可以通过进口变得贫穷，也可以通过出口变得富有。

因为，我们只要购买外国产品就意味着把国内财富转移给别的国家，从而使本国的财富总值遭受损失，那么国家限制或者禁止进口也就不足为奇了，是理所当然的。

如果每一次出口产品都意味着获得了其他国家的财富，使本国的财富得以增加，那么为了让其他国家对我们开放市场，动用武力镇压也就变得名正言顺、不可避免了。

准确地说，保护主义制度和殖民制度不过是同一枚硬币的正反面而已。禁止本国公民购买外国人的产品，强迫外国公民购买本国生产的产品，这两种情况也只是同一个原则产生的两个结果而已。

这样一来，人们就会意识到，假定这是一个正确的原则，那么，遵循这一原则所造成的结果就是：福利来源只有两个方面，即垄断（或国内的掠夺者）和征服（或外国掠夺者）。

我走进比利牛斯山法国一侧的一个村舍。

这户家庭只有微薄的收入，孩子们穿得也是衣衫褴褛，身体能真切地感受到刺骨的寒风，冻得瑟瑟发抖，炉火已经灭了，桌子上什么吃的也没有。其实，山的另一侧就出产羊毛、柴火和玉米，但山的另一侧不在法国的领土范围之内，而是属于另一个国家，所以这些物品是不会提供给这个依靠打零工为生的贫困家庭。在这户人家的壁炉中不可能燃烧外国的杉树，牧羊人的孩子永远也不可能品尝到西班牙的美味，这些被冻僵了的身体更不可能从那瓦尔出产的羊毛制品中得到丝毫的温暖。这一切都只是表面上为了共同利益。我们必须要承认，在这种情况下，共同利益与公正的原则是背道而驰的。

以法律的形式来强制消费者只能购买国内生产的产品，的确是违背了消费者自由交易的原则，这本身就是一种不公正的做法，也是一种不道德的行为。

然而我们被告知，为了使国内产业保持可持续发展和国家的长期繁荣，为了避免受到其他国家致命的攻击，必须对交易采取强制措施。

由此，主张保护主义学派的作家们提出一个比较悲观的论断：公平与总体福利在很大程度上是不相容的。

对任何国家来说，只卖不买的政策都是有利的，但这就会导致国家之间贸易的摩擦时常发生，并且还会逐渐发展为常态。因为每个国家都会想尽一切办法向其他国家出售本国的产品，并试图拒绝销售其他国家的任何产品。

事实上，有卖方就有买方。上述理论的逻辑就是卖方会得到好处，而买方会遭受损失，所以任何一笔国际交易都是不对等的，有人欢喜有人愁。

一方面，人们不能抗拒利益的诱惑；另一方面，人们本能地会对自己不利的东西加以抵制。所以，一个无法回避的结论就是：一个国家会有下列两种自然倾向，一方面在国内进行扩张；另一方面抵制外国产品进入本国市场。这两种倾向都会给其他国家带来不利的影响，也就是说，对抗和战争才是人类社会生存的自然状态。

所以，我讨论的这个理论可以归纳为这样的公理：

不管是从国内还是国际来看，总体福利、公正以及世界和平都是不相容的。让我感到不可思议的是，被政治理论家或者政府官员所称道的经济理论建立的基础原则，与其他真实可靠的原则之间竟然存在着巨大的差异，而这些理论家或政府官员还都处之泰然，始终缄默不语。

我认为，假如根据我研究经济学得出的这样的论断，假如不能深刻理解自由、总体福利、公正与和平之间的关系是相容的、密切联系的，而且还是相辅相成的话，那我还不如将我的知识全部都抛到九霄云外。现在你扪心自问：

“上帝如何忍心让人类以不公正和战争为代价实现国家的繁荣发展呢？又怎么能够以削减人类的福利为代价来消除不公正和战争呢？”

“假如这一科学试图让我接受这个谬论所阐释的亵渎上帝的言论，这就已经对我造成了一种误导，那我又怎么能够毫无顾忌地把这样的一个理论作为一个国家制定法律的依据呢？而且，越来越多的开明人士倾注毕生的精力就为了来研究这一学科，并得出了更确切的结论。他们认为自由、总体福利、公正与和平完全是可以共同存在的，这些原则之间都是并行不悖的，不可能会产生冲突，除非他们不是以广为人知的自然规律为基础构建他们的假说，即物质世界所展现的和谐一致。经过短暂的考虑，面对这样的假说和如此之多的权威，你认为我会相信上帝认为在道德世界中建立对抗和混乱的秩序是合理的这种说法吗？我当然不会相信这样的结论：一切社会的秩序原则是可以相互抵消的、杂乱无章的、亘古不变的和互不相容的。在对国民实行专制统治之前，要对这个观点的每一个细节都加以审查，以确保不会有任何东西可以把我引入歧途，从而得出错误的结论。”

如果经过无数次客观的检查之后，我还是能得出骇人听闻的结论，即人类必须在物质财富和精神财富之间做出选择的话，那我就会对这一科学十分失望，并且也不会接受这一科学。我宁愿让自己回归到有意识的无知状态，而且，我也不会参与任何公共事务，把这种痛苦的抉择交由他人去做吧！

第十二章　互惠的悖论

德森特·克瑞科问道：“我们如何才能知道外国人从我们这里购买的商品与他们销售给我们的商品的价钱是一样的呢？”

德多姆巴斯勒也想弄明白：“我们怎么知道英国生产者从我国进口的商品的价值会与他们出口给我们的商品的价值相等呢？”

这些自诩一切以实践为基础进行问题思考的人，但他们的实际行动却与理论想法相差甚远！实在是匪夷所思。

在实践中，有没有是由双方直接进行的（哪怕是百分之一、千分之一或万分之一）交易行为？自从货币出现之后，有哪个农夫会跟自己说：“我要从鞋匠那里买鞋子、从帽子制作商那里购买帽子、从律师事务所获得法律相关知识，他们必须从我这里购买相同价值的小麦？”那么，国家为什么要把自己置于左右为难的境地呢？

那么商业活动到底是怎样开展的呢？

假设有一个独立存在的国家，并且不与其他任何国家发生贸易往来，这个国家的某一个公民生产了一些小麦，他以很合理的价格在国内市场上出售这些小麦，但是他能收获的是什么呢？货币，即无限可分期的保用单或汇票，他可以在任何时候用这些保用单或汇票合法地购买他所需要的商品。最后，在整个交易过程结束后，他所购买的商品的价值与他所出售的小麦的价值正好相等，那么从价值上看，他的支出与收入也是相等的。

如果一个国家与其他国之间实行的是自由贸易，那么就不会有国内市场与国外市场之分，它所面对的市场就只有一个——世界市场，个人在这个市场上出售自己生产的产品来获得凭据，然后再用凭据换取自己所需要的物品。不需要知道那个人是把产品销售给了本国人还是外国人，不需要知道他所得到的货币是来自法国人还是英国人，也不需要知道他换取的用来满足自身需要的物品是国内生产的还是国外生产的。因为对个人来说，他为整个市场创造的价值恰好与他从市场购买的产品的价值相等，如果所有人都是这样的话，那么整个国家也会是如此。

但是这两个事例之间却存在着很大的区别：后一种情况可以进行买卖的市场空间更大，交易双方也有更多的交易机会，双方也会因此而获益。

然而有一种情形或许不会出现：如果所有人都事先商量好不购买某个人提供的产品，那么这个人也就没有凭据，也不可能从其他人那里购买任何商品。国家之间的情况也是这样。

针对这一点，我们给出的解释是，假如一个国家不从别的国家购买任何商品，那么这个国家也不能在国际市场上出售任何商品，这就是所谓的“以其人之道还治其人之身”。这完全取决于最初的选择，比如闭关锁国或者开放本国市场。

这一说法非常有利于我们了解典型的保护主义制度。

现在，你们担心实施这一制度的国家，如果离开了你们的干预，国家终究会陷入万劫不复的境地。这是不是有点可笑呢？

第十三章 人为阻塞河道

在几年前，我受邀参加了一个会议，其主要目的是与葡萄牙协商讨论如何共同改善杜罗河的通航条件。一位议员站起来说："假如在杜罗河开凿运河，就会使这条河上的货运价格有所降低，但葡萄牙的谷物在卡斯提尔的市场价格就会下跌，这将对我国的国内产业造成严重的威胁。因此，如果内阁大臣们不同意提高关税来达到均衡的话，我是不会同意这项工程的。"立法机构对这个观点毫不怀疑。

在那之后的第三个月，我在里斯本参议院听到了对相同问题的讨论。某位先生说："首相先生，这是一个荒唐的项目。要想保障卡斯提尔的谷物免遭葡萄牙的大举侵犯，你就必须在杜罗河沿岸支付更高的成本。除此之外，这一项目也给侵袭提供了便利条件，这就是我为什么反对这个项目的原因。就让杜罗河维持现状吧，我们从祖先那里得到时是什么样子，我们就原封不动地留给后人吧。"

后来，当对是否改善加仑河运输条件进行讨论时，我的脑海中不禁浮现出这帮伊比利亚演说家的观点，我自言自语道："如果图卢兹的议员们能像瓦伦西亚的经济学家们那样优秀，如果波尔多议会代表们的逻辑思维能像波尔图的代表们那样缜密，那么就应该让加仑河沉睡在汹涌波涛的低吟浅唱中。"

因为在加仑河开凿运河会使波尔多受到影响，从而会导致大量商品从图卢兹运到这里，而且不会给图卢兹带来任何好处，大量商品会从波尔多接踵而至。

第十四章　不存在绝对的真理

当人们放弃追寻对他们来说非常重要的知识时，我们就会为此感到无比惊讶，毋庸置疑的是，他们一旦认定世界上不存在绝对的真理，就会冥顽不灵，并且还会坚持到底。

在一次立法会议上，我听到了一个关于法律应该禁止还是允许自由贸易的争论。

一位议员起身说道：

“假如允许自由贸易的话，那么大量的外国商品将会充斥在我们国家的市场上：来自英国的纺织品、比利时的煤炭、西班牙的羊毛、意大利的丝绸、瑞士的牛肉、瑞典的钢铁和普鲁士的小麦，等等，以至于会加剧我国相关产业的严峻形势，经济得不到很好的发展。”

另一位议员回答道：

“假如禁止自由贸易的话，你们就享受不到神奇的大自然赋予各个国家的丰厚而独特的资源了。你们无法得到英国的机械化技术、比利时丰富的矿产资源、波兰肥美的土地上的种植物、瑞士富饶的牧场出产的食物、西班牙廉价的劳动力创造的价值以及无法感受意大利和风细雨的气候。你只能选择自给自足，即使条件不利于你，也必须要自己生产，而不是选择交换这个更好的手段来获得所需的产品。”

上述这两位议员所陈述的观点，其中有一个必定是错误的，至于哪一个错了，我们还需要进行深入的探讨，因为这不是一个简单的学术问题。你在十字路口徘徊，究竟何去何从，对于下一步你必须要做出抉择，但必须要提醒你的是，其中有一条路必定会让你陷入万劫不复的深渊。

为了避免出现进退两难的困境，人们会自圆其说，认为世界上没有绝对真理的存在。

目前这是一个十分受人欢迎的真理，不仅鼓励人们好吃懒做，而且也帮助人们大展宏图。

无论是采用保护主义还是自由贸易，我们都要在经济法典中拟一则这样的条文。第一种选择的条文为：禁止与外国开展一切交易。第二种选择的条文为：允许与别的国家进行交易。于是一些大人物的显赫影响力即将丧失。

然而，假如交易本身不能发挥其特别之处，假如交易零散杂乱，假如交易时而有益时而有害，假如交易的本质不是奖优罚劣，假如参加交易的各方无法为交易产生的后果负责，简单地说，如果不存在绝对的真理，我们不得不对每一项交易慎重思量、权衡利弊或者调控干预，我们必须让生产条件趋于相同，使利润维持在平均水平之上。这是一项需要付出巨大成本的艰巨任务，必须由政府部门负责投资实施。

在访问巴黎时，我对自己说：这个拥有上百万人口的大都市，如果连续一个星期断绝供应各种商品，那它就可以说是一座死城。真是令人难以想象，每天必须要有成千上万种商品在这个城市销售，才能使市民免受饥荒、战乱和劫掠的困扰，才不会让市民对未来感到惶恐不安。除此之外，在事先没有合作计划、没有提前安排的情况下，目前正在运转的80个部门，却能成功地为巴黎提供货物。然而如何才能长年累月地按这个市场的巨大需求（正好合适，不多也不少）提供货物呢？在这一复杂活动的背后，究竟是什么智慧而神秘的力量使其得以顺利进行呢？对于这种关系到身家性命和国家繁荣的事情，为什么每个人都会坚定不移呢？这就是绝对真理的力量，是自由贸易理论。我们从不曾怀疑上帝在我们的内心深处投射的内在之光，正是在这种信念的指引下，人类才得以生存、延续、发展和繁荣。我们将这种内在之光称为利己主义，它光彩夺目、生机勃勃、无所不在。如果内阁大臣打算用人为的干预方式将这种力量取而代之的话，有点不切实际，不论他们是多么卓尔不群；如果他提出由他来控制这个令人惊叹的机制，由他来掌控一切，由他来决定由谁、在何时何地、以何种方式以及在什么样的条件下来生产、运输、交换和消费各种商品，那巴黎人的处境又会是怎样呢？虽然目前还依然存在很多痛苦，虽然凄惨、绝望、饥饿尚未消亡，有太多的泪水在等待你用仁爱之心来擦拭，但我确信，这种痛苦会在政府的专制干预下放大无数倍，目前只困扰小部分人的苦楚将会蔓延到每个人身上！

假如我们相信这一原则会在国内贸易中产生效果，为什么就不能相信它同样会在国际贸易中也奏效呢？更何况国际贸易数量更少，也更为简单。另外，如果巴黎的地方政府没有必要负责管理我们的产业，不必在我们的损失和利润之间维持平衡，不必对我们的货币流失殚精竭虑，不必让我们国内销售的商品具备相同的生产条件，那么在财政职能之外还有必要针对外国商品实行限制措施吗？

第十五章　被滥用的民族独立性

在保护主义理论体系中，有许多观点得以继承发展，其中民族独立思想绝对是不容小觑的理论基础。

人们或许会提出这样的问题："如果我们的钢铁和煤炭资源全部都依赖于英国供应的话，那万一爆发战争，我们又该何去何从呢？"

英国的垄断者也不会甘拜下风，他们叫嚣着："如果英国的食物都来源于法国的供应，一旦爆发战争又将会面临什么样的局面呢？"

人们对一件事置之不理，那么就会导致贸易在各个国家之间产生相互依赖的关系，比如，商业贸易的实质就是一种互惠互利的依赖，我们不可能全然依赖于外国人，除非他们对我们也有所依赖。这种关系是社会的精髓，由于这种自然的相互关系的作用，我们获得的不是独立性，而是完全把自己孤立起来了。

大部分人认为，正是因为战争他们才选择把自己孤立起来，不与其他国家来往的，但仔细一想，事实却不是这样，正是由于孤立行为本身才引发一场战争。一直处于孤立的状态会更容易引发战争，人们也更拥护对外作战。如果每一个国家都在世界市场上有贸易往来，如果每个国家始终保持着平淡的互通的关系，并且人们不会受到匮乏和过剩的双重困扰，那么他们就不会因为要供养强大的海军而遭受破产的威胁，也不会为庞大的军队而煞费苦心，梯也尔和帕默斯顿等人的变幻莫测就不会对和平构成威胁，那战争就会因为物资匮乏、出师无名而得不到广泛的支持，最后不得不被无限期搁浅。

我知道，我将国与国之间的友好关系建立在平庸乏味的“自利”基础之上，一定会有人对此提出疑问（是指当今时尚）。但有人宁可将之建立在慈善、友爱，甚至不计私利的基础上，以损害人类的物质利益来成全牺牲的美德。

究竟到了什么时候我们才能不这么天真烂漫、振振有词呢？什么时候我们才能彻底摒弃那些虚伪的行径呢？什么时候我们才能做到言行一致呢？我们嘲笑、诽谤“自利”，相当于是憎恨有用的好东西（因为能给所有国家带来利益的东西就是好的），就如同“自利”不是上帝赐予的驱使人类走向进

《冬日清晨的蒙马特大道》，1897年，法国印象派大师卡米耶·毕沙罗绘制。这是一幅蒙马特大街的全景图，人群流动，车水马龙，街道两侧尽收眼底，一派热闹的繁华都市场景。

步的、光明的、永恒的、不容置疑的动力。难道我们就不曾被描绘成大公无私的好人吗？难道公众还没有看清这些满口仁义道德、却又赚得盆满钵满的作者吗？在我们这个腐败的时代，仁爱只不过是一块遮羞布罢了！

哪有这样的道理？难道我会因为福利与和平存在密切的联系，因为这符合自然构建和谐秩序的道德规范，就对遵循自然规律和符合公正与幸福的法律法规心存不敬吗？难道你要的是牺牲人类福利的和平吗？难道没有让你牺牲自我利益就是你反对自由贸易的理由吗？那么，如果自我牺牲对你具有如此之大的吸引力的话，那你在处理私人事务时为什么不能像这样身先士卒呢？如果你真的这么做了，会让某些人得到好处的，社会也会因此而对你怀有感激之情。但如果试图推广至整个社会的话就显得很荒谬了，因为每个人都做出了自我牺牲，这就意味着全部人都遭受了损失，这是对道德尊严的亵渎。

不过还算幸运，尽管危言耸听之辞屡见不鲜，但有一个事实却是无法改变的，无论你是否愿意，自利的倾向依然是不断推动社会前进的自然动力。

假如说横征暴敛是由人类至高无上的无私情感引起的，那确实是让人无法想象，这也就是所谓的大公无私的最终结局。这些人，挖空心思地来反对以自利为基础而建立起来的和平，这无疑是把自己的手伸进了别人的口袋，特别是伸进了那些穷人的口袋里。设想一下，有哪条关税法律是为了保护穷人的利益呢？先生们，你们大可以唯利是图，但也请允许我们珍惜自己辛苦劳动得到的果实，并按照自己的意愿行事，不管是对其进行处置、使用或是交换。你们可以大肆宣扬无私奉献的美德，因为这是一种完美、高尚的道德情操，但与此同时也请你们保持最起码的诚实！

第十六章　机器与人的竞争

这两种理论的依据大同小异：即破坏机器与阻碍外国商品进入。

那些既因伟大的新发明而欢欣鼓舞，又坚定不移地支持保护主义的人完全是自相矛盾的。

他们反对自由贸易的理由是什么呢？在他们看来，自由贸易会带来严重的不良影响，我们本国生产的产品会受到外国商品的排挤，是因为他们比我们拥有更好的技术或具备更优越的生产条件。简单地说，他们认为自由贸易对国内劳动造成了伤害。

然而，他们不应该以反对使用任何机器为由，因为机器能为我们的生产活动提供很多的帮助，离开了这些生产设备，人们就必须依靠双手进行劳动。难道使用机器也算是对人类劳动的一种伤害吗？

事实上，对法国工人来说，越是具有良好生产条件的外国工人，才是真正能对生产起促进作用的“机器”，而不是将其置于死地的竞争对手。同样地，使用机器生产是降低成本的一种特殊方式，而不是工人们极力排斥的真正的“外国竞争者”。

所以，假如为了使国内劳动免遭国外劳动的竞争，进行劳动保护是很必要的。那么为了使人类劳动免遭机器的排挤，实行保护措施无疑也是非常有必要的。

因此支持保护主义制度的人们就应该锲而不舍地阻止从外国进口商品，他们也应该将织布机的梭子、犁等作为非法产品。

我对那些反对外国产品入侵的人尤为欣赏的原因也正在于此，至少他们勇敢地认为过度生产是由人类的创造力所造成的。

德森特卡马斯说道：“有一个充分的理由让我们反对自由贸易和过度使用机器，那就是由于大量涌入的来自外国的劳动者使得国内竞争变得异常激烈，工人在车间的位置也被机器取代了，因而导致人们大量失业，制造业也变得每况愈下。”

德森特卡马斯眼光犀利，他看到了进口商品与机器之间存在着某种相似性，这也是为什么他会对两者都持反对态度的原因。与具有连贯思维的人讨论问题真的是一件令人感到愉快的事，因为即使提出的观点再不可思议，他们也还有勇气剖析自己的观点并得出结论。即便他们在进行分析时会遇到很多困难。

由因到果，假如发明的数量与人类劳动之间存在着此消彼长的关系，那么使用机器最为频繁的地方又是哪里？比如兰开夏郡，那里的工人数量应该是最少的。反过来，如果在现实生产中，富裕国家的机器和人类劳动的关系优于贫困国家，那么就必然会得出这样的结论：这两种生产方式不一定是相互排斥的。

当陷入下列两难的境地时，我不能理解还能继续若无其事地存在多少类似的想法：

事实足以证明，就业机会并不会因为人类的进步而有所减少，因为法国人和英国人比休伦人和切诺基人的就业机会还要多，这样的话就会让人方寸大乱，不清楚到底是在什么时候，什么环节出了差错。如果将这个错误贯穿在国家的立法过程中，就必须得承认自己对人类犯下了罪行。

再者，假如人类的发明的确减少了就业机会，如同某些现象所表现的那样，每天都能看到有20个或几百个工人被几台机器所取代，不得不让人相信，人类的智力与体力、人类的进步与总体福祉之间存在着显而易见、永无止境、不可调和的冲突。我们必须要知道造物主在赋予人类思维能力的同时也赋予了体力，在赋予理性意志力的同时还将一种非理性的野蛮力量赋予人类。造物弄人，人类被赋予的能力都是相互抵触的。

我们怎样才能从这个两难的困境中找到出路呢？这是个棘手的问题。就依靠下列著名的格言解决吧：

在政治经济领域，不存在绝对的真理。

将其表述为通俗而简单的话语就是：

我不能分辨对与错，也不能辨别美好与丑恶。没有必要为这类问题杞人忧天。我知道的唯一原则就是各项法律对我个人利益产生的直接影响。

世上不存在绝对的真理！或者这样说世上根本就没有任何真理可言，因为通过对大量真相的系统阐述才能形成真理。

当然，使用机器和进口商品必定会对一个国家产生某些影响，在这一问题上会产生不同的观点。但是无论你认同哪一种观点，都包括在这两个观点之内：使用机器会产生有益影响或者有害影响；进口是有利于人类福祉或是损害人类利益的。如果不能判断属于哪种观点，就只能说明人类的知识水平已经下降到了难以想象的程度。当我得到消息后，法国立法机关竟然说这恐怕是异端邪说，出席的代表（全体公民中的精英们）们还对其进行了表决，最后竟然还一致通过了。这仅仅只是为了能合理地对我们实施一些尚无定论的法律，我为我的国家感到羞耻。

然而有人也许会提醒你说，所有的这一切还不足以将谬论驳倒，还需要深入地说明使用机器并不会使人们的就业机会减少，进口商品也不会使国内的劳动受到伤害。

确实如此，仅靠前文的表述就想实现这个想法的确有些困难，但我的目的是在于揭示问题而不是解决问题，是要让人们充分重视这个问题而不是为了满足人们对知识的渴望。鉴于这样的考虑，我应该不会因没有竭尽全力而受到指责。然而不管怎样，我都不应该把读者引入歧途。

反对进口和使用机器的错误在于：按照直接的、短期的效果来评价，而不是从其整体的、长远的效果来分析。

假设产出不变，使用一台机器产生的直接效果就是造成一部分过剩的人类劳动，更准确地说应该是，只需要比之前更少的劳动就可以实现相同的产出水平，从而以更低的价格把生产的产品出售给消费者，消费者也就可以节省下来一部分钱用来购买其他产品，使其他需求得到满足。从总体上看，也就意味着，刚刚机械化的特定产业部门节省等量价值的人类劳动是值得鼓励的，就业水平并没有降低，却生产出了更加丰富的商品，用以满足消费者多样化的需求。

至于效果链条是怎样具体传导的，下面让我们通过一个更具体的事例来详细阐述。

假定法国人以每顶15法郎的价格购买了1000万顶帽子，这给帽子制造业贡献了1.5亿法郎的收入。由于机器的发明，使得每顶帽子的价格下降到10法郎，假设帽子的需求不变，那么该产业的收入就降为1亿法郎，而另外的5000万法郎依然是建立在人类劳动的基础之上。这个数额就是所有帽子购买者节省下来的全部资金，他们会将这笔钱用于购买其他商品和劳务，以满足更多的需求。由于购买帽子节省了5法郎，所以约翰又买了一双靴子，詹姆斯又买了一本书，杰罗姆又买了一件家具……从整体上看，人类的全部劳动所实现的价值仍然是1.5亿法郎，只是等量的劳动产出的不仅是相同数量的帽子，还有因机器而节省的价值5000万法郎的其他商品和劳务，其中增加的货物的价值就是法国从这项发明中得到的纯收益。造物主赐予了人类无可比拟的智慧，人们依靠它得到了厚重的礼物，与此同时我们必须承认，一定数量的工人肯定在这个转变过程中被机器的发明所取代，但这并不能成为工作机会被破坏或减少的理由。

进口的道理也是如此。下面让我们重温一下我们的观点。

假定法国制造了1000万顶帽子，一顶帽子的价格为15法郎，国外向法国市场提供的帽子的售价是每顶10法郎。在这种情况下，我还认为，国内劳动的工作机会依然不会有所减少。

其原因在于，国内劳动必须要生产出价值1亿法郎的产品用以购买售价为10法郎一顶的1000万顶帽子。

接下来，每位消费者由于在购买帽子的过程中节省了5法郎，那节省的总额为5000万法郎，这些钱可用于购买其他商品或劳务，即购买其他劳动。

所以，整体的就业状况并未因此而受到影响，通过购买帽子节省的5000万法郎会促使更多的产品被生产出来，其中节省的5000万法郎也就是自由贸易制度下法国从进口中获得的纯收益。

如果说我们虚构劳动被替代的可怕情景来吓唬你们，那真的是没有必要这么做。

因为，在不采取限制措施的情况下，劳动会自动地按照供求规律进行调整，从而实现最高的产出投入比例，根本就不会发生劳动被替代的情况。

相反，假如采取了限制措施，对劳动实行无效率的配置，那么在从不良到良好配置的转换过程中，造成的不可避免的失业就要归咎于那些实行限制措施的人，而不是自由贸易。

至少不会有人说，因为制止一个不好的做法而使一部分人的利益受损，而这一做法已经存续了一段时间，那么它就应该一直存在。

第十七章　“贡品”的隐喻

谬论在有些情况下会不断扩展，直至在篇幅很长的、巧妙构思的理论体系中的各个角落都能看到它的身影。这种渗透往往是浓缩进行的，或者假扮成某一原理，或者隐藏在字里行间。

鲍尔·路易斯过去经常说：“愿我们在仁慈的上帝的指引下可以逃脱那些邪恶和隐喻的陷阱！”事实上，这两者中究竟哪个对世界造成的伤害会更深，这是很难说的。你认为是邪恶，因为在我们每个人的内心中都或多或少地存在着偷盗精神，让我们变成负罪的生命，它完全依靠受害者的反抗来遏制恶行的发生。然而诡辩会使对抗消磨掉，如果诡辩并没有摧毁受害者的防御意志，那么就算行恶者将诡辩这把利剑挥舞得天花乱坠，也只能是徒劳无功的。正如马拉布兰克在其著作扉页中写的那样：人间的一切悲剧都来源于错误。这句话无疑是非常正确的。

让我们看看这是怎么发生的。一些野心勃勃的伪君子用心险恶，他们会向公众散播国际争端的种子。这些足以产生重大影响的种子将会慢慢生根、发芽、生长，最后终将导致世界大战的爆发、会让文明停止前进的步伐、会尸横遍野、会给国家带来最惨痛的灾难——侵略。另外，这些敌对情绪让我们看清了其他国家的真实面目，那些良心未泯的法国人也会因此而感到羞愧。这些都是非常严重的恶行，然而要让公众免受伤害，需要的只是一双能识别真相的慧眼。到底是什么蒙蔽了公众的慧眼呢？人们被诡辩蒙蔽了眼睛，扭曲、引申或误导三五个词就足以表达其意图了。

在这里一个无比鲜明的例子就是“侵略”这个词的运用。

法国的钢铁厂主宣称：“我们要保护自己，反对英国钢铁厂的侵略！”而英国的地主说：“我们必须保证不受法国小麦的侵略！”他们强烈要求在两国之间建立贸易壁垒。这种贸易壁垒带来的结果就是国家被孤立，增加敌意，然后再慢慢地引发战争，而战争最终带来的结果就是侵略。“这有什么不同之处吗？”这两个人诡辩道：“有可能被侵略总比接受侵略好吧？”人们听信了他们的观点，壁垒就会一直继续存在。

那么，交易和侵略之间到底存在哪些共同之处呢？同样的，带来战火烽烟、枪林弹雨的战舰与商品交易的运货商船之间又会存在哪些相似之处呢？

它们都可以用同一个形容词来描述——洪水猛兽。在一般情况下，这个词是含有贬义的，因为洪水可以淹没农田和村舍。然而，经过洪水堆积下来的肥沃的土壤远远多于它所冲走的，比如尼罗河的洪水就是如此，那我们就应该像埃及人那样把它奉为神明顶礼膜拜。在疾言厉色地反对外国商品涌入之前，在竭尽所能地设置障碍阻止其他国家的商品进入之前，是否应该先要搞清楚：这场灾害带来的究竟是城池的毁灭还是肥沃的土壤呢？让我们看看穆罕默德·阿里是如何处理这个问题的吧。假如在尼罗河上没有修筑大坝，不能尽量使河水流过的土地范围变得更广阔，而是把钱花费在清理淤泥和疏通河道上，这条从月亮山而来的源自国外的涓涓细流带给埃及的怎么可能会是肥沃的土壤？这向人类展示了我们拥有怎样的智慧与洞察力？为了保护国家不受侵犯，法国可谓是倾尽全力，耗费了巨资，难道就是为了不让造物主赐予他国的恩惠涌入法国吗？

在全部有害无益的理论中涉及的隐喻，“贡品”和“进贡”这两个词是传播最为广泛的了。

这两个词被人们广泛地运用，人们将两者与“购物”“购买”等同视之，并经常将两者混为一谈表达相同的意思。

然而，就如“偷盗”不同于“交易”一样，“贡品”与“购物”的意思也是千差万别的。要不然，当我听说卡塔克撬开我的保险柜“买走”1000克朗，与在我们的立法会上多次听说的由于德国向我们出售1000匹马、我们给德国“贡品”时一模一样，都应该做出若无其事的反应。

由于卡塔克的行为与“购买”存在着不同之处，即未经我的允许就撬开我的保险柜，后来也没有在我的保险柜里放上价值相等的物品。

而我们向德国支付的50万法郎与“贡品”之间也存在着不同之处，德国并不是无缘无故地就收了这笔钱，反而是用我们认为价值超过50万法郎的1000匹马作为交换。

对于一些用词不恰当的地方真的有必要进行如此严厉的批评吗？为什么

不批评呢？难道你没看到新闻报纸和书本中到处都是这些用词错误吗？

当然，我们也不应该认为这只是某些马马虎虎的作者的笔误而已。因为许多很少发生错误的作者也同样用了这种表达方式。据我所知，人数已经超过了十位，其中包括睿智的德阿尔戈、杜邦、维勒拉斯、下议院的议员和内阁大臣，等等。简单地说，他们的话就等同于法律，他们所管理的国家所依赖的治国纲领正是他们所宣扬的谬论。

一位著名的现代哲学家在亚里士多德的谬论目录后面添加了一些内容，其中就包括词语用法歧义的问题，他还列举了几个例子，他认为应该将“贡品”一词也列入其中。实际上，这个问题就是：购买外国的商品给本国带来的到底是好处还是坏处呢？在你们看来，肯定认为是有坏处的。为什么呢？因为这样的话，就是我们进贡给外国人了。然而，仅仅运用这么一个简单的词语，就已然歪曲了事实。

在对垄断的虚有其表的辩护中，又该怎么利用这种带有误导倾向性的表述呢？

国家可以用钱满足战胜国的贪婪欲望，也可以用钱从国外进口商品。因为只有在求同存异的时候，人们才会认为这两件事情是相似的。

然而，需要指出的是，第一种情况是无偿的，第二种情况是自愿有偿的，基于这种差别，根本不能把两者相提并论。在第一种情形下，一个人只有在生命受到严重威胁的情况下，才会被迫交出100法郎，而第二种情形则是当对方提供了可以满足你需要的商品时，你是要自愿付出代价的。你可能会辩解说，一块面包无论是扔到河里还是被吃进胃里，其最后的结果都是一样的，只是使用的方式不同而已。这种推理存在明显的错误，当使用“贡品”一词时，就只强调了共同点而忽略了其中存在的差别。

小　结

到目前为止，与保护主义政策相关的谬论都是我所不赞同的，即便是这些还不是问题的全部，但我必须向读者致歉，因为我忽略了一些更重要的因素：既得利益、实施过程中的困难、货币损耗，等等。

然而政治经济学的范畴要宽广很多，它还包括：傅里叶主义、神秘主义、伪人道主义、对虚无缥缈的平等与博爱的虚假抱负；奢侈、薪金、大机器和所谓的与资本暴政有关的种种问题；殖民、出口、征服、人口、移民、联盟、税收和与贷款有关的各种问题。所有这些使许多模棱两可的观点和谬论充斥在这一学科领域内，急需勤勉的经济学家进行持之以恒的修正。

与其说我对计划中的缺陷估计不准确，还不如说我根本就缺乏计划。这些谬论有时自相矛盾，而实际上你中有我、我中有你，混杂在一起无法分开才是常态。要逐个反驳如此繁杂而没有逻辑性的谬论，就很容易陷入无迹可寻的无休无止的重复当中。

我多么希望只需要说明事物的本来面目即可，不必理睬那些千奇百怪的观点，只要能把社会繁荣昌盛的法则阐述清楚，就可以立刻使谬论无所遁形！拉普拉斯在他所处的时代提出了当时最前沿的天体运动理论，就算不进行特意说明，也可以驱散所有埃及人、希腊人和印度人的占星术疑云，其效果比苦口婆心地直接进行无休无止的驳斥要好得多。真相只有一个，本书的目的就是要阐明那些难以忘怀的、经得起时间考验的基本道理，即：

固若金汤，
坚如黄铜，
反对贪婪的暴君。

错误会以各种形式出现，但一般它们只会短暂存在，这样就不会因勘误工作遇到太大的麻烦而持续很长的时间。

然而，由于实力不足或时机未到，所以现在还不具备采用拉普拉斯或萨伊的方式的条件，那么姑且认为这里所运用的方式还是有点用处的。尤其是对我这个年纪的人来说，这种方法还是挺适用的，因为像我这么大年纪的人，只是偶尔有时间可以进行研究工作。

一本论文集在经过阅读、思考和全面检查的情况下，才可以达到不容争辩的程度。本书在即将出版时也进行了精挑细选，本书的目的在于建立，然后扩展既有的知识范围。

要达到上述目标，仅仅只对一般的偏见加以反对是远远不够的，还有必要清除人们在寻求真理道路上遇到的重重障碍，帮助人们认识真理，对公众的认识偏差予以纠正并对那些滥用谬误作为危险武器的人加以制止。

这在政治经济学中属于一场十分尖锐的斗争，坚决抵制这种谬误的流行具有现实的实践价值。

可以将科学分成两大部分：

一部分，从严格意义上来说，公众都能从中获得好处。比如，一个人虽然对机械原理和天文学一窍不通，但他却可以正确地使用手表；一个人可以什么都不懂，但只要对工程师或驾驶员有充分的信任，他就可乘坐火车或蒸汽船到处旅行。众所周知，我们走路时遵循的是平衡法则，但平衡法则究竟为何物我们却浑然不知，这就像乔丹先生虽然不能说出散文具体指的是什么，但却可以写出优秀出色的文章。

另一部分，科学给人类带来的影响与人们对其的认知程度密切相关，对其实际作用的大小取决于人们的认知程度与知识在整个人类的扩散程度，而不是少数知识渊博的人掌握的知识。这部分学科包括伦理学、卫生学、政治经济学、民主国家的政治学，等等。在边沁看来，这也是一门“扩散比发展更重要”的学科。如果说人们的脑子里都被错误的思想充斥着，不能做到明辨是非、惩恶扬善，那么一个伟人或者上帝制定一套伦理规范对人们来说就形同虚设，丝毫不会起作用。亚当·斯密、萨伊或圣西门等各学派经济学家都曾指出，倘若制定法律的人的信条是专制而不是自由，那么提出“为了交易的便利，自由应优于专制的知识”又有什么用呢？

现在这些被称作社会学的科学都具有这些特点：或许正是因为社会学领域的研究与我们每个人都息息相关，所以任何人都不会让自己置身事外。假如有人想要解决的是化学或几何难题，那就没有必要假装先天就对这门学科的知识精熟于心，也大可不必因为向泰纳先生请教或到勒让德、贝佐特的论文中寻找线索而感到羞愧。然而在社会科学领域内，人们并不清楚谁才是所谓的权威，因为所有人都在依据自己的意愿行事，无论好坏、理性或荒唐，还是伦理道德行为、保健学、经济学或政治学，谁都认为自己有解释、讨论、决定和安排这些事项的权利。假如你病了，就会有一个热心的老太太详细地告诉你病因是如何形成的以及详细治疗方法。“这与你的体液有关，”她说道，“你现在所需要的就是立即服用通便药。”但是，体液是什么？人的体内为什么会存在“体液”这种东西？这位老太太从未想过这些问题。当我听到有人用过度生产、资本暴政、生产能力过剩等词语或其他不知所谓的废话来解释社会弊病时，我立刻就会想起这位热心的老太太在这些词语中存在的许多错误。

通过以上内容的分析，我们可以得出以下两个结论：

（1）在社会科学领域中存在着大量的谬论，因为在个人的意愿和直觉中就不可避免地存在着谬论；

（2）这些谬论会造成很大的危害，因为人们的想法会受到这些谬论的误导，而这些被误导的想法最终会以权威的形式出现，如法律。

所以，关于这些科学的书会有两类：一类是解释与传播这些科学的书；另一类是坚持真理、批判谬误的书。

现在看起来，在这里重复说明本书写作方式的内在不足起到了很大作用。我所要讨论的每个谬论毋庸置疑都在措辞和具体意义上各不相同，但全部谬论的出发点只有一个，那就是消费者的承受能力和兴趣不在考虑范围之内，可以说是完全被忽略。因此有必要说明由这个谬误出发点衍生出来的许多其他错误，这将有助于人们看清事实并掌握真理，而且在任何情况下都不会轻易相信谬论。

毕竟，我的目的不是让人们去相信什么，而是向人们提出疑问。

我希望看到的是，让读者发自内心地对自己说：“我还不知道！”并不是让读者觉得：“我明白了！”

“我不知道，所谓的‘稀缺是福’的说法可能存在错误，我开始对此感到担忧。”（谬论一）

“我不再执迷于因阻碍它所带来的神奇功效。”（谬论二）

“我所希望的并不是不惜一切的付出和不劳而获的满足。”（谬论三）

“只给不取并不是成功的秘籍。”（谬论四）

“我知道，一件物品的价值与所耗费的人类劳动是成正比的。那么为了交易的顺利进行，用犁耕种收获的谷物的价值和用提花机纺织的产品的价值是不是就不相等了呢？”（谬论五）

“我必须承认，我已经开始认识到束缚使人完美、课税使人致富这种论调是多么的荒谬！老实说，我应该放飞更多的希望，体验彻底解放的感觉，假如我的经验和本书作者所说的完全一致的话，繁荣与公正、和平与自由、就业机会的增加与知识进步之间并非相互排斥、彼此不容。”（谬论六、七）

“所以，如果我无法理解某个观点，不能确定它是言之确凿还是似是而非，那么我会请教这个领域的专家。”

让我们通过持续的重要的观察来总结一下本书的论点：

（1）人们对诡辩给世界带来的影响并没有足够的认识；

（2）一旦推翻了强者的统治，诡辩就会使国家陷入更大的混乱之中，此时就很难清楚地识别出是谁会给人类造成更大的灾难；

（3）人类对快乐、名声、地位、权利，也就是对财富的喜爱已经到达了狂热的程度。

因此，在巨大的财富面前，人们会完全不顾他人的利益，甚至还会牺牲他人的利益。

但是这里的所说的“他人”，指的就是公众，如果他们懂得怎样保护自己的利益，定会全力以赴地保护自己的利益。

在世界上发生的种种事件中，掠夺扮演了重要的角色，其手段不过是武力和欺骗，而对策也有两个：勇气和知识。

在人类的历史长河中，使用武力掠夺的事例不胜枚举，对掠夺的历史进行回溯就等于再现所有国家的整个历史：亚洲人、巴比伦人、匈奴人、土耳其人、阿拉伯人、蒙古人、鞑靼人，还有在美国的西班牙人、在印度的英国人、在非洲的法国人和在亚洲的俄罗斯人，等等。

然而，至少在文明国家，人们不仅创造了大量财富，而且还具备保护财富的强大实力。这是否就意味着他们不再会遭受掠夺呢？事实证明不是这样，他们还会像以往一样遭受掠夺，并且是彼此之间的掠夺。

唯一的区别是，掠夺的手段发生了变化，从之前的强取豪夺，变成了现在的欺世盗名，但最终人们的财富还是被抢走。

进行欺骗是掠夺公众财富必不可少的一个步骤。

第二部分　经济学与生活

第十八章　形形色色的掠夺

我为什么要固执地研究枯燥无味的政治经济学呢？

这个问题提得相当不错。因为这门学科指导的所作所为，是很令人讨厌的，其研究意义也遭到了人们的质疑。

下面让我们进行一番仔细的调查和分析吧。

有些哲学家没有任何根据就声称自己或人类应该对贫困怀有崇尚之情，而我却不这么认为。

不管怎样，对我而言还是认为财富最重要，我明白这个词不仅仅意味着某些东西比较丰裕，还有舒适、幸福、安全、独立、教育、尊严……财富相当于一切。

主要有两种方式可以填充库存、享受荣华富贵和提高生活水平，即生产和掠夺。

也许有人会说："掠夺只是发生在一部分地区的、偶然的、短暂的犯罪行为，会受到道德的谴责、法律的惩罚，而且也不在政治经济学的研究范围之内。"

然而，不管你对这种观点是持赞同态度还是反对态度，我们都必须认可掠夺这种行为对这个世界来说实在是太常见了，它在人类的重大事件中占据的比例非常大，任何一门社会科学，特别是政治经济学都不能避免。

另外，在不断改善的社会秩序（至少已经得到了一定改善的那部分）的维持下，究竟是什么让一部分人为了提升自己的幸福而以牺牲他人为代价的呢？

所以，要是不存在掠夺的话，社会就会变得越来越美好，从而社会科学也就失去了研究对象。

此外，如果有一部分社会成员是以掠夺为谋生手段的话，那他们就会全力以赴地在立法过程中将其美化、合法化，并披上道德的外衣。

若是如此，有些肆意妄为的掠夺行为就会堂而皇之地存在着。

首先是战争。在原始时代，获得绝对的权利（即无人质疑、无人抢夺的各种权利），是战胜者杀死战败者的目的所在。

其次是奴隶制度。自从知道土地在经过人类的劳动加工后，产出也会相应增加，他就与他的兄弟进行了分工："你负责体力劳动，我负责收获果实。"

这样一来神权政治就出现了："按照你给我的，或者你拒绝给我的原本属于你的东西，我会为你打开天堂或是地狱的大门。"

最后是垄断。它具有明显的特征，既符合等价交换的社会规律，又允许武力干预谈判，这样就破坏了收支两者间的平衡。

掠夺本身就包含自我毁灭的可能，多数掠夺少数的情况几乎不会发生，因为这样一来，被掠夺者就会迅速缩减，而掠夺者的贪欲也无法得到满足，那么掠夺者的末日也就指日可待了。

毫无例外地全部都是少数压迫多数的情况，但掠夺还是不可避免地到了走投无路的地步。

如果能在战争和奴隶制度中使用武力的话，那么毫无疑问，武力会在多数一方的手里掌握着。

如果使用的方式是愚昧民众，就像在神权政治和垄断中一样，除非是智商有问题，否则的话真相迟早会被大多数人所知道的。

除此之外，如果真的实施了这样的法律，也仍然会带来不可预估的结果，任何一个成功的掠夺制度不仅仅是进行财富再分配，还会使一部分财富蒙受损失。战争使一部分财富消失殆尽，奴隶制使能动性不再那么积极，幼稚的、有害的结果是由于在神权政治上花费的精力所造成的，垄断者贪婪地夺取他人口袋里的财富，然而在这个过程中也会损失很大。

这是个极佳的法律，压迫者与被压迫者之间如果达到了均衡状态，掠夺就会无休无止地发生。幸好有这样的法律存在，使得人类社会永远无法达到这样的均衡——或者是因为掠夺者意识到掠夺的财富过多，又或者是贪欲未得到满足，因为罪恶总是与日俱增——总之，其下场不外乎是新一轮洗牌。

事实上，有时候掠夺者对财富的破坏程度非常严重，简直到了令人叹为观止的地步，就连掠夺者自己也变得比安守本分时更穷困潦倒。当花费在战争上的金钱超过了掠夺品的价值时，当主人付给奴隶的报酬比付给自由劳动力的报酬还要高时，当人们在神权政治下变得泰然处之而无所作为时，当垄断本末倒置（如同从奶牛干瘪的乳房挤奶一样）时，这种情形就出现了。

垄断显然应该归到掠夺者的行列，它包括领干薪、特权和贸易壁垒这三种变体形式。

有些形式可能既单纯又简单，比如封建特权。在这种制度下，群众明确地知道自己处于被剥削的地位。这种制度得以维持是依靠滥用武力，但最终又会被武力所推翻。

还有一些更加复杂的形式在无声无息地进行着，一般情况下群众都不会觉察到自己的财富被剥夺了，他们甚至认为自己欠了掠夺者很多，不仅仅包括他拥有的财富，还有被掠夺走的和在此过程中损失掉的。而且，我认为，随着时间的推移，一种设计精细巧妙的制度习俗也会随之出现，以至于使许多人莫名其妙地就成了掠夺者。对这种类型的垄断来说，蒙蔽和不断出现的谬误是其得以产生的前提条件，它们在无知的黑暗中肆意滋长，在知识的光明中毫无立足之地。

综上所述，毋庸置疑的是政治经济学是一门实用性很高的学科。它是那一抹揭露欺骗、纠正错误的光亮，它摧毁了被称作“掠夺”的混乱秩序。有人——我觉得是一个女人——把它称为“人类积蓄的防盗门”。

如果这本看起来并不厚的小册子可以流传上千年，让人们爱不释手，每个句子、每个词语，甚至每个标点都让人们反复斟酌与仔细研究就好了。要是世界上的所有图书馆的书架上都摆放着这本书，并且还有书页的注释、解读就再好不过了。要不是出于对本书内容过于简洁和隐晦艰深难以理解的担心，我也不会对本书的未知将来做出上述评论了。然而需要对这本书进行评论，我认为这是一个不明智的选择，由我自己来完成这个任务。

人类经济生活的宗旨是自愿地进行等价交换。掠夺是通过使用暴力或欺骗的手段去阻碍自由贸易的开展，是为了坐享其成。

武力掠夺是待他人把产品生产出来之后再强行夺取其产品。但法律明确禁止偷盗行为的发生。

当这种行为发生于个人之间时，就被称为小偷，偷盗者还会被判有罪并被送入监狱；当这种行为发生于国家之间时，就被称为征服，并且还带有荣耀的光环。

为什么会有如此大的区别呢？这的确发人深省。思考会让我们明白像空气一样充斥在我们周围的究竟是强权还是公众意志。卢梭曾经说过这样一句话："我们总是费尽心思来探寻真相，但事实就摆在我们眼前。"

因为小偷的行动是一个人单独进行的，所以会遭到人们的反对，如老鼠过街一般人人喊打。但是，假如有几个臭味相投的伙伴和他一起，那在向他们显摆自己能为所欲为时，他有可能会对公众意志造成的影响有所顾忌。同伴的称赞使他因做错事而产生的罪恶感互相抵消，甚至他还会以此为荣。

置身于某一个国家的战士，反对他的公众则属于其他战败国，他不会有这种压力。因为在他身边的人们表达的都是支持和赞同的态度，他和他的支持者为了共同的利益十分紧密地联系在一起。这个国家已经为自己树立了敌人，增加了不安全因素，才发现对其子民们的英勇善战大加赞赏是非常有必要的。他们之中最有勇有谋的人、开疆拓土的人、收获战利品最多的人会得到尊敬、名誉和荣耀。他们的英勇事迹被写成诗歌并且被人们歌颂，他们还会收到女人们专门为他们编织的花环。正是这种公众意志的力量蒙蔽了人们的双眼，使人们对掠夺的侵略性视若无睹，甚至连掠夺者自己都浑然不知自己犯下的滔天大错。

遭到掠夺的国家反对武装掠夺公众意见，而不是反对发动掠夺行为的人，因此只会产生微乎其微的反响。但这并不是没有一点作用，在国与国进行交往并试图进一步了解的时候，其所发挥的作用就不言而喻非常重要了。对于这一点，反对此类掠夺意见的影响力很明显会通过不同国家之间的语言学习和交流得到不断增强。

然而很可惜，一旦被掠夺的国家发现机会就会变身为掠夺者，继而也会存在同样的偏见，这才是一种常态。

当发生这种事情的时候，解决的办法只有一个：让时间处理这一切。在残酷的现实面前，人类终于明白，相互掠夺带来的只有永无止境的苦难。

有人会说，还有其他的解决办法：那就是利用道德的影响。但道德影响是为鼓励美德善行，当掠夺行为成为公众眼中至高无上的美德时，光靠道德的力量又怎么能够制止得了呢？还有比宗教更有威力的道德影响吗？还有比基督教更倡导和平、更被人们广泛地认可的宗教吗？那么在18世纪我们看到了什么？人们之间的烽火连天与宗教密切相关，是为宗教而战！

主动发动战争的一方也并非一直都是战胜国，他们的士兵百般无奈只能加入保卫国家、争取自由和保护财产安全的战斗之中，国家也因此陷入了艰难的时期。这种战争被看作一种圣战，高举圣子生灵的旗帜，以捍卫天下所有的圣洁之物，人们对它的崇拜尊敬之情如同对祖国那般真诚，并赋予它至高无上的荣耀。但当危险过去之后，公众的看法如同以前一样未曾改变。由于复仇精神与爱国精神混淆在一起，人们喜欢高举神圣的旗帜辗转于各个城市，好像上帝已经准备好了要随时惩罚那些挑衅者一样。

各个国家愿意把武器放在军火库尘封起来，是因为害怕受到惩罚，而不是知识的进步带来的好处。不可否认的是，最发达的国家发动战争、无视正义是因为他们毫不在意任何报复行为。喜马拉雅山、阿特拉斯山和高加索山见证了这一切。

要是宗教不能发挥作用，知识也不能发挥作用，那么，什么时候才能结束战争呢？

政治经济学认为，对于胜利的一方而言，发动战争不是牺牲多数人的利益从而使少数人的利益得到满足。因此，当务之急就是让公众了解真相，即使公众在某些方面依然存在差异，但最终全部会赞同和平。

强制掠夺还会以另外一种形式出现。掠夺者不仅仅占有生产者本身，使他丧失自由，强迫他进行劳动，而且还占有他生产出的产品。掠夺者对他说“你付出劳动，我坐享其成”，而不是“如果你为我做这个，我会回报给你那个”。这就是所谓的奴隶制度，是滥用权力的代名词。

那么，这里存在一个重要的问题，没有什么争论可言的权力就不会被滥用了吗？我完全反对这种看法，就像永远不会相信一块正进行自由落体的石头会在没有外力的帮助下停滞在半空中一样。

假如持肯定态度，我能列举出的某个国家或某个时期的奴隶主主动废除奴隶制的范例不下10个。

奴隶制是自利与动机之间发生冲突时，彰显宗教及人道主义情感重要性的典型例子。很遗憾的是，现代各个思想流派进行社会改革都希望通过自我否定来实现，若是真的这样的话，改革的突破口就应是改变人性。

自奴隶制设立以来，在安德列斯群岛的世世代代的奴隶主们信奉的都是基督教。每天都要反反复复地说上几遍："四海之内皆兄弟，对你的邻居一定要友爱。"但他们自己却拥有失去人身自由的奴隶，这可真是十分荒谬和虚伪。现代的改革家难道还希望他们的伦理规范能完全被接受，并且广泛为人所知、权威可信，每天都像福音书一样时时刻刻被吟诵吗？假如连吟诵福音都口是心非、无法剔除自私自利的障碍的话，又怎么能期望他们的伦理规范会创造出惊人的奇迹呢？

那么，奴隶制真的是坚不可摧的吗？显然答案是否定的。可以说奴隶制度是成也自私，败也自私，一旦试图通过牺牲整体利益来弥补遭受损害的特殊利益，那么一定就会以失败而告终。

政治经济学还揭示了另外一个真相：即从本质上讲，自由劳动具有更高的效率，而迫于无奈进行劳动的奴隶没有积极性。所以，自由劳动战胜奴隶劳动是在所难免的。设想一下，如果由黑奴来种植蓝靛会产生什么样的后果呢？

雇用奴隶劳动来种植蔗糖会导致蔗糖的价格不断下降，对奴隶主来说，他们的利润上升空间就越来越有限。如果在欧洲市场上，蔗糖的高价没有得到法律手段的控制，那美国的奴隶制早就彻底瓦解了。所以，我们知道奴隶主、债权人、立法会委员为什么要想方设法地强制实施这些法律，因为他们是整个奴隶制度的必不可少的一部分。

不过，让人感到可悲的是，一些来自奴隶制社会中的人竟然还支持这些法律，显而易见公众赞同君主制。

如果把君主制当成一种强制性的制度，那更是一种欺骗，这种欺骗也是建立在公众认知能力不足的基础之上的。然而事实上，广大群众是认可君主制的，随着人们的认知能力不断提高，人们会更加深入透彻地看待各种事物。至少从本质上来说，强制和欺骗是一致的，被掠夺者的轻信正是促成掠夺者骗局的重要原因，而真相才是轻信的宿敌。因此，如果人们能擦亮自己的眼睛就可以断绝滋生这种掠夺的条件。

我应该再次对依然广泛存在的以欺骗手段为目的而进行的各种成功的掠夺行为进行一下回顾。

首先是在神权政治下掩盖的掠夺。

这种掠夺又是怎样的呢？以实质性的服务教唆他人，如食物、服装、奢侈品、威望、影响力以及权力等来换取虚拟的服务。

假如我对一个人说："我准备立刻就回报给你。"那我一定要含糊其词，不然他就会立刻看穿我的伎俩，我的骗局也就随之泡汤了。

但假如我这样对他说："作为从你那儿得到一些东西的交换，我会给你丰厚的回报，但不是现在，而是来生。至于你的来生是否幸福，其决定权完全在我，我是上帝和人类之间沟通的通道，我可以决定向你敞开天堂之门还是地狱之门。"如果他相信了我说的话，那他就在我的掌控之中了。

有史以来这种把戏真的是屡试不爽。众所周知，埃及祭司通过这种把戏而获得的权力可谓是空前绝后。

其实这种骗人的伎俩很容易就能被识破，因此请扪心自问，假如你是这样的骗子又会怎样行事呢？

那就想象一下吧。首先，假如我身处在愚昧无知的公众当中，通过一些非比寻常的、诡异般的事件成功地将自己杜撰成具有超自然力量的生物，对人类的生死具有绝对的影响力，是上帝的代言人。

接下来，我会拒绝一切对我的承诺进行的检查，为此我要做更多的事：因为寻根究底是我最大的敌人，我不允许人们探究缘由，至少应该拒绝对令人敬畏的神追根溯源。我应该对这个及与此相关的一切问题做出回应，是的，这是戒律，那就按照野蛮人的这种解决办法来进行。寻根究底、质疑，甚至是表现出丝毫的怀疑，都是不可饶恕的行为。

为了防止发生可能会让骗局败露的任何事情，就必须制定相应的策略，这个工作的确需要高度的精巧性，其中最可靠的就是禁止亵渎神灵这一条。

但是，这条基本保障条款还需要一些辅助措施才能确立。比如，为了不让知识混淆人们的思想，我和我的同伴就应该将所有的学科都拉拢过来，把知识埋藏在乏味的语言及象形文字之中，为了使人们不能觉醒，我还应该精心设计一些环节，以使我能够明目张胆地深入到人们的内心世界。

对我来说，满足人们的一些现实需要确实能带来一些好处，特别是这样做可以使我的影响力和权威性得到大幅度的提升。比如，人们迫切需要教育和道德，我就把自己装扮成这两者的源泉。这样一来，人们的思想就会听命于我了。我应该在道德和权威之间建立坚不可摧、不可分割的关系，所以，假如有人胆敢向道德戒律发起挑战，那他将不能在这个道德社会中立足，他会感到脚下的大地在颤抖并使大众对他这个冒失鬼感到愤怒。

当事情发展到人们对我百依百顺，比奴隶还听话的这种程度时，奴隶还在诅咒身上的锁链，而我的子民却为此感激涕零，我的成功在于让人们心甘情愿地听命于我。

这个谎言的建立可能因为公众的意见在顷刻间就会土崩瓦解，然而如果每个对谎言的质疑都在戒律范畴之内的话，又该从哪里开始着手呢？那么只能期待时间和纸质媒体来完成这项任务了。

一些人总是自我安慰道：今生的悲惨遭遇奠定了来生幸福生活的基础，上帝不允许我摧毁这些人的这种信念！但我们这些无法抵制地被动接受这种信念的人却被无耻地利用了，包括教皇在内的任何人，都不得不承认这一点。我认为，有一种方法可以检查人们的利益是不是以这种方式被牺牲了，让我们研究一下宗教和神职人员的关系，究竟是神职人员服务于宗教还是在利用宗教。

假如神职人员是为宗教服务的，如果他唯一的愿望是向全世界各地传经授道并能够扩大有益影响，那他就应该是温和、宽容、谦虚、善良和热忱的，他的一生将成为完美的典范。他应该宣扬人是生而自由平等的；倡导国家之间要和平共处，成为友好邻邦；他会坚决抵制世俗权力的诱惑，因为自己如果想摆脱世俗的羁绊，就需要极强的自我克制能力；他将是人们中的普通一员，是一个好建议的提供者，一个通情达理的人，一个德高望重的人，一个遵守《圣经》的人。

与此正好相反的是，要是神职人员是在利用宗教的话，那么为了实现自己利益的最大化，宗教在他那里就只变成了一种可以进行随意修改、删减和扭曲的手段而已。他将控制其他人对此提出疑问的数量；随着时代、人员和环境的变化，他将对教义中的道德规范做出相应的调整；他将让人们敬畏他精心设计的手势与姿势；他会每天不厌其烦地把早已失去原本意义的词句在嘴里不停念叨上千万遍；在人们不会对他的圣洁性产生怀疑的情况下，他将会从事贩卖圣物的活动，而贩卖活动的隐秘程度完全由人们的警觉程度所决定；他还会卷入到世界性的阴谋之中，他掌握着权力并总是与独裁相伴。总而言之，他的目的通过他的所作所为就可以原形毕露，他并不是通过神职人员的努力使得宗教发扬光大，而是通过宗教来巩固和提升神职人员的势力，他的一切努力都是为了达到这个目的。在我们看来，这一目的就是为了获得权力与财富，能够最有力地证明人们受到蒙蔽的证据就是：神职人员总是很富有又有权势。

显而易见，真正的宗教也会与伪宗教一样被滥用。事实上，越是受人尊重的、越是具有权威的某种宗教，就越有可能被居心叵测的人利用。然而结果却大相径庭，如果有人胡乱过度地使用这种权威，那些理智、清醒、有主见的教众将会感到无比愤怒，他们不会被动摇，十分坚定自己的信仰。如果一种真正的宗教遭到削弱，那比一种伪宗教的衰亡还要遗憾百倍。

掠夺的本质特征是贪心，并且永远不会得到满足，这种掠夺的实现程度与人们的洞察力成反比。要从愚昧无知的人们当中分辨出那些阴险狡诈、专业的神职人员也不是不能办到，但问题在于如何才能阻止这些作恶多端的家伙披上法衣、戴上主教的法冠。掠夺者的发展符合了马尔萨斯人口论的原则：他们的增长超过了以他们为生的人容易上当受骗的程度的趋势。因此，如果公众还不能幡然醒悟的话，我们将失去可以有效对付掠夺的唯一一种策略。

商业欺诈是众所周知的另一种掠夺形式，我认为这个术语包含的范畴还是太过局限，因为不良欺诈不仅包括滥竽充数、假冒伪劣、缺斤短两的商人，还包括各种庸医和小题大做的律师。在所有这些情形中，它们所提供的这两种服务具有一个共同的特征，那就是不断下降的服务质量，但是由于提供这种劳务必须事先得到消费者的认可，因此如果人们了解信息越充分，这一类的掠夺得逞的可能性就会越低。

接下来我要讨论的是政府服务的滥用，这是最为严重的掠夺，因此必须被提及。

假如上帝创造的人都是独自一人居住的，那么每个人都不得不自己劳动，个人付出的劳动也与其得到的相应财富成正比。

但是，人是一种具有社会属性的动物，他们用商品互相交换，只要你愿意，就可以提出想交换商品。

社会成员的这种意愿是普遍存在的，但需要政府提供一种服务，那就是保证安全，以此来保证交易的顺利进行。人们要想获得各种各样的服务就要愿意向政府纳税，政府提供的这些服务是为了满足人们的安全需要。

这种安排并没有违背政治经济学的基本原则，即“投之以桃，报之以李”。交易的本质是相同的，不同的只是回报的方式而已，而这一点正是问题的关键所在。

在进行私人交易时，参与交易的人都可以独立判断自己收到的服务和自己提供的服务是否成正比。他可以选择拒绝交易，也可以寻找其他的买（卖）家，所以市场中的服务与交易是完全建立在平等自愿的基础上的。

国家的情况就迥然不同了，特别是在代议制政府还没有建立之前，这种差异表现得更加明显。不管我们是否需要这种服务，不管这种服务是否切实，我们都必须接受政府提供的服务，并要按照政府制定的价格进行支付。

高估自己提供给他人的服务却低估自己所得到的服务，这是人类的本性所致，如果在私人交易中价格谈判不成功的话，那么，纠纷就在所难免。

价格谈判几乎不可能在政府交易中存在，但国家毕竟是由人（虽然现在没有这种说法了，但归根结底就是这样）组成的，其所作所为最终也不会偏离人类本性：就国家而言，它提供给人们的服务远远超出了人们想要的服务，而人们获得的相应回报却与实际需要存在很大差异，国家向我们提供服务的原因就是让我们纳税。

国家的情况与马尔萨斯人口理论揭示的规律相符合，夸张的程度超过了其赖以为生存基础的增长速度，人类的发展是其最终的生存基础。国家的所作所为无法被约束，这正是人类的悲哀！自由、私人企业、财富、幸福、独立和个人尊严都将烟消云散。

在这里必须要指出：国家向我们提供的各种服务中，其中最为主要的是安全。为了保证我们的安全，国家必须控制一支军队以应对一切威胁，无论是来自个人、集体还是来自国内、国外，再加上人类损人利己的本性，我们显然陷入了危机四伏的处境当中。

对所有这些都了解之后，人们应该站在整体的、历史的角度来考虑问题，掠夺的实现手段是政府超越权限、滥用职权。只要考察一下亚西里亚、巴比伦、埃及、罗马、波斯、土耳其、中国、俄国、英国、西班牙和法国的政府都给人们提供了哪些服务，就可以让人们真真切切地感受到从政府那里得到了什么样的服务。各国之间存在的巨大差异真是让人感慨万千。

最后，代议制政府的建立仿佛提前给人们灌输这样一种观念：所有这些掠夺会奇迹般地消失。

事实上，这类政府遵循的原则如下所示：

"人们通过代言人这个中介来决定政府提供服务的性质和最佳范围，决定人们应该为这项服务支付多少报酬。"

如此一来，有时会发生这种情况，集体利益与个人利益之间就会产生直接的冲突。很明显，不管发生什么，优先考虑的一定是后者。

的确，从长远来看，我坚信代议制政府一定会取得成功，但必须承认当前还没有做到。

为什么呢？理由非常简单：政府总是运筹帷幄，而人们通常是愚昧无知的。

一般来说，政府都非常精明强干，它们在精心策划的计划指导下，将传统与现实完美融合，有条有理地开展各项工作。政府对人情世故了然于心，比如，当在人们中间发觉有战争的苗头之后，政府就会推波助澜，使这个灾难的倾向性得到强化。通过这种做法，国家就会陷于危险之中，接下来就变得顺理成章了，人们自然就需要士兵、水手、军工厂和防御工事。事实上，政府想尽一切办法使这些需求成为必然，往往是没有必要的，因为一切都逃不过它们的掌控。于是政府就会通过税收和举债来筹集工作、薪金和任职提拔所需要的大量资金。

如果人们足够慷慨大方的话，那么人类的一切疾苦都会被政府治愈。加快商业复苏、维持农业繁荣、扩张工业、鼓励艺术文化事业的发展、消灭贫困，等等。要保证这些目标的实现，政府机构就需要供养更多的官员。

简而言之，其策略是阻止以实际服务的形式展示在人们面前，但结果是人们付钱之后得到的不是服务而是奴役。政府拥有庞大的机构，它的维持需要耗费一个国家一半以上的财富。人们会惊讶地发现，精妙的发明使人类的产品成倍增加，工作更加努力，与此同时，人们烦人的处境却是每况愈下。

这里存在的问题是，由于政府无所不能、神通广大，人们就变得不再那么重要了。所以，当行使政府权力的人们决定由哪些人作为代表，决定政府行动范围和人们的负担程度时，该怎样选择呢？政府官员受人委托行使权力时完全都是随心所欲，就像莫里哀笔下靠裁缝的衣装撑门面的伪君子。

人们终于有所醒悟，认为该为此做点什么了，但是只想着请求恶魔伸出援手，而不是想着要亡羊补牢（人们的进化还没有达到这个程度）。

管理工作确实十分舒适，能从事这样的工作是每个人梦寐以求的。所以，心怀不轨的政客就会不停地向人们灌输这样的观念："对于你们的痛苦，我们十分理解，也感到万分遗憾。但如果是在我们的管理之下，这样的情况绝对不允许也不会发生。"

而这是一个非常漫长的阶段，动荡不安。如果人们打了败仗，那么战争就会使人们的税收负担增加；如果取得了胜利，虽然改朝换代了，但滥用权力的恶习却依旧存在。

这一切会周而复始地持续上演，除非人们清楚地知道并能够捍卫自己的真正利益。如此一来，我们再一次得到了相同的结论：提高公众明辨是非的能力是唯一的出路。

在一些国家中，政府的掠夺常常以公众为主要对象，这些人往往信心不足并且能力低下，如果没有事无巨细的管理就会感到六神无主。即便没有考察很多的国家，我已经看到，一些国家的公众认为如果国家不支持实验农场的发展，那农业就不会取得进步；如果政府不经营管理一种马场，那国内的马匹就不会繁衍不息了；如果政府不对孩子需要学习的东西做出规定，那父亲们就会担心孩子没有教养，等等。这些国家战乱频繁发生，朝代更迭更是屡见不鲜。处于被统治地位的人需要迎合管理者的意愿和偏好（我们已经讨论过的政府的状况正是这样），除非人们能明白，通过利益各方自由讨价还价来交易的商品或服务越多，对自己就越有利，要不然根本无法改变这种状况。

我们可以看到，社会是个交换的社会，交换应该以互利诚信为前提。但是我们也已经提到过，人类具有相对高估自己所提供的商品和劳务价值的倾向，这是在所难免的。毋庸置疑，要想遏制这种倾向，最好的一种方法就是通过购买者自愿平等的讨价还价。

所以，一些人就利用另一种形式来剥夺人们这种自由买卖的权利，即通过法律的形式。人们将这种掠夺称为特权或垄断，让我们来认清这种掠夺的起源和特征吧。

人们都知道，市场上的劳务或商品的价格和应得的补偿都与其稀缺程度成正比，所以，每个人都希望实施这一项法律，不允许他人提供与自己类似的商品或劳务；或者按照这样的道理，如果要提供某项劳务或商品必须具备一种必要的方法，于是寻求通过一项法律获得对这种方法的专用权。

我不想对这类掠夺方式做过多的说明，仅对此做出评论。

就个例而言，任何一个得到法律认可的垄断者都能获得丰厚的报酬，因此各行各业的生产者都会全力以赴以获得这种垄断地位，而不是打破这种垄断。这种掠夺逐渐会演变成一种制度，也会变成一个天大的笑话，其最终的结果是，每个人都会产生这样一种想法：自己将会从市场减少的供给中受益匪浅！

无须反复说明这种非比寻常的制度给各行各业、各个领域、各个国家埋下了无数的祸根；这个制度需要政府持续不断的、变化多端的干预，于是其结果就如上文中所说的权力滥用一样；使所有的企业都陷入困境，使人们去依靠自己的努力维持生计而对法律产生依赖心理。这会给社会造成巨大的混乱。

也许人们会产生这样的疑问："为什么拿掠夺这个贬义词来进行讨论呢？这个词显得很冷酷无情并且还有挑衅讽刺的意味，只会让真正守法的人感到反感，让所有的对手感到愤慨。"

我对每个人都非常尊重，也相信保护主义倡导者的确是煞费苦心，我也不认为我有质疑任何个人的诚实、严谨和爱心的权利。但我必须再次重申，保护主义是由全人类或至少是绝大多数人的错误所造成的不可避免的后果，人类既是肇事者又是受害者。然而，毕竟我不能左右事态的发展。

设想一下，第欧根尼突然从他的桶里钻出来说道："雅典人，你强迫奴隶为你提供劳动。那你能保证自己从来没有对你的兄弟进行过不公正的掠夺吗？”

或者想一想，一个受人拥戴的领袖在一次论坛中说了这样一句话：“罗马人，你们的辉煌所赖以存在的基础就是无休止地对其他国家进行掠夺。”

请相信，他们所揭示的都是不容争辩的事实。难道我们就因此认为雅典和罗马的居民都是卑鄙小人吗？苏格拉底、柏拉图、加图和辛辛纳图斯等，全部都是无耻之徒吗？

人们为什么会萌生这种想法呢？毕竟，这些伟人所处的环境并没有使他们觉察到不公正问题。众所周知，也许亚里士多德永远都不会知道会有一种没有奴隶的社会。

在当代，奴隶制还没有完全退出历史舞台，种植园主们也并没有对此感到良心不安。军队是进行大规模征服的工具，换句话说，就是实施大规模的掠夺。难道这能说明军队的官兵不同于从事生产活动的人，不是明辨是非的正人君子，而是恶贯满盈、毫无羞耻心可言的恶棍吗？

这不能归咎于个人，他们受到了公众意愿的误导，才变成了睁眼瞎，如果要责怪的话，首当其冲的就应该是整个社会。

对垄断来说也是这样，我谴责的并非个人而是社会制度，是社会整体而非特定成员。如果最伟大的哲学家都对奴隶制的不公正性浑然不觉，又如何能指望农民和工人看透保护主义的欺骗本质及其严重后果呢！

第十九章　道德体系与社会的本质

读者在阅读了上一章的内容之后，或许会说：

“好吧，我对经济学家枯燥、冷酷的指责无可奈何，或许是我不对，但人类目前呈现出来的是怎样的一番景象啊！掠夺比比皆是，几乎成为家常便饭，表现形式多种多样，假借得到法律许可或未经法律许可的各种名义，与我们神圣不可侵犯的目标背离甚远，利用人性的弱点，持续地自我强化！这个世界多么令人感到沮丧啊！”

但这个世界是否令人沮丧还不是问题的关键，关键在于这个世界是否是这个样子的。历史告诉我们，所有的这一切都是无可置疑的。

放开手脚让改革家进行变革才是人们真正需要做的事情，正如卢梭所说的："接受他们的实践和道德体系。"

对于"如果人类遵从上帝的意愿来改造自己的话，世界将会是什么样"的问题，政治经济学并不对此进行解释。无所不能的上帝在刚开始造人的时候没有咨询过现代社会改革家的意见，也许真的是件令人遗憾的事。假如当初造物主向智者阿方索十世请教过的话，也许天上的机制就会是另一番模样。同样地，如果造物主对傅里叶的建议给予充分地重视，那么我们所居住和生活的社会绝不会是目前的状况。然而，由于我们已经在这个社会中繁衍生息，这是我们赖以为生的地方，我们需要做的就是研究整个社会的运行规律，特别是当这种知识会对改善我们的生活条件发挥重要作用时，我们要付出加倍的努力。

我们不可能遏制人们内心持续不断涌现的没有得到满足的愿望。

我们也无法让这些愿望不劳而获，也就是说不通过劳动就获得满足。

我们不能对人们好吃懒做的事实装作置若罔闻。

我们无法阻止人们这样做，因为他们就是这样的品行，他们会竭尽全力地为了增进自己的利益，以强制或欺骗手段，把成本转嫁给他人。

我们不能对整个人类历史视而不见，也必须承认过去的经历证明了有史以来事物的发展就是这副模样。我们无法否认的是战争、奴隶制、农奴制、神权政治、政府过度干预、特权、种种欺骗和垄断等强有力地证明了人类内心中混在一起的两种复杂的情感：既希望得到，又不愿为此付出代价。

"你所享用的每一片面包都是用汗水浇灌的"，然而人人都希望得到越来越多的面包，但为此付出的代价越少越好。这一点也被翔实的历史所证实。

庆幸的是，历史也表明，收益的分配和成本的分担在人类成员之间呈现出越来越平等的趋势。

除非是下定决心对这一事实视而不见，否则必须要说，人类社会在这个方面的确取得了一定的进步。

这样看来，社会被一种自然的、上帝的力量所支配，在某些规律的作用下不平等的现状正在逐渐消失，公正不可避免地将成为社会的主旋律。

我们所提到的这种力量是社会中的一种自然的存在。如果这种力量不存在的话，我们应该会如乌托邦一般，以人为的方式创造出这种力量，通过某些安排提前创造出一套人类实践和道德体系的替代物。或许相反，我们会认为刻意创造出的这种力量的努力完全是毫无收获的，因此我们会觉得无从下手，就如同失去支点的杠杆一样，无法好好地工作。

所以，我们必须努力认清一点，那就是正义的力量终究会战胜邪恶的力量（我们所谓的掠夺），无数的理论和实践已经证明了这一观点。

任何邪恶行动都必须具备两大要素：一是发力点，二是受力点；一个是行动实施者，另一个是行动接受者；或者用学术化的语言来说，就是代理人与被代理人。

因此，要制止邪恶行动的发生，有两种途径可供选择：代理人主动放弃，或者被代理人奋起反抗。

在这个事实的基础上就会出现两种道德体系，从中应对的策略也完全不同：宗教（或哲学）的道德体系和功利道德体系，我把后者称为经济学。

为了制止邪恶的行动，宗教道德体系要求行动的实施者主动停止自己的行动，宗教道德会教导他说："请你要痛改前非，放弃恶行，积善行德；你要爱护、安慰你的邻居而不是欺负他；你要对他人宽容、要乐善好施。"与功利道德体系相比，宗教道德体系总是显得更美好、更深入人心、更能体现人类的尊严，自然而然地也就更具感染力，更能引起人类的共鸣。

经济学，换句话说就是功利主义的道德体系，其产生的结果并没有什么区别，但其方式的确是教导人们被动地发挥作用。它主要是让人们看清楚行动的必然后果，鼓励人们拉拢有利于自己的人，而对那些会给自己造成伤害的人则要奋起反抗。这种道德体系的任务是传播理智和知识，引起被压迫群体的合理质疑，使实施压迫行为受到越来越大的阻力、承受越来越高的风险。

需要指出的是，压迫者也在一定程度上受到了功利主义道德体系的影响。一项邪恶行动的实施会让一部分人得到好处，一部分人则会蒙受损失。遭受痛苦的是行为的承受者，而得到好处正是行为的实施者，否则就无法成功地展开这项行动。然而损失必然大于好处，得到的好处不能弥补受到的损失，因为正是这种压迫行为导致了资源的浪费、带来了危险、挑起了争端，也使防范性支出大幅度增加。这些后果产生的主要影响不仅仅是引起被压迫者的反抗，还会唤起那些压迫者还没有泯灭的良知来主持公道，而且压迫者因此存在安全隐患。

然而很明显的是，这种道德体系毕竟只是一项学术研究，因此没有那么通俗易懂，但如果改变它的特性就会使其黯然失色，它所强调的重点内容在于行动意图而不是精神方面，需要为之努力的不是说教而是说服，它要提供的不是咨询而是验证，其使命在于启蒙而不是单纯地唤醒，战胜邪恶的唯一办法是肯定邪恶难以继续下去。这些都是非常明显的，但是，也正是由于这些，人们才会抱怨说这种道德体系总是枯燥乏味的。

虽然这种责备有一定的道理，但也有失公允。这种责备无异于说政治经济学不能做到一应俱全，无法包罗万象就不能算是普遍适用的科学。然而，世界上怎么会有如此全盘否定的责备呢?

只有在下述情况下，这种指责才是公正的：政治经济学谎称自己的规范是凌驾于整个道德体系之上的，并在改善人类境况方面禁止使用哲学、宗教的方法。

那我们就暂且承认所谓的哲学道德体系和政治经济学是共同发挥作用的吧，前者通过揭穿邪恶的真实面目从而使我们内心邪恶的想法受到谴责，而后者是以揭示后果的方式来对我们的错误判断进行批判。

姑且认为宗教道德家们获得了胜利，这如果是事实的话，那会是种更高尚、更激励人心、更根本性的胜利。然而，与此同时我们可以看到，经济学的胜利才更容易取得，获胜的把握性也更大。

俗话说："听君一席话，胜读十年书。"前不久，萨伊就认为要在尊贵的家庭中防止由伪善而引起冲突，有两种可供选择的途径：让达尔杜弗痛改前非或让奥尔贡别太愚昧无知。在伟大的人类心灵写实家莫里哀看来，第二种方法一直都是更为有效的。

在世界舞台上不断上演着相同的剧目。

如果向我讲述恺撒的事迹，我就给你描绘罗马人的生活状况。

如果向我透露现代外交的状况，我就会给你讲世界各国的道德标准。

假如我们不具备推选20亿法郎税款使用者的权利，我们也就没有必要关注这笔资金用在哪里了。

假如我们认为在政治经济领域和数学领域同样都是2+2=4的话，我们就可以避免在非洲困局中遇到种种困难并投入大量资金。

如果这种虚无缥缈的荣誉没有冲昏法国人的头脑的话，基佐也不会发出这样的感叹："法国的财富可以充分担负得起这一殊荣。"

如果法国人确实懂得政府的大量开支与相应的自由是背道而驰的，他们也不可能说："自由不允许人们进行讨价还价。"

人们认为使垄断得以继续存在的是垄断趋势而不是垄断者本身，然而事实却不是这样。

在真实的选举中，并不是在行贿者出现之后人们才开始受贿行为，事实正好与此相反。同时，事实也证明，承担全部贿赂成本的是那些受贿的人们。这难道还不能使人们就此罢手吗？

假如宗教能够唤醒那些伪君子们、恺撒们、殖民主义者们、不劳而获者、垄断者等人，那么使那些被他们欺骗的人们得到启发将是政治经济学义不容辞的责任。

就当前社会所取得的进步来说，相较于这两种方法，哪一种的效果更好呢？如果必须要给出这个问题的答案的话，那么我认为是后者。学习防御的道德体系恐怕是人类的首要任务。

我曾经做过调查和询问，也查阅过相关资料，结果却空手而回：在关于权力滥用的大大小小的事件中，任何一次事件的受益者都不会主动提出补偿受损者的损失。

在我的观察中，情况却正好相反，他们对奋起反抗的受害者做出了妥协。

所以，杜绝权力滥用最有效的方式不外乎将其后果曝光于大庭广众之下。对诸如保护主义之类的权力滥用，这种方法特别见效，一旦让人们知道从中获得的所谓的利益不过是虚无缥缈的空中楼阁而已，那就别寄希望得到人们的支持。

那么，这是不是相当于由功利道德体系推动的社会进步可以使人类合理的愿望或需求得到满足呢？我并不这样认为，觉得仍有些不妥之处。让我们先来看看无人不知无人不晓的防御道德体系的内涵，它指的不是其他，而是指人们明白整个人类的利益与公正和总体福利是统一的。如果一个社会遵循这样的原则，虽然可以做到井井有条，但吸引力却明显不足。这样一来，由于没有人会轻而易举地相信他人，所以骗子就会偃旗息鼓，恶行永远都是隐性的。换句话说，如果遭受饥荒的困扰，只要有为数不多的物资就可以救灾，每个人都谨言慎行、如履薄冰。也就是说，改革能够影响的也只是外在的行动，仅仅刺穿了人们的皮囊而无法深入到人们的内心。在这种社会中可看到一些典型的安分守己的正人君子，公平正直地、不留任何退路地、熟练地杜绝来自任何群体的侵犯。你或许会对这类人心存感激、崇拜有加，并把他当作你的代言人，但绝对不会让他加入你的朋友行列。

这两种道德体系，与其互相诋毁，还不如在各自的领域联合起来对付共同的邪恶行为。经济学家的任务是揭发骗局、消除人们的偏见、公平公正并对任何形式的欺诈行为提出疑问、研究并揭示事物及活动的本质。与此同时，宗教道德家们也致力于开展更人性化的且更困难的活动，让他在面对不公平待遇时要英勇反抗，让他宣传慈善、克制自己和自我牺牲等美好品质，开启良知的大门并杜绝邪恶行为的发生……这些是他应该担负的义不容辞的责任，崇高而受人尊敬。然而，他为什么要质疑我们所发挥的作用呢？

从根本上说，任何一个社会都是善解人意的，在经济学道德体系下都得以有条不紊地运行（我个人认为，没有任何知识可以超越并取代政治经济学），为宗教道德的发展和提高创造了机会。

社会的第二本质是习俗。

如果一个国家的人民，长期以来都为不公正的待遇感到诚惶诚恐，主要是经过启蒙的公众观念进行抵制的结果，在这样的地方不适合人类居住和生活。然而我认为，这个地方的人们至少已经做好了接受更纯洁、更高尚理念的准备。为自己的恶行而感到惶恐不安，这就意味着他向美德迈进了一大步。“放下屠刀，立地成佛”，只要改过自新就可以感受美德的无穷魅力，避免落得个身败名裂的下场。

也许，对于任何社会来说，这是无法逃脱的必然，都要经历这个枯燥乏味的阶段时期。在这段时期中，人们的善言善行并不是出于自己的意愿，因此今后可能会建立一个充满诗情画意的社会，在那样的社会里，不需要任何人的鼓励和动员，人们就会自愿主动地实施善行。

第二十章　保护主义和“钝斧”

木匠雅克·本哈姆向商务部部长库宁·格列德尼的请愿书

尊敬的厂商先生和内阁总理大人：

我只是个小小的木匠，用斧头和锛子为您提供服务，耶稣也曾经从事过这个行当。

我们在自己国家的区域内勤勤恳恳地伐木砍柴，在我眼中，我的劳动与你们的劳动一样，都是国内生产的不可或缺的组成部分。

然而，我到目前为止都没有找到任何理由可以对下述事实做出合理的解释：

我的贮木场并不能像你的工厂一样得到相同的保护。

因为归根究底，你织布，我盖房，虽然我们都是为人们提供遮挡、御寒的产品，但采用的却是不同的方式。

然而我要想尽一切办法赢得我的顾客的青睐，而对你们来说，顾客则要主动将就，迎合你们的要求。你们找到了一个迫使顾客不得不这样做的方法，那就是不允许他们从别的地方购买相同的产品。而对我来言，顾客可以无拘无束地决定到哪里购买。

为什么会有如此之大的差异呢？千万不要忘了库宁的存在——纺织厂的厂主，他的身份是内阁总理，那出现这种状况就不足为奇了。虽然我所从事的卑微的职业没能为法国一位内阁总理做出贡献，但却给世界带来了一个上帝。

在上帝给人类留下的永恒的法典中，我找不到授予木匠的可以如你们一般损人利己的东西，哪怕是只有只言片语。

对我来说，周日和假期除外，我每天都可以赚取30苏斯。如果我在售卖产品时，恰巧来了一个弗兰德的木匠，如果他愿意少收顾客1苏斯报酬的话，那么顾客将会雇用他为自己工作。

但是假设我需要为自己买一件衣服，又会发生什么情况呢？如果比利时纺织厂的厂商们在市场上与你们展开竞争，那他们以及他们的货物会一同被你驱逐出法国境内。

所以，不论你的衣服定价有多高，我都必须去到你的店里购买，而我那仅仅只有30苏斯的实际购买力也被削弱到了28苏斯。

我都说了些什么啊？30苏斯的实际购买力绝对不会超过26苏斯，因为驱逐比利时厂商的成本并没有要你们来承担（这本来是你们至少要支付的），你为了使自己获利而驱逐他人的成本却要由我来承担！

还有一大群立法者与你沆瀣一气，你们每个人都企图从我这里掠夺1苏斯或2苏斯。钢铁，1苏斯；煤炭，1苏斯；原油，1苏斯；小麦，1苏斯。把所有的这些加在一起，我大致计算了一下，发现在我的30苏斯中能够免遭掠夺的也就只剩下15苏斯了。

毋庸置疑，你会这样对我说，为了维持生活在城堡周围的人们的生计和你们的体面生活，你们才愿意无偿地把这点小钱从我的口袋中拿到你的口袋。也许，我应该向你说明，如果你们不掠夺我手中的钱的话，在我周围的人们或许就能维持生计。

如今事情已成定局无法挽回，我知道我受到了不公正的待遇，尽管我完全可以向内阁总理大人和厂商先生提出要求，取消在你的顾客身上被你强加的限制，但我更希望能随波逐流，请你也对我增加一些保护措施。

这时，你就会发现，“我的朋友呢？”你问我，“实际上，我确实也想保护你和你的同行们，然而我们也苦于无法利用关税来对木匠的利益加以保护，难道我们还能从海路和陆路禁止进口房子不成？”这真是太荒谬了。

但经过绞尽脑汁的冥思苦想，我发现了其他的能够使圣·约瑟夫的子孙们受益的方式，也希望你们能给予大力的支持。这些方式不外乎经过你们长年累月地积攒，自己选择的用以维护特权的措施。

在法国禁止使用锋利的斧头是我所能想到的最精妙的方法。

与你采取的保护布匹厂商的方法比起来，我的这个限制措施还没有那么滑稽可笑。

你们为什么要驱逐比利时人呢？因为你们的生意受到了阻碍，被他们抢走了生意。那他们又是如何抢走你的生意呢？因为与你们相比，他们在纺织业生产过程中的某些方面比较强。

钝斧与利斧之间的关系完全可以比喻于你们与比利时人之间的关系。

而你要求一个木匠，要我从你那里购买用“钝斧”生产的产品。

将法国视为一个生产者，他努力工作所获得包括布匹在内的一切必需的物品。

要想做这件事可以采用下面两种方式：

第一种方式是自己纺纱织布，做到完全自给自足；

第二种方式是生产诸如钟表、墙纸或白酒等其他商品，再用这些产品从比利时人那里交换布匹。

在这两种方式中，我们把可以获得较好效果的方式称为“利斧”，而另一种方式则称为“钝斧”。

你必须要承认的是，目前法国境内的织布机生产一匹布（钝斧）比通过生产葡萄酒再换取一匹布（利斧）要付出更多的劳动。更不能否认的是，你要求人们付出额外的劳动（对你来说，是生财之道），这与逼迫人们选择钝斧而舍弃利斧的行为毫无区别。

那么，至少要做到公正无私，要一视同仁，假如你还想主持公道的话，请让我们这些可怜的木匠享有与你相同的待遇。

请执行下面的法律：“禁止所有人使用由利斧生产出来的房梁和柱子。”

看看马上会产生怎样的后果。

如果一把斧子要经过千锤百炼，那现在只需要经历300次。我们原本一小时就可以完成的工作，现在却需要三个小时，这对就业者来说是一种极大的刺激，学徒工、熟练工和能工巧匠将们会供不应求，我们也将会非常受人欢迎并获得丰厚的回报。人们如果想买一栋房子，首先必须要满足我们的要求，就如同人们要想购买布匹不得不首先使你们得到满足一样。

如果有哪个自由贸易理论家胆敢对这项措施提出任何质疑的话，我很清楚怎样进行无懈可击地反驳，在1843年国会报告中写得一清二楚。我们会把这份报告甩到他们的脑袋上，因为你们在这份报告中，为保护主义和“钝斧”进行了精彩绝伦的辩护，而实际上，这两者只不过是同一件事情的不同名称而已。

第二十一章　来自低层产业的报告

“什么！你居然有胆量提出这样的要求：让人们自由平等地进行交易并照章纳税，让他们在购买、销售和交换商品的过程中，在提供和接受服务的过程中，自行协商并决定最终价格？你是不是疯了？难道你想让人们丢掉工作、失去收入和面包吗？”

人们就是这样告诉我们的。我非常清楚我对这件事情的看法，但我很想搞清楚工人的真实想法。

我有个十分不错可供选择的调查对象，这不是哪个上层的产业部门。

在上层产业部门中，地主会称自己为农民，有权有势的船主称自己为水手，腰缠万贯的券商佯装自己是劳动者，分别实施他们妇孺皆知的人道主义。

不是的。这都是些老实善良的工人，这是他们眼中名副其实的工人：工匠、木匠、泥瓦工、裁缝、鞋匠、织染工、铁匠、旅店老板、杂货店老板等，他们在我的村庄中组建了一个互助社。

我依靠我的个人威望，将其改造成了一个低层劳动部门，并从这个部门中得到了颇具价值的报告，其价值丝毫不逊色于任何政府发布的被数字所充斥的、四开本的大报告。

我的目的是搞清楚，在保护主义政策下，这些善良的人们会有何感想、会采取怎样的行动。低层劳动部门主任认为，这与协会建立的原则之间会产生某种程度的抵触。比如，在法国，在自由方面，人们经过协商决定放弃对政治发表意见的权利，也就是说服从共同利益。但是，经过慎重考虑之后，人们认为还是应该把这个问题列入议事日程。

议会设立了多个贸易委员会，每个委员会都有为期15天的讨论时间。

到了约定的那天，尊敬的主任会随手拿过一个凳子坐下来（假设是办公用椅子，实际上与厨房里的餐椅也没有什么区别），从桌子（办公桌，事实上也是由普通木头制成的）上拿起15份报告，逐一进行审阅。

第一份报告来自裁缝，下面是真实可靠的报告的内容。

***保护造成的后果——来自裁缝的报告**

优点	缺点
无（我们冥思苦想也没能想出保护主义政策可以给我们带来什么好处）	1. 保护主义政策造成的后果之一：我们将用更高的价格来购买面包、肉类、糖果、木料、针线等，这意味着我们的实际购买力大幅度下降。 2. 保护主义政策造成的后果之二：我们的顾客所购买的全部商品的价格比之前更高了，这使他们不得不缩减在衣物上的开支。这意味着我们的生意越来越惨淡，利润也越来越少了。 3. 保护主义政策造成的后果之三：衣服越来越贵了，人们会尽量将就着穿原来的旧衣服，并无限期拖延购买新衣服的时间，这等于说，我们的生意越来越不好做了，我们不得不降低服务价格。

这里还有另外一份报告。

***保护造成的后果——来自铁匠的报告**

优点	缺点
无	1. 在实施保护主义制度的情况下，我们的食品、生活用水、取暖设施和衣物都被征收了税款，但这笔税收却没有归入国库。 2. 在保护主义制度下，那些不从事铁匠行业的人也要缴纳相同的税收，这就使人们处境困难，于是用木楔代替铁钉，用绳子代替闩锁，我的生意也变得门庭冷落。 3. 保护主义政策使钢铁的价格持续走高，因此农场的犁、大门、露台都用不起钢，甚至我们铁匠这个行业，原来会有更多的人进入这个行业，但现在已经是自身难保了。 4. 对进口商品无法征收的关税损失将会转嫁到盐价和邮费上。

其他报告也都呈现出一片反对声，就没有必要让读者逐一过目了。园丁、木匠、鞋匠、木屐制作者、船工、磨坊主表达的都是他们的不满情绪。

非常可惜，农民还没有加入我们的协会，要不然他们的报告一定会更令人深思。

然而，在兰德斯的贫苦农民，尽管他们家徒四壁，但还是得到了良好的保护，除了拥有为数不多的家畜之外，他们不具备任何加入互助社的资本。通过所谓的保护而得到的利益并没有改变他们沦为社会底层的命运。对这些葡萄园主又该作何评价呢?

特别值得一提的是，颇具洞察力的村民们指出的不仅仅是保护主义政策导致的直接损害，而且也指出了间接损失：先对他们的客户产生影响，进而影响到他们自己。

我认为，这种影响是很多人都没有注意到的，即便是对产业经济颇有研究的学者。

也许那些得到特殊保护的农民，恰恰被这种保护蒙蔽了双眼，如果他们能彻底看清事情的真相，他们也不会选择接受这种所谓的保护了。

他们也许会对自己说："每个人都通过自己的双手勤劳致富，顾客们都很富有，这是人们希望看到的情况。这种情形自然要比受到保护好得多，但顾客的生活处境大部分都是贫穷潦倒。"

企图通过牺牲别人的利益来振兴工业，如同一个人试图摆脱自己的影子一样，其结果一定是徒劳无功的。

第二十二章　写给工人们的话

有几家报纸支持你们的观点并对我提出了批评，你们可否愿意阅读一下我的辩护词?

我并不是生性多疑，在我看来，一个人写了什么或说了什么，他必定是相信自己所写或所说的一切的。

但是，当我反反复复地阅读发表在报纸上的他们批评我的文章时，我发现了一些证据足以说明他们是自相矛盾的。

我们争论的主题是什么呢？对你们而言，保护主义和自由贸易哪一个使你们受益更多。

我认同是自由贸易这个观点，但他们却认为是保护主义对他们更有利。我们双方都有义务为自己的观点见解做出证明。

说我们是英国、南部法国和政府的代理商还不直接挑明，这是否有必要呢？

“以其人之道还治其人之身”对我们来说简直是轻而易举的。

他们认为我们是英国的代理商，是我们使用了“会议”“自由贸易者”等这些词语的原因吗？

那么，难道他们就从来不用“退税”和“预算”之类的词语吗？

我们被认为是对科布登和英式民主的刻意模仿！

难道他们不是在笨拙地仿效本廷克和英国的寡头政治吗？

人们指责我们借用了无信无义的英国人的自由贸易教条！

难道他们就没有借用英国的保护主义谬论吗？

人们认为我们向波尔多和法国南部的压力屈服！

难道他们不是为了满足里尔和法国北部的贪得无厌吗？

人们指责我们暗中为政府部门出谋划策，试图从其政策上转移公众的注意力！

难道他们就没有对政府官员的观点趋炎附势，从贸易保护主义措施中获取最大的利益吗？

你们也应该明白，如果我们也愿意这般堕落进行人身攻击的话，我们还可从很多方面来给予还击。

但这并不是问题的关键所在。

我无法对这样的问题视而不见：

如何做才能使劳动大众获得更大的利益？——许可自由地购买国外的商品还是禁止购买国外的商品？

“假如你从国外购买你自己正在生产的产品，你就不可以再生产该产品了，要不然的话你会丢掉工作、得不到薪水、无力负担生活的重负。因此限制你们的自由是为了你们的利益。”有人这样告诉你们。

有许多种说法都可以表达这个观点。例如，可以这样说：“如果我们的衣服是由英国生产的布匹制作的，如果我们使用的犁是用英国钢铁铸造的，如果用来切面包的刀子是英国生产的，如果我们用来擦手的毛巾也是英国生产的，这会给法国的工人造成哪些影响？对法国工业又会产生什么影响？”

工人朋友们，请告诉我，假设一个人站在布伦港码头上，对每一个上岸的英国人说：“你要是愿意给我那些英国生产的鞋子，我就把这些由法国生产的帽子给你。”或者“我可不可以用这个法国的钟表与你的伯明翰产的机器进行交换？”抑或“你是否愿意用你的纽卡斯尔煤炭与我们的法国香槟进行交换？”假如这个法国人真的这样做了，可不可以据此做出判断：从整体上看，法国工业遭受了损失呢？

1903年，在巴黎郊区，带着汽油罐和漏斗的汽油小贩正在向司机兜售汽油。

如果在布伦港码头进行交易的不是1个人而是20个人，如果达成的交易量不是4笔而是100万笔，如果交易规模因为商人和资金的介入而成倍扩张的话，难道就可以从总体上给法国工业带来损失吗?

现在，假定一个国家从另一个国家零买整卖或整买零卖，如果对这种交易仔细加以研究，我们就会看到商业只不过是复杂的以货易货的形式进行的交易而已，既包括商品的交换，也包括服务的交换。每一笔交易都是国内劳动和国外劳动之间进行的等量交换，也就是说单笔以货易货形式进行的交易并不会使国内的工业遭受损害，既然这样的话，就算是1亿笔以货易货的交易又怎么会对国内的工业造成影响呢?

然而，你也许会问，这样做的好处是什么呢？那就是，各个国家的资源得到了最优配置，等量的劳动可以获得最大的产出，从而能使人们的需求得到更大程度的满足，并使人们的整体福利水平加以提升。

有人企图通过非常规策略来劝说你们。首先，他们为了不在这个问题上浪费时间，他们承认自由贸易好于保护主义政策。

其次，他们指出，在制度的转换过程中会有一部分劳动被替代。

然后，他们对这种被替代所造成的痛苦做详细描述。他们言过其实、大加渲染，使之成为问题的焦点，并将其当作改革带来的主要及最终结果，通过类似的策略以取得人们对他们的垄断政策的支持。

在各种权力滥用中最为常见的就是这种手段。但一定要坦率地说，这种做法也使人束手无策，即便是最令人期待的改革。

其中的道理很容易理解。

一旦存在权力滥用，一切安排都会认为永远存在着这种滥用的假定。那么，就会有越来越多的人借助这个假定谋生，只要这个假定受到人们的依赖，就会建立起一种上层建筑并立刻构筑起严密的防御体系。

假如这时想要把它摧毁，就会遭到所有人的反对。我想指出一点，希望能引起人们的特别关注，没有一个持反对态度的人是经过慎重思考的，因为与旧制度下条理相对清晰的制度相比，一切改革都会伴随着秩序的混乱。

那些支持权力滥用的人向人们展示的事实是片面的，他们会借助少数人的名义，联合那些在改革中遭受损失的供应商和工人反对自由贸易。而那些改革者，那些可怜的莽撞鬼，只能从总体上指出自由贸易的优越性，这种观点也只能在人们中间缓慢地扩散，其发挥的作用也是极为有限的。

所以，假如就废除奴隶制而言，“不幸的人哪，”他们对黑奴说道，“还有谁会养你们啊？尽管你们受到主人的责打，但你们吃的木薯也是他们给予的啊。”

因此奴隶们开始怀念起锁链，他们会问：“我们到什么地方去获取我们的木薯啊？”

他们不知道，给予他们食物的并不是他们的主人，是他们依靠自己的劳动养活了自己，同时也养活了奴隶主。

当西班牙的僧侣制度改革正在进行时，人们向乞丐问道：“以后你们去哪里讨吃的、讨穿的啊？你们的一切都是修道院给你们的，如此一来你们不就没有可以乞讨的地方了吗？”

于是乞丐们会回答：“没错，假如修道院不存在了，我们很明白我们将失去什么，在我们眼中，没有谁能替代他们在我们生活中的地位。”

出乎乞丐们意料的是，假如发放救济品的话，僧侣们会得到比他们发放的多得多的救济品。

同样的道理，工人朋友们，垄断把税收悄无声息地转嫁给你们，并利用税收中获得的利益给了你们一份工作。

于是你们虚情假意的朋友向你们提问：“假如不存在垄断，谁给你们安排工作啊？”

你们会回答：“对啊，垄断主义者会给我们提供工作的机会，这是我们可以确定的，但我们还无法确定自由贸易是否能给我们提供工作。”

垄断主义者只是先榨取你们的钱财，然后仅把其中的一部分归还给你们作为劳动报酬，难道你们没有看到吗？

你们问谁给你们提供工作？天啊，难道工作机会不是你们自己彼此提供的吗？假如没人盘剥你们的钱财，鞋匠就可以穿更好的衣服，于是就给裁缝提供了工作机会；裁缝更换鞋子的频率也会更高，于是鞋匠也有工作了。其他各行各业的情形也都是如此。

有人会说，采矿业和纺织业的工人在自由贸易制度下会大量减少。

对这种说法我不敢苟同。但是，假如真的出现了这种情形，那肯定也是因为人们自愿待在家里或在土地上工作。

因为，假如采矿业和纺织业不能养活自己，正如上面所说的通过向所有人征收的税收苟延残喘的话，只要将这些税收废除掉，人们就会变得更富有，人们工作的真正保障也正在于此。

我在这个问题上确实着墨很多，请大家原谅。让你们每一个人都清楚地理解自由贸易的真谛是十分必要的。

假定，一定量的资本投资于法国能获得5%的利润。一位木陀先生，在矿藏上投资了100万法郎，亏损了5%。盈利和亏损之间相差1万法郎。接下来会有什么事情发生呢？向你们鬼鬼祟祟地课征一笔1万法郎的税收，这笔收入转手到了木陀先生手中。你们对此一无所知，因为整个事情都是在精心的策划下进行的。你多交的税款并不是税务人员要求的，而是你们自己交给木陀先生的。每次当你们购买斧头、泥铲、铁锹时，有人就会对你们说："你要是不交这笔税，就会使木陀先生破产，他所雇用的工人，杰克和吉米就会丢掉工作。"天啊！假如你们是被要求交税的，你们怎么不从自己的利益出发，用这些钱来彼此提供工作机会呢？

你们请放心，这样做的话，以税收为基础而建立起来的价格支持体系就被取缔了，木陀先生将想尽一切办法来扭转亏损的局面，杰克和吉米也不会失业，如此一来每个人都会获利。

你们也许会反驳说："我们十分理解改革后从总体上来看工作要比以前更多，然而与此同时，杰克和吉米还是存在失业的可能性并难以维系。"

对这个问题，我的观点如下：

1.假如工作被替代之后，有了更多的工作机会，那么有脑子、有双手的人都不会长时间处于失业状态。

2.在转轨期间，不管怎样，国家都要建立专用基金来应对失业问题，尽管我认为失业问题并不会产生。

3.最后，据我所知，假如变换工作能够摆脱旧生活并使生活更加美好，工人们会愿意克服变换工作造成的困难，更重要的是，人人的情况都变得更好了，就连雇主也能获得收益！

难道就因为你们是普通的工人，就缺乏智慧和责任感吗？这一点恰恰没有引起你们那些虚情假意的朋友的注意。当他们从你们的角度出发来讨论工资和利润等问题时，对公正二字三缄其口，是不是很让人不解？而他们却非常明白限制贸易自由是不公正的行为。那么，他们为什么缺乏勇气向你们承认并对你们说："工人们，这个国家所做的一切都是不公正的，但是你们可以从中得到好处，因此一定要执行下去。"这到底是为什么？因为他们知道你们会回答："不行。"

而且，不公正会给你们带来好处的说法也是无凭无据的。请认真读下去，然后你做出自己的判断。

在法国，受到保护的都是什么呢？大公司的产品，如钢铁、煤炭、布匹和纺织品等。有人会向你们宣称，对这些产品实施保护的目的不在于维护企业主的利益，而是考虑到你们的利益，为你们顺利就业提供保证。

那么，假如我们国内的市场上有外国劳动提供的话，这或许会有损于你们的利益，但却会使大企业主受益，他们会让提供吗？

在巴黎，制作服装和鞋子的不是就有2000名德国人吗？假如禁止从国外进口布匹，他们为什么却能够与你们在一起工作？原因在于布匹是由大企业主拥有的工厂生产的，同时大企业主又是立法者，而工人却是在自己的家里制作服装的，这些绅士们不希望在羊毛织成布的过程中遇到竞争对手，因为这是他们的生活来源，但是他们无疑会在从布制成衣服的过程中允许竞争的存在，因为这是你们的生活来源。

他们在建设铁路时，禁止从英国进口铁轨，然而他们却把英国工作人员带了回来。这是为什么呢？答案很明显，因为英国生产的铁轨会成为法国工厂生产的铁轨的有力竞争者，而与英国的工作人员进行竞争的却是你们！

我们并不要将德国裁缝和英国工人赶出法国，我们只是希望布匹和铁轨能够自由进入法国。我们希望所有人都得到公正的待遇，所有人在法律面前都是平等的！

如果说关税壁垒的设置是为了维护你们的利益，那可真是荒唐透顶。裁缝、鞋匠、木匠、工匠、泥瓦匠、铁匠、店主、杂货店老板、钟表匠、屠夫、面包师、室内装潢师和女帽制造商，我要向你们发起挑战，不管什么时候你们只要能列举一条保护主义带给你们的好处，我就能说出四条保护主义带给你们的损害。

好好想一想，记者们所谓的垄断者的“自我牺牲”到底能有几分是千真万确的呢？

在自由贸易制度下自发形成的工资称为“自然工资率”，所以，当有人告诉你们，保护主义使你们的利益得到维护，果真如此的话，你们的工资就比自然工资要高。那么，超过自然工资的这部分钱又该怎么解释呢？如果不是上天的恩赐，那就一定有人为此买单。

那些标榜你们的朋友的人于是得出这样的结论：运用和实施保护主义政策会让工人们分享资本家得到的利益。

那么，请告诉我，有这种可能性吗？

你们有众议院的席位吗？你们什么时候在波旁宫发过言？有谁听取过你们的意见？你们保护主义政策的主张又是从哪里来的？

我知道你们会这样回答：“我们既不是议会成员又不是国家首脑，这不可能是我们的杰作，这一定是资本家设计的！”

天啊，你们真是太过幽默了！法律由他们来制定、保护主义政策由他们来设计，最终结果还会让你们从他们那里得到好处？

然而还有别的事情会让你更无法想象。

你们所谓的那些朋友会一遍又一遍地对你们讲，资本家是多么的慷慨大方、多么仁慈友爱并富有自我牺牲精神，那对于你们被剥夺的政治权利的事实他们怎么没有一点同情之心呢？在他们看来，就算你们喜欢他们，与他们又有什么关系呢？法律被资本家垄断了，这就是事情的真相。因为垄断，他们把钢铁、布匹、纺织、煤炭、木料和肉类的操纵权都交给自己，这也是事实。然而你们所谓的朋友说，资本家无缘无故地这样做会让自己变得贫穷，让你们不知所以地变得富有？事实上，就算你是选举人或议员，也不能使自己的处境得到丝毫的改善，坦率地讲，他们怎么可能会有如此好心！

假如目前的这些工业组织存在的目的是维护你们的利益，那么这些组织鼓励你们为自己的政治权利而斗争就一定不是出于真心的。因为这些新兴的民主党人最终会落入下列的两难困境之中：对于你们的自然工资来说，中产阶级制定的法律，要么让你得到更多，多于自然工资；要么让你得到更少，少于自然工资。如果让你们得到的更少，那么为了让你们支持他们就会欺骗了你们；如果让你们得到的更多，他们鼓动你们为自己的政治权利而斗争，也是对你们的一种欺骗。当中产阶级为你们做出牺牲时，实话实说，你们为了自己的利益去投票选举，这还有必要吗？

工人们，上帝不允许在这片土地向你们灌输任何仇恨富裕阶层的思想！无论是从坏处出发还是真心的告诫。如果垄断的主要特征仍然是自利的话，那么请记住一点，自利的基础是资本家和工人共同的错误。所以，让他们同仇敌忾总好过于让他们反目成仇。那么，我们最终要达到的目的是什么呢？如果社会的自然趋势对消除人类的不平等很有帮助的话，我们所能做的就是顺其自然，破除对趋势的发展产生影响的人为阻碍，使各阶层之间的关系建立在公正的基础上，至少我认为，这种公正与自由原则指的是同一回事。

第二十三章　错误因果

这种形式是谬论推理中最为常见、最有欺骗性的一种。

在英国经历一场深重的痛苦之前，就曾发生过两件事情：

（1）关税改革；

（2）之后的两年农业收成连续严重亏损。

导致发生这两件事情的罪魁祸首应该是哪一个呢？

贸易保护主义者始终都在叫嚣着："所有这些麻烦都是由该死的自由贸易惹出来的。而自由贸易曾宣称可以带给我们无尽的益处，我们对此深信不疑，不过事情发展到这种程度也是时候该结束了，人们正在遭受苦难，后发者因之而发。"

上天恩赐给人类所有的劳动成果都被自由贸易进行了最普遍、最公平的分配。如果人类的一部分成果被自然灾害毁灭了，那么剩余的成果也可以通过自由贸易进行平等地分配。虽然人类的供给或多或少地有所减少，但这罪过究竟是属于自由贸易还是自然灾害呢？

自由贸易充当着类似于保险的角色。当灾难发生时，大多数人和很多的损失都被保险所覆盖了，假如真的存在保险的话，那么此时所有的损失将由单个人独自承担。如果这样的话，能不能说自从保险诞生之后，火灾就不再是一种灾难了呢？

英国于1842年、1843年和1844年连续三年不断降低关税，与此同时，国内也喜获丰收。因此可以说，由于受到这两个因素的共同影响，这一时期的英国呈现出前所未有的繁荣景象。

1845年，英国农业歉收，1846年依然处于歉收状态。由于食品价格不断上涨，人们将更多的可支配收入用来购买生活必需品，那就相应地减少了其他消费品上的花费。对衣物的需求量减少，工厂不再忙碌，工资也随之下降。

幸运的是，就在那一年，英国政府进一步降低了关税壁垒，使得大量的外国食品能够进入英国市场。要不然的话，在英国必然会爆发一场革命。

正是自由贸易才使这场灾难得到缓解，但同时也被认为是这场灾难的始作俑者！

有一位贫穷的麻风病患者，他独自一人生活，别人都不愿意碰他碰过的东西。而他靠自己只能生产数量极少的东西，所以他过着艰难困苦的生活。有一天，他遇到了一个神医，他的病被治好了。对这位独居者来说，现在所有自由贸易带来的好处可以尽情地由他本人享受，展现在他的眼前的将是美好的将来！他沉浸在怎样可以最大限度地利用自己的体力与他人进行有无互通的想象之中。然而，遗憾的是，他的两只胳膊意外受伤了。天啊，他的处境更加糟糕了。一位记者目睹了他的惨痛经历，说："你们看，正是自由贸易使他陷入困境的啊！的确，他还没有以前自己独居时值得被同情。"

"拜托，"医生说道，"你为什么对他的两只胳膊受伤的事实视而不见呢？他面临的困境难道不是这一事实造成的吗？他的两只胳膊不能动弹才导致了他的不幸，并不能归咎于他的麻风病痊愈了。假如两种情况进行比较的话，胳膊一点都不能动弹要比以前患病更值得同情。"

两件事先后发生，先发生的未必就是后发生的原因。

第二十四章　与税务工作者的问答

“你不是酿了20坛酒吗？”

“是的，没错，这是我用劳动换来的。”

“那你把其中最好的6坛送给我。”

“我总共才有20坛，却要给你6坛！上帝啊，这要怎么办啊，我还怎么活啊！对了，请你告诉我，你用来做什么呢？”

“第1坛是用来还国家的债。欠债还钱是理所当然的事情。”

“那这欠债是从何而来呢？”

“这就说来话长了。有一些花费是为了购买有最美烟雾的枪支弹药，还有一些是为了安抚那些在外国开垦荒芜土地的人而花费的。然后，这些花费也让我们的领土遭到敌人的侵犯，我们不得不债台高筑来使他们得到满足，否则他们是不可能轻易罢休的。”

“要是我把酒给你的话，我又能得到什么好处呢？”

“这样你就可以骄傲地说：每当看到凯旋柱时，我都为自己是一名法国人而感到无比骄傲！”

“假如让后人来承担这些债务，让他们一直处于不停地偿还债务的境况，这实在是一件令人羞耻的事情。此外，无论花的是不是冤枉钱，欠债还钱的确是理所应当。那好吧，第1坛酒就用来给你还债，那么剩余的5坛酒又干什么用呢？”

“人们得为向你提供服务的政府、给你拨款的皇室、为你捍卫土地所有权（不让你受到他人的觊觎）的法官、保护人们平安无事而免受强盗骚扰的警察、保证城市道路通畅无阻的养路工人、教授你知识的教师、为你的子女洗礼的教区牧师和不停忙碌的谦卑的仆人等这些人而付费。”

“礼尚往来，这是很公平的。我不会对此心存抱怨。但我可能更想自己来聘请教区牧师和学校的校长，但是也没必要太执着。好吧，第2坛酒的用处也弄清楚了。可是6坛酒是不是有点儿太多了啊？”

“你觉得将两坛酒花费在陆军和海军上很多吗？”

“天啊，如果和原来他们从我这里拿走的酒的数量相比，那简直是不值一提。更何况，他们还把我深爱的两个儿子给带走了。”

“但是，在欧洲保持武力均衡是非常重要的。”

“我的上帝！如果把所有国家的武装力量都减少一半或四分之三的话，也可以达到武力均衡啊。如此一来，我们的孩子就可以不参军，我们的劳动果实也可以自己留下来。这么做对谁都有好处啊。”

“没错，然而真实情况却事与愿违。”

“这就让人捉摸不透了，毕竟这样做对谁来说都没有坏处。”

“詹，要怪只能怪你自己。”

“你不是开玩笑吧？克长官，难道我对此有什么话语权吗？”

“你支持哪位议员啊？”

“一位英明神武的将军，要是上帝宽容仁慈的话，在不久之后，他就能被提拔为元帅了。”

“那么这位英勇的将军靠什么来维持生存呢？”

“我想或许是我交纳的几坛酒吧。”

“要是这样的话，假如他建议削减军队和你的税收负担的话，结果会是怎样呢？”

“他不但不能当元帅，而且还有可能面临退休的命运。”

“如此说来，你应该可以明白为什么只能怪你自己了吧？”

“还是请您仔细说一下用第5坛酒具体干什么吧！”

“这坛酒我要送给阿尔及利亚。”

“阿尔及利亚？在这个国家饮酒不是会遭到穆斯林的反对吗？令我疑惑不解的是：之所以对梅克多葡萄酒一无所知，是因为他们是异教徒，还是因为不知道梅克多葡萄酒才变成了异教徒呢？另外，我辛辛苦苦酿造的美酒给了他们后，我又能得到哪些好处呢？”

“你什么好处都得不到。这并不是为穆斯林专门准备的，而是为长年累月地待在巴巴里的虔诚的基督教徒们准备的。”

“那他们在巴巴里所做的一切又能给我带来什么好处呢？”

“他们在那里既抢劫他人，也遭到他人的抢劫；他们杀人，也遭到杀害；他们感染了痢疾，要回国医治；他们疏通港口、铺设道路并建造村落，与马耳他人、意大利人、西班牙人和瑞士人共同居住，他们就指望着你的这坛酒为生，要是需要的话，我以后再向你征收赋税吧。”

“万能的上帝啊，请救救我吧！实在承受不起这负担啊，我无论如何都不会同意把我的酒给你。假如有葡萄园主支持如此愚蠢的行为，他就应该被送到比塞特尔去。打通贯穿阿特拉斯山脉的道路？天哪，就在由于糟糕的路况而我在故土深居简出时，就在加龙河长年累月充满淤泥之时，在巴巴里疏通的港口带走了我深爱的儿子，让他们去侵略卡拜尔人，还不如让我添置房产，买些种子、马匹，帮助那些困苦不堪的希腊人和马耳他人。”

“穷！这就是现实。我们正在试图解决国家的人口过剩问题！”

“的确如此，钱都被用于遣送他们到阿尔及利亚，而不是用在国内的救助上！”

“但是你毕竟为大帝国的建立、为文明传播到非洲贡献了自己的力量，你为自己的祖国赢得了万世长存的荣耀。”

“税官，你是个诗人，而我只是一个卑微的农夫。我没有多余的钱来支付这项费用。”

“请好好想想，几千年之后，你的投资就会带来丰厚的回报。这就是企业主们盘算的方式。”

“此外，刚开始的时候，他们只要我为这项费用拿出一大桶酒，慢慢地就是两大桶、三大桶，现在却要我拿出一大坛，我坚决反对！”

“一切都太晚了。你的法定代表已经同意了这个决定，你的这份税收为一坛，也就是四大桶。”

“怎么这么倒霉呢？我的处境怎么如此悲惨。我真是愚蠢之极，竟然选他作为我的代表，一个武将和一位农夫怎么会达成共识呢？”

“你仔细想想你们之间有什么共同点，我觉得应该是会有的。你拿出你的酒，让他甘愿以你的名义贡献自己。”

“尊敬的税官大人，您一定是对我玩笑的，我真是作茧自缚啊，但是不管怎么说也得讲点道理吧，至少要给我留下第6坛酒吧。国债的本息、皇室的专款、政府服务和非洲永不富裕的军费，我都认了。那你拿第6坛酒又要做什么呢？”

“你应该向将军说明你的全部想法，而不是把所有的事情都与我反复争论，现在正是他决定你的葡萄酒的去向。”

“该死的波拿巴主义遗风！可是你究竟要拿我这坛上等的美酒干什么呢？来吧，尝尝这酒，多么甘甜、多么浓烈、多么醇香、多么圆润、多棒的酒啊！”

“的确好喝！美酒！M.D.纺织厂的厂商一定会感到满意。”

“M.D.纺织厂厂商？你说这话是什么意思？”

“这坛酒能在他手里发挥最大限度的效用。”

“他用酒来做什么？你究竟在说些什么？无论如何我都不明白你在说什么！”

“你不知道吗？M.D.纺织厂正在进行一项利国利民的光辉事业，但每年都会产生巨额的财务亏损。”

“我为他感到难过，可我也不能为此做些什么贡献啊？”

“经议会研究决定，如果事情还没有取得进展，M.D.纺织厂就只有两个选择：要么提高经营效率，要么关闭工厂。”

“M.D.纺织厂由于经营不善而导致的亏损，与我没有任何关系啊？”

“议会认为假如将你的一点酒、你邻居的一些小麦给了M.D.纺织厂，再加上克扣工人的工资，或许有可能会转亏为盈。”

“这真是一个绝妙的方法，而且还不会有亏损。可是这也太混账了！你倒是说清楚，M.D.纺织厂有什么权利用我的酒来弥补他的亏损？”

“说得更准确点不是酒，而是卖酒的酒钱。这就是我们所谓的激励补贴或奖金。看看你，这么惊讶干吗，你难道没有意识到这是在为国家贡献力量吗？”

“你指的是钱给了M.D.纺织厂……”

“应该说是给了国家。M.D.纺织厂已经向我们做出了承诺：如果我们能够满足他的要求，那他的生意就会扶摇直上，国家也会因此变得越来越富强。作为一名议员，这是他最近在议会上所说的一段话。”

“M.D.纺织厂就是地地道道的骗子！一群不称职的家伙经营了一家愚蠢的企业，亏空了所有钱财。假如他可以拿走我足够多的酒或小麦去弥补亏损，或者还会剩下盈余，这就被视为整个国家受益了！”

“这是你的代表所做出的决定，你没有选择的余地，还是把6坛美酒乖乖地给我吧，把剩下的14坛酒尽量卖个好价钱。”

“这跟你无关。”

“你好好想想，问题在于，你假如卖不了好价钱，这是一件多么令人遗憾的事情啊！”

“我明白，不用你说。”

“还需要引起注意的是价格问题。”

“我明白，先生，我会很谨慎的。”

“首先，假如你想自己买钢铁来制作铁锹和犁的话，你必须向钢铁商支付双倍于其价值的价钱，这是法律中明确规定的。”

“这不就是曾经在黑森林发生过的一幕吗？”

“此外，当你需要石油、肉类、煤炭、羊毛或糖等商品时，也要支付双倍的等同价值的金钱。”

“这简直太恐怖、太吓人、太不正常了！”

“这能给公司带来什么好处呢？”

“我做出的选择真是奇怪，我的那个代表就不要说了。下次我绝不会做傻事，我一定要选择某个心地善良、诚实可靠的农民作为我的代表。”

“呸，你到时候还是会选这位英勇的将军的。”

“我不可能还会选这位把我的酒拱手相让给非洲人和厂商的将军。”

“我已经说过了，你仍然会选他的。”

“这也太不合常理了。只要我不愿意，就肯定不会选他。”

“然而你会愿意的，因此你还是会选他的。”

“让他再来这里竞选尝试一下。他很快就会知道他要对付的是谁。”

“那么，让我们看事态如何发展吧。不过，我要拿走6坛酒并依据将军的要求加以分配。再见。”

第二十五章　乌托邦先生

“我要是陛下的首相就好了……”

“假如是你的话，你会怎么做呢？”

“我会先……先做……但是，坦白讲，这还真是一件很不好办的事呢。因为假如不能获得大多数人的支持的话，那我就不能当上首相；假如我不首先赢得民心，大多数人就不会支持我，至少我应该做出一些成绩才能赢得民心；如果我管理政务的时候违背多数人的意愿的话……所以，假如依据我的设想来管理国家事务，就会与多数人的意愿相违背，大多数人也不会支持我，如果大多数人都不支持我的话，那我就再也当不了陛下的首相了。”

“如果你是首相，并且也赢得了多数人的支持，你打算要干什么呢？”

“我首先要寻找实现公正的方法和途径。”

“然后呢？”

“我会想尽一切办法来提高福利水平。”

“其次呢？”

“我会想方设法弄明白这两者之间的关系，是相容的还是对立的。”

“假如它们是不相容的呢？”

“我会语气平和、用词稳重地对菲利普国王说：‘我请求辞去内阁的职务。’

而你对此却并不在意。将真相全盘托出才是最佳的方案，比你那些刚愎自用的办法好很多。”

“如果公正和福利是可以相容的呢？”

“那么我会坚持不懈的。”

“不错。若是依据公正的原则，福利方案需得到三分之一的人的票数支持才可以。”

“什么意思？”

“就是说这是事与愿违的。”

“是你让我这么做的。”

“什么时候？”

“就在刚才。”

“怎么做到的？”

“假设我得到大多数人的支持。”

“看来这是一个非常危险的让步，但不管怎么说，假设大多数人知道什么是公正的、什么是有利的，以及这两者之间是相容的关系，有一个清醒的认识。”

“假如大部分人都能够如此谨小慎微，就会取得十分圆满的结局，或者说全部都能自动实现。”

“长久以来，我一直在思考你的这个观点：加强普遍启蒙或许就可以实现改革的目标。”

“而加强启蒙一定会促进每一项必要的改革。”

“虽然话是这么说，但是要想实现启蒙就必须经历一个漫长的过程。假设这种启蒙已经完成了，接下来你准备做什么呢？因为我迫切想知道你是怎样开展工作、理顺各种关系并顺利实现你的理想的。”

“首先，降低邮费，调至10生丁。”

“接下来你会降至5生丁，这点我十分清楚。”

“对的，然而因为我还有其他改革项目，我必须谨慎行事，保证不产生亏损。”

“天啊，多么谨小慎微啊。你的方案已经产生了 3000 万法郎的亏损了。”

“第二，将盐税降至10法郎。”

“太好了，这会让你再额外产生3000万法郎的亏损。难道你准备征收新税种吗？”

“上帝保佑！此外，我的打算并没有这么积极。”

“毫无疑问，这个问题很严重。对了，我明白要怎么解决了。我之前怎么从来没想到呢？你只要缩减开支就行了，这种办法我以前还真没有想到。”

“有许多像你一样的人都缺乏对可行性的考虑。我希望这一措施可以立刻实施，但是现在还不是最好的时机。”

“不，可以的。像你这样减收不减支的话，赤字根本就无法避免啊？”

“不错，我同时还要削减其他税收。”

就在这个时候，对话者用他的右手食指触摸前额，这个动作的潜台词可能是：“这个人不会是个疯子吧。”

“确切地说，这是一个很有创意的计划。我现在要缴纳给财政100法郎，而你却削减了5法郎盐税、5法郎邮费。另外，为了不让财政收入减少到还不足100法郎，你还准备把其他税收减少10法郎。”

“就是这个意思！你对我的想法已经有了深刻的理解。”

“我才不明白呢！我甚至都在怀疑我的耳朵，是不是真的听到了你所说的话。”

“我再次说明我要以减税补偿减税。”

“见鬼去吧！现在我还有几分钟的空闲，愿意听一听你是如何解释这个悖论的。”

“其中的奥妙是非常明显的，我明白，你所交的20法郎的税款，一分钱都没有交给财政，其中的一半我返还给你，另一半给了税务人员。”

“你真是无与伦比的理财专家！只是这样一来就存在一个问题，我的税收怎么会没有交给国家财政呢？”

“你买那套衣服花了多少钱？”

“100法郎。”

“假如你从韦尔维埃买的话，价格是多少？”

“80法郎。”

“那你怎么不从韦尔维埃购买呢？”

“因为这样做会受到限制。”

“受到限制的原因是什么？”

“自从实施限制政策后，我就要支付100法郎而不是80法郎才能买到这套衣服。”

“换句话说，你因为限制政策而多支出了20法郎。”

“你说的没错，就是这样。”

“那这20法郎都到哪里去了呢？”

“到哪里去了？到纺织厂商那里去了。”

“非常好。给财政20法郎，我就取消这种限制，你还会因此得到10法郎的好处。”

“噢，我现在彻底知道了。财政的收支是这样变动的：邮政服务减少5法郎，盐税减少5法郎，对衣服征收10法郎的税。这样一来，大家都满意了。”

“下面是你自己的收支状况：盐，少交5法郎的税；邮费，少付5法郎；衣服，纳税10法郎。”

“一共是20法郎。我很满意这个方案。然而，这会对不幸的纺织厂商产生什么样的影响呢？”

“哦，我并没有忽略掉他。我会通过其他途径来补偿给他，但只有减轻税收负担才能有利于国家财政。我对于你有关的衣服所采取的措施也会在与厂商有关的羊毛、煤炭、机械设备等商品上使用。这样的话，降价也不会造成多少损失。”

“然而，你确定这个方案一点都不会出差错吗？”

“肯定会朝着良好方向发展的。你买衣服时省下来的20法郎就可以用来购买这些商品，诸如肉类、燃料、小麦之类的。不管怎么说，这都是件不错的事，可以给你的3500万同胞带来好处。韦尔维埃或埃尔伯夫在出售大量的衣物，人们可以随心所欲地尽情选购。不管怎样，人们在穿衣方面可以得到很大改变。”

“我需要再考虑一下，我似乎又有点不明白了。”

“归根结底，衣服的作用是遮蔽身体，你的身体是属于你自己而不是厂商。御寒要靠自己来解决，而不是依靠厂商。假如法律不利于你的话，那就是不公正的，我是得到你的授权才按照不公正的假设，也就是有害的这个假设进行推理的。”

“或许是我考虑的太多了。还是请你接着讲述你的财政计划吧。”

“接下来我要制定关税法。”

“是两个对开本吗？”

“不是，只是两个条款而已。”

“那么，人们将不再提及那句著名的公理——不能以不知法为由进行辩护，这是个谬论。说说你的关税法吧。”

“这两个条款就是：

第一条：对全部进口货物都征收5%的从价关税。”

“原材料也包括在内吗？”

“除非它们一点价值都没有。”

“如果要是多多少少还是有点价值呢？”

“那就要缴纳关税，多少不一。”

“这样的话，我们国内的厂商怎样与原材料免税的外国厂商进行竞争呢？”

“假设政府支出保持不变，如果这项收入被缩减的话，我们就必须另谋出路，这样国内厂商的弱势地位不但得不到改善，而且还要专门设立一个政府机构来增加开支。”

“说得也是。我在想：与其说是再分配，还不如说是一个取消税收的问题。我需要进一步地加以考虑。那第二条是什么？”

“第二条：对全部出口货物征收5%的从价关税。”

“行，那好吧，乌托邦先生！你会让自己陷入孤立无援的困境，如果可以的话，我第一个表示反对。”

“我们曾经做出过假设，认为公众已经得到启蒙！”

“得到启蒙？难道你不认为出口税是多此一举吗？”

“一切税收都是累赘，只不过这种税相比较于其他税而言，稍好一点罢了。”

“我觉得独树一帜的行为肯定会带来令人震惊的场面。请你尽量解释一下这个矛盾的问题，可以吗？”

“你为这酒花费了多少钱？”

“每升1法郎。”

“入关前你花了多少钱？”

“50生丁。”

“怎么会不一样？”

“因为在入市税征收处多收了10苏斯。”

“是谁设置的入市税征收处呢？”

“巴黎公社，目的在于为道路和街道照明筹集资金。”

“那这就属于一种进口关税，对吗？如果是相邻的公社出于自身的利益而设置入市税征收处的话，又会怎么样呢？”

“毫无疑问，也要为这50生丁的酒支付1法郎，剩余的50生丁将会用于蒙马特和莱斯巴蒂尼奥勒道路建设或街道照明。”

“因此这笔税收最终还是由消费者负担的吧？”

“毫无疑问，是的。”

“这样的话，征收出口商品的关税这笔费用，让外国人来负担此项开支”

“你所提的建议有失公正，所以我不得不指出你的错误。”

“为什么不可以征收呢？一个国家要想生产商品，就必须建立教育体系、设置监察机构并铺设道路，每一样都需要钱。假如最终消费者是外国人，他们怎么就不能为商品生产承担所有的费用呢？”

“但这样会与现有的公认的理论背道而驰。”

“这仅仅是一部分。所有生产的直接和间接费用都应该由消费者最终来承担。”

“无论你怎么说，不容争辩的是，实施这样的措施会造成严重的后果，会导致贸易瘫痪，国外市场也会萎缩。”

“这是一种错觉。假如你其他的全部物品都需要交税的话，你说的或许有一定的道理。但假如通过这种方式征收了1万法郎，而这正是其他税收减少的数额，你的产品或许在国际市场上可以占有一席之地，假如这是一种很有效率的税收体系，那你的商品可以显示出更大的优势。”

“这个问题我还得仔细考虑一下。到现在为止，你所提出的是对盐、邮资和关税进行变革。还有其他的吗？”

“这仅仅才是开始而已。”

“那就请你说说你的其他乌托邦构想吧。”

“假如国际关系建立的基础是公正公平的话，那和平就能够指日可待了。我准备解散军队。”

“所有军队？”

“除了一些军种特殊的，这些军队的新成员征收与其他领域一样，全凭个人自愿。你应该清楚我的意思，取消征兵工作。”

“拜托，先生。你应该用征募这个术语，好不好？”

“哦，我不记得了。这种做法的确容易让人感到诧异，在一些国家中不受欢迎的政策就是以换汤不换药的形式得以长期实施的。”

“联合税使用的就是这种方式，它曾经改名为间接税。”

“警察也可以称为城市保安。”

“总而言之，你是以解除国家武装的方式来实现乌托邦。”

“我的意思是解散军队，并不是解除国家武装。正好相反，我倒希望国家的武装力量天下无敌。”

“你怎么解决这个错综复杂的矛盾呢？”

“我号召所有公民都积极参与。”

“还不至于为了解散一部分军队而兴师动众地号召全民皆兵吧。”

“你若不让我担任首相的话，一切都会止步不前。所以，只要授予我权力，我将像黎塞留那样让‘国家准则发生改变’。我执政的基本准则是，让所有公民都懂得怎样做好两件事：养活自己和保卫国家。”

“我认为，这还是具有一定意义的。”

“然后，为了增强国防实力，我建议通过两项法律条款：

第一项：除特殊情况外，每个身体健康的公民都要服4年兵役，在21～25岁的时候接受军事训练。”

“实在是太划算了！你解散了4万名士兵，却集结了1000万人。”

“再来看看我的第二项规定：

第二项：除非他可以在21岁时拿出足够的证据来说明自己已经完全掌握了各项军事技能。”

“我并不看好这种方式。为了逃避4年的服役，年轻人在‘向右看齐’‘向前齐步走’的训练中彼此较劲。这简直太疯狂了。”

“然而情况并不是那么差劲，因为不管怎么说，既没有让家庭承受分离的悲伤，也没有违反规定，对一个国家来说难道这不是省钱省力的好方法吗？1000万士兵足以与目前世界上的全部军队相抗衡。”

“必须要说，如果我是个粗枝大叶的人，最终可能会赞成实施你的这些离奇的想法。”

乌托邦再一次强调他的观点：“谢天谢地！我还找到了一个可以削减预算200万法郎的一个好方法，我要将入市税取消并改革间接税制度。”

“打断一下，乌托邦先生！”

乌托邦先生正兴致勃勃地阐述自己的观点：“我要实现宗教信仰自由和教育自由。新的项目是购买铁路、还清债务和禁止投机。”

“乌托邦先生，不要杞人忧天了，我会竭尽所能，改正错误，不偏不倚，秉公办理！”

“乌托邦先生，你想要做太多事情了，但国家是不会按照你的意愿进行管理的。”

“你让我得到了大部分人的支持。”

“那我宁愿没有发生过这件事。”

“好啊！那这样的话，我不会再担任首相，我的设想也就不复存在了，也就是乌托邦。”

第二十六章　无限循环的三项改革

几天前，人们希望代议制政府可以制定出来一个全新的政策，但到现在为止，为纳税人减税的措施依然没有发布。

所有人都在焦急地等待结果，这些政策的颁布会对人们的收入造成影响，同时也让人们对它充满了好奇心。在这时，任何人都不会对这个机制的有效运行有任何怀疑，因为在自利和创新的驱动下它会运转起来，这个神奇的机制不停运转，无论在什么地方、什么季节、什么情形下都不会有所影响、不会停息。

然而，一项改革应该要做到尽量简单、物有所值和便于执行，目前为止这项改革还无法确定是否符合上述几个原则。

人们说：“现在正是时候，很快就能被看出来了。因为这属于第四次会议的工作，需要赢得公众的一致赞同。我们在1842年建设了第一条铁路线；我们在1846年缩减了盐税和邮资；我们必须等到1850年才能对关税和间接税进行改革。第四次会议对纳税人来说是一种福利。”

所以，每一个人都充满希望，做的所有事情都有利于这次改革。监测数据显示，第一季度和第二季度的政府收入稳固增长，对于这笔资金的使用完全出乎意料，难道会比村民在热开水中多放一些盐更好吗？

然而结果到底如何呢？就像相互阻止结晶的两种物质，或者就像两条狗经过一场殊死搏斗之后只剩下两条尾巴，这两项改革所发挥的作用就相互抵消了，只剩下“尾巴”，换而言之就是仅剩一些法律条文，这些对改革持赞成或反对的观点、报告、统计数据和附录，其中让我们稍感欣慰的是，可以从人道主义的高度来审视我们的痛苦，并通过顺势疗法加以解决。而改革本身却并没有取得什么实质性的进展。在严峻的考验中，改革以失败而告终了。

在评判委员还没有进行解释的时候，各界人士都对这次失败众说纷纭，总的来说有以下几种说法：

第一：“我建议改革邮政，可议会却选择降低盐税，因此我只能作罢。”

第二：“我赞成削减盐税，可内阁建议改革邮政，因此我只能默不作声，不发表任何意见。”

评审委员会认为这种解释极具说服力，因此准备采用相同的方案重新进行改革，仍然由原来的负责人推进实施这项改革。

这告诉我们，假如不是很介意来源的话，还可以在实践中找到一些合理的做法。众所周知，大约50年前，在海峡的另一边，一次只进行一项改革。尽管这会消耗很多时间，过程也很烦琐，但的确取得了很好的效果。

我们一次就进行这么多项改革，而且各种改革项目之间还互相排挤，如同亡灵在混沌之门拥挤不堪，结果没有一个人能成功突破进去。

“天啊！我好厌烦啊！”

“一次就一个吧，拜托了！”

雅克·伯霍姆与约翰对邮政改革展开了辩论。以下是复述内容：

天啊，请把我从没完没了的改革中拯救出来吧！我的脑袋都要爆炸了。

人们每天都会提出很多新的想法：教育改革、财政改革、医疗改革、国会改革、选举改革、商业改革、社会改革，等等，现在又提出要邮政改革！

最后一项是很容易实施的，而且它也很有用，既然我们已经讨论到这了，那就请容许我简单向你介绍一下。

此外，他们还说根据以往英国的经验来判断，这个方案是很糟糕的，让英国财政部支付了1000万英镑。

但公众却可以从这个方案中得到1亿英镑的好处。

这是真的吗？

你看看公众对此的各种满意表现就能知道了。在皮尔和鲁塞尔任首相期间，全国公民对罗兰·希尔先生表达了英国式的真真切切的感谢。再来看那些穷人，他们通过印在信封上的“人们感谢邮政改革”的印戳来表达自己的感激之情。反谷物法联盟的首脑在国会的一次发言中所做的声明需要引起广泛注意：这项改革如果不实施，那穷人将要多奋斗30年，才能换来谷物关税限制的撤销。贸易委员会的工作人员在发言中也表明，英国的金融系统并没有向大幅度下调邮资的邮政部门提供贷款。你还需要哪些证据？

你说的不错，可财政部呢？

难道财政部与公众不是息息相关的吗？

不完全是。另外，真的要对我们的邮政体系进行改革吗？

这个就是问题的核心。让我们先了解一下整个运行流程。信寄出去以后都会经历什么环节呢？

嗯，整个机制并不复杂。邮递员在规定时间打开邮箱取出信件，例如邮箱内有100封信。

然后呢？

接下来每一封信他都要进行检查，根据区位和范围表，按照信件的去向和重量将所有的信件进行适当的分类。一共有11个区和11个重量等级。

如此一来，对每一封信来说，都存在121种可能的组合。

没错，有些信件还要经过乡村投递，这个组合数字可能还要成倍增加，远远不止121种可能。

你是说，这100封信将要经过24200次的详细审查？那邮递员要做什么呢？

要在信封的某个角落标注重量，在地址中间标明所需的邮资，根据邮政服务的规定进行操作。

接着呢？

接着盖上邮戳，以投递邮局为依据分成10包，再统计出10包信件应各自支付多少邮资。

再接下来呢？

将得到这10个数据分别记录在账簿的对应栏目上，要与其他栏目相衔接。

还有呢？

他要给10个投递点的邮递员写信，告诉他们一些账目相关的信息。

假设已经支付了邮资呢？

哦，这样的话，我不得不承认，服务程序就会更复杂一些。邮递员收到信件后，进行称重、明确投递距离，这些内容跟前面没什么不一样的，接着确定邮资、找零钱。找到30个邮戳中的其中一个盖上，标注信件区号、重量和邮资，把完整的地址抄写到账簿上，接着是第二本账簿、第三本账簿，再然后就是在一张独立的纸条上记录下来，将信件与纸条固定在一起，把固定好的信件传递到投递点的邮递员手中，再把上述的所有细节在账簿的50种类别的12个细目中记录下来。

所有这些的费用只要40生丁！

这是平均水平。

我认为投递环节确实不难。那么送达环节又是怎样的呢？

邮递主管打开邮包。

接着呢？

他要对始发地邮递员给的10张单子进行检查。

接着呢？

他对单子上标注的金额与自己收取的每个邮包的金额进行核对。

然后呢？

邮递主管复核一下自己负责投递信件的邮资总额。

再然后呢？

按照距离与范围表，复核每一封信的邮资。

接着呢?

他在一个账簿、一个栏目下进行记录，记下那些差错，无论是多记还是少记都包括在内。

接着呢?

差错达到10~20生丁的，要与始发地邮递员取得联系，提醒他们要对这个问题引起高度注意。

接下来呢?

将所有的信件加以分类以方便投递。

然后呢?

计算每个邮递员要收取的邮资。

接着呢?

每个邮递员要核实具体收费数额，并向邮递主管询问某些标记的含义。邮递员预先支付资费，然后离开。

继续往下说。

邮递员找到收信人的住址，敲了敲门，随后一个用人下来开门。总共寄给这家6封信，用人和邮递员分别各自计算总邮资，然后双方再进行核对，一共是2法郎70生丁。

接着往下说。

用人拿着信去见主人，主人参考信封上的标记又进行了核对。他把3看成了2，把9看成了4，对重量和距离提出怀疑。简单地说，他会把邮递员叫到楼上，在他上楼之前，主人会猜测大概是谁寄来的，打算拒绝接收这些信件。

继续说下去。

邮递员来到了楼上，并向主人说明了邮政的有关情况。他和主人讨论并检查了这些信件，还进行了称重。最后收件人拒绝了一封，接受了5封信。

继续说。

现在唯一的问题是该收取多少邮资。用人去杂货店兑换了一些零钱，在20分钟后，邮递员才从他家里走出来，又接着挨家挨户地重复之前的服务流程。

继续说下去吧。

回到邮局办公室之后，他又和邮递主管一起核查了两遍邮资，交回被拒绝的信件并拿回了与之对应的预付款。另外，他对拒收信件的重量和距离进行了一下复核。

继续说下去。

接着邮递主管拿出账簿、分类账，对拒收信件进行计算和登记。

假如你愿意的话，可以接着说下去。

天啊，我可不是邮递主管。我们的谈话可以一直进行10天、20天甚至是1个月。这是一个很复杂的过程，所涉及的不仅仅是投递，还包括审核，这样细致的工作价值5000万法郎，一共有11600封信，平均每封收取43生丁，每封信所涉及的门类就有242个。

只是看起来容易，但实际上非常复杂，有能力解决这个问题的人肯定比皮隆或英国的罗兰·希尔还要聪明。

你好像在嘲笑我们的制度，那请描述一下你们的情况吧。

英国政府做出规定，每份信封连同信纸总共1便士，这个价格从任何方面看都是比较恰当的。

接着呢?

写好信后对折两次就可以放进信封里邮寄出去了。

然后呢?

然后，就没有什么可说的了，全部流程就是这样。不需要考虑重量或远近，无须担心多收还是少收，不再有信件拒收，不用填写表格，不设账簿、分类账或栏目总计，不需要进行会计和审计，不用找零钱，不需要解读任何记号，也不存在不情愿的情况，等等。

必须要承认这看起来很简单。然而是不是有点过于简单了？简单得就连小孩子都能理解。这样的改革会使伟大的行政长官的天赋受到压制。我觉得，我对法国的模式更感兴趣。另外，你们实施单一邮资费率是犯了很大的错误，这是一种不公平的方式。

你的理由是什么呢?

因为在这种方式下，一封信无论是寄给邻居还是寄给远在100千米以外的人要支付的价格是一样的，这是不公平的。

不管怎样，你要承认这种不公平也就是1便士的差距。

那又如何？说到底还是不公平的。

事实上，也就半个便士的差别，因为对其他全部信件来说，另外半个便士补偿的成本是相同的，只是远近存在差别罢了。

不在于是一个或半个便士的差别，而是在其本质上都是不公平的。

最后，在某些特定情况下，这种不公平顶多也就半个便士，对全体公民来说，这种不公平也就可以忽略不计了，因为所有人都是既会给远方的人写信，也会给邻近的人写信。

我还是不能接受你的这种解释。只要你愿意，可以无限地弱化、减轻这种不公正，可以认为它不易察觉、微乎其微、不存在任何危害，虽然这种不公的确是存在的。

你在克利希而不是多尔塞码头购买一克烟草，政府会多收你的钱吗？

这两件事情之间又有什么关系呢？

实际上，不管处在哪种情况下，总得有人来承担运费。从数字上看，克利希的每克烟草比多尔塞码头的每克烟草高出百万分之一生丁，或许这样才是公平的。

你说的倒是没错，然而，无法做到的事情毕竟也勉强不来。

更不用提你们那种只会装腔作势的邮政制度了。两座紧挨着的房子，一座恰好在某一区域内，而另一座却不在这一区域。所以第一所房子的邮资就比第二所房子高出10生丁，而在英国规定邮政资费全部都是一样的。你应该清楚地看到，你们国家的不公正似乎很严重。

听起来确实很有道理。我不再重复我的反对意见，但仍然继续存在的是收入减少的问题。

听到这里，对谈话者的对话我已经不感兴趣了。但是，看来雅克·伯霍姆的观念彻底被转变了。因为几天过后，当德维切发布其报告之后，他给这位著名的立法会委员写了一封信，如下所示：

雅克·伯霍姆给议员、邮资法案委员会主席德维切的一封信

尊敬的先生：

尽管我明白应该坚决反对铤而走险地实践绝对理论，但这并不代表我应该反对单一邮资，也不意味着邮资不能够弥补政府提供的邮政服务。

我知道，贸然给你写信很不好，因为我们之间千差万别。一边是草率、缺乏理性的教条主义改革家，谈论着对各种制度进行全盘否定，不给任何能够转圜的余地；一个纯粹的空想家，从来不会对附在你的报告后面的堆积如山的法律条文、行政规章、表格、附录和统计数据给予关注；另一边则是镇定、高瞻远瞩和懂得克制的立法会委员，对每一个方案都反复掂量，将一切受到影响的利益考虑在内，他不是拒绝所有制度，就是参照别的制度设计出一种自认为最好的方案。因此，毋庸置疑的是，一场毫不相称的争论即将来临。

然而，当问题还没有得到解决之前，人们有各自表达观点的权利。我明白，我的观点肯定会遭到读者无情地嘲笑。但我敢说，如果能听我解释清楚原因，那读者就不会再嘲笑我了。

因为，不管怎么说，我在说明时还可以借鉴经验。一个伟大的国家已经付诸实践了，他们对此会有什么样的评价呢？应该对他们的观点给予充分的重视，而不会有人认为他们没做好这件事。

没错，在英国，认为邮政改革不好的也不乏其中这些人。为了表达对希尔勋爵的感谢，提高了订阅费；按照约翰牛所说的，人们通过各种富有创意的方式来表达谢意。看到反谷物法联盟再次提醒："不存在1便士邮资，我们绝不会让公众向贸易保护主义制度投降。"请看以下陈述，这个陈述来源于一部官方的著作：

应该规定邮资收费标准，这并不是考虑到财政目标，其目的只是收支相抵，保本经营。

麦克格瑞戈先生对此做了如下补充：

的确，现在邮资降低到1便士，以后就没有再继续降低的可能了，即使如此，还是会产生一些净利润的，而且还在不断增长，这些利润应该用于提高服务水平和添置在各大洋航行的邮轮。

这就提醒我要注意委员会立法的依据和基本理念，也就是说，在他们看来正好相反，邮资是政府的一种收入来源。

在你的整篇报告中始终都贯穿着这种观念，我必须要承认，只要这种先入为主的偏见发挥作用，那么任何事情都不可能圆满地完成。如果在各种制度综合到一起的过程中，没有集合各种制度的所有短处，那可真是万幸。

我们要解决的最本质的问题是：可以对私人之间来往的信件进行征税吗？

我不想对抽象的道理加以重复。但我不禁要指出，思想的交流会对社会的存在发挥良好的作用，所有政府都应该对此进行鼓励而不是想方设法设置障碍。

针对当前的实际情况，我们应该有一个清醒的认识。

国家的道路总长是100万千米。假设每千米耗费10万法郎的成本，为了给人们和物品的流通提供便利，国家需要支付1000亿法郎。

那么请问，如果你的一位出色的朋友在国会上提出这样的建议：

自1847年1月1日起，国家对任何一位路人都要征税，不仅包括路的建设成本，还包括一定的回报，列入公共基金，大约为总成本的4至5倍……

对于这样的一个提案，它的本质是反社会的、是令人讨厌的，难道你不这样认为吗？

利润怎么就无缘无故地变成了补偿呢？难道从来就没有意识到，如果事物的流转不畅通的话，那么思想的交流就也会受到阻碍吗？

可以说这纯粹是习惯使然。如果这是由于邮政服务造成的问题，那么很明显，再按照财政原则来收费就是令人讨厌的做法。

此外，还要注意的是，会不可避免地发生强制的问题。

当国家修建好了一条道路时，无法强迫人们去使用（如果对使用道路者征税的话，更是这样）。然而，当国家对邮政服务收取费用时，人们就连寄信给母亲都别无选择。

所以，寄信的资费原则上不应该大于补偿部分，所以以此为依据应当实行单一资费。

现在，只要开始往这方面努力，没有人会不被这项改革措施的简单便捷打动。

完整的法律草案如下，以备修订：

第一条：自1847年1月1日起，任何政府都要相信收取低廉费用是有好处的，贴有邮票的信封及信纸每份只收取5（或10）生丁。

第二条：每封信的重量不大于15克，每份报纸或信封中的印刷品重量不超过15克的，都应予以投递，不得加收其他费用。

第三条：撤销邮政局的财务部门。

第四条：取消一切违背资费规定标准的法律。

这实在太简单，我不得不承认是非常简单的，我能想象到人们的批评会如潮水般涌来。

然而，这就算不是一项十全十美的制度，而且问题的关键也不在于此，真正的关键是，你们的制度为什么不能做到更好。

明确地说，这个制度无论在哪个方面（收入除外）都能与我所强调的制度相媲美吗？

了解一下这两个制度，在对两者的便利、简捷、快速、秩序、经济、公正、平等、对经济的促进、满意度、智力和道德发展及对文化的作用进行一番比较之后，请真诚地告诉我，对于实施这样的制度还有什么好犹豫的呢？

我真想全面周到地对这些考虑进行详细论述，但我应该克制自己的这种冲动。我只是大概列举了一些相关内容，对此我感到很欣慰，留下的空白就由你去补充吧，这或许是最合适的选择了。

然而，由于只存在一种例外情况（收入），对此我不得不多说几句。

通过一个制作好的表格可以看出，纵然你们把单一资费定在20生丁，依然不能避免会给财政部带来2200万的损失。

10生丁的资费所造成的损失是2800万，5生丁的资费所造成的损失是3300万。这种结果着实让人诧异，甚至都不想再详细计算。

但是我要提醒你们关注一个事实，你们报告中的数据过分强调其他变量不受干扰。在你们的全部表格中，在你们的全部计算中，都无一例外地以“其他条件不变”为前提。在你们的假定中，简单的行政制度和复杂的行政制度一样，产生的成本都是相同的，邮资平均为43生丁与邮资收取单一的20生丁，两种情况下的信件数量是相同的。根据三段论，你得出了这样的结论：总共有8700万封信，平均每封信的邮资为42.5生丁，这时的收入是多少？邮资为20生丁时的相应收入是多少？但需要高度注意的是，有些变化会阻碍改革的进展。

为了弄清楚到底给财政部造成了多少损失，首先一定要明确的是，邮政服务可以节约多少成本；其次是会增加的邮件数量。让我们对后面这个数据进行仔细考察，因为我们可以假定，降低运行成本与降低邮资会使邮件总数增加，进而会导致人工成本的增加，这两者可以相互抵消。

毫无疑问，精确地计算出邮件增加的数量是不可能的，然而，情况大致相同的条件下，进行近似的合理估算还是可以的。

你曾经说过，在英国，每下降12.5%的邮资，会增加360%的邮件数量。在法国，邮资由目前的平均43生丁，下调到5生丁，降幅巨大，所以有理由认为会产生类似的后果，也就是邮件总数由1.16亿封上升至4.17亿封。

但是，还是让我们保守一点按照3亿封来计算。

英国实施邮政改革后，人均寄信量提高到13封。我们假设资费以英国一半的幅度下降，人均寄信量提高到8封应该不为过吧？

3亿封信，每封5生丁	1500万法郎
1亿份报纸和印刷品邮件，每件5生丁	500万法郎
路人使用邮政马车	400万法郎
汇款	400万法郎
共计	2800万法郎
当前的支出（可能会有所下降）	3100万法郎
减去邮船费用	500万法郎
邮件袋、路人和汇款等的支出总额	2600万法郎
净收入	200万法郎
当前的净收入	1900万法郎
损失或等同于利润的减少额	1700万法郎

目前，国家愿意每年为人们提供自由流动而产生的费用（支出）为8亿法郎。这难道就能促使国家对思想的流动不管不顾吗？仅仅为了1700万法郎产生的负费用（利润）。

然而，不管怎么样，财政部已经将敛财视为理所当然了，自以为是地认为应该增加收入，不能接受一丁点儿的减少，总是片面地思考问题，就像被安装了可以让血液沿着一个方向流动的瓣膜一样。好吧，即便财政部稍显古板，行事方式也很难被改变，但对于规劝财政部，使其放弃常规收入，我们不抱任何的希望。但是，我能不能请他注意一个简单易行、方便可靠的不用支付任何费用就可以让国家发生巨大变化的方案呢？

邮政部门总收入	5000万法郎
盐税总收入	7000万法郎
关税总收入	1.6亿法郎
共计	2.8亿法郎

接着，规定每封信的邮资为单一的5生丁。

依据议员的提议，降低盐税，每100磅下调10法郎。

委托我来调整关税的税率，明确规定禁止我调高任何关税，但允许我在合适的范围内可以降低税率。

我向你保证，收入不是2.8亿法郎，而是3亿法郎。我可以得到200位法国银行家的担保。唯一需要我关注的就是，怎样使这三种税收产生的收入超过3亿法郎。

现在，我提出的方案还需不需要举例说明各种优点？

1.国家将获得廉价的必需品，也就是全部盐税的收益。

2.父亲将可以给儿子写信、母亲可以给女儿写信。今时不同往日，感情、爱和友谊的表达就不会因为受到财政部的干预而受到阻碍。

3.朋友之间互通信件再也不会被法律当成犯罪，从而加以禁止。

4.商业活动和国际贸易重新获得了活力，我们的商船将焕然一新。

5.财政部获得2000万法郎，是由公众从邮资、盐税和关税降低而带来的商品价格下降，从而节省下来的钱，再经由别的税收渠道成为财政部的收入。

假如我的建议遭到拒绝，我会得出什么样的结论呢？假设这些银行家们支持我的建议，那又怎么会遭到拒绝呢？其原因当然不是预算平衡。在这种情形下收入大于支出，预算当然会不平衡。这里为之争论的不是一个理论、一个制度、一组统计数据、一种可能性或者一个构想，而是一个提议，就如同某个公司提议修建一条道路一样。我明白邮政部门、盐税和关税都是财政部的收入来源，我的提议是留给财政部更多一些，所以财政部不可能提出反对意见。我提议减免盐税、下调邮资和关税，我发誓坚决不提高税率，所以纳税人也不可能提出反对意见。那么，反对的声音从何而来呢？是垄断者吗？他们的观点代表的是不是政府和公众的意图，还需要进一步的观察才能确定。为了防患于未然，我强烈要求你向内阁转述我的建议。

另外，我还提出了以下建议：

我作为银行家和商人的代表，必须保证能够承担全部负担。

依据国家实施的现行税率，只能从邮政部门、盐税和关税中取得2.8亿法郎的收入。

建议是从这三种税收中获得3亿法郎的收入。

就算盐税从30法郎降到了10法郎。

就算信件邮费从平均每封42.5生丁，改为5～10生丁的单一价格。

在我的管辖范围内，不提高关税（我应该表述成严禁提高），而是依据我的决定进行一定幅度的下调。

雅克·伯霍姆

他让我看这封信，我感觉他是不是疯了，我对雅克·伯霍姆说："你做的所有事情总是那么不合时宜。总有一天你自己也会反对这种快速的改革，你瞧瞧这个，一下就提出了三项改革，任何一个都依赖于另外两个。最终你会毁在自己的手上。"

"你不要再庸人自扰了，我是经过了慎重考虑的。如果我的建议能被接受，那实在是太棒了！但最终还是不会被采纳的。"他说。

接着我们就分道扬镳了，各种数字充斥着他的脑海，而我满脑子都是一些要提醒读者注意的反思。

第二十七章　贸易保护主义四幕剧

四幕表演剧

第一幕

这一幕发生在市议员彼得的公馆。窗外环绕着翠绿的树丛，三位绅士在熊熊燃烧的火炉边促膝长谈。

我说："虽然大家都吃饱喝足了，但不会有任何东西能像火炉那样使人感到温暖。你们不得不承认，这真是一种愉快的享受。唉，然而，有多少人像洛伊德维奥特一样：

要靠哈气来温暖双手，

因为没有生炉的柴火！

"可怜的人类啊！肯定是上苍让我的脑海里突然浮现出了一个行善的想法。你们可以看到那些看着长势还不错的树木吧？我想把这些树砍了，免费分给穷人用来生炉火，而且等砍完之后把砍树的斧头也一并送人。"

"什么！免费？"

"也不是全部免费。假如我要这样做善事的话，很快就会将我的财产挥霍一空的。我估算过，这片树木的总价约为1000里弗，砍下来之后获得的收入，将比原来多很多。"

"不可能的。如果你不把树木砍掉，获得的收入肯定比你邻居的要高，因为你给树林做过保养而他们没有。如果树木被砍掉，就只能当作废柴烧火用，这就与其他的树木没有区别，每车树木的价格也不可能比其他的高出1里弗。"

"行了，别说了！各位理论家先生，请记住我是个实干家。我会很好地维护自己商人的声誉，不会让人把我当成傻瓜的。你觉得我会以漂木的价格来销售我的木头，并且还乐在其中吗？”

“你只能按这个价格出售。”

“你们想得太简单了！假如在巴黎销售漂木不被允许呢？”

“那情况就不一样了，然而你如何才能阻止销售漂木呢？”

“给你说实话吧。漂木想要进入这个城市，必须每要缴纳10苏斯才被允许。明天我就说服议员们把关税提高至100、200、300里弗——简单地说，让关税提高到一根圆木也别想进入。现在你明白了吧？如果那些幼稚的人们不想被冻死，就必须从我的木场购买柴火。他们持续不断地来我这里买木头，我会按重量出售，定价堪比黄金。虽然这是一场经过周密规划的看起来很不错的慈善活动，但我将掌握绝对的主动权。”

“真是个绝妙的计划！它倒是给我了启发，使我想到另一个同样有效的方案。”

“请告诉我们是什么方案，也是所谓的慈善活动吗？”

“你认为诺曼底盛产的黄油怎么样？”

“特别好吃。”

“或许吧！刚吃到嘴里的前几分钟觉得还可以。但是吃这种黄油你会不会觉得嗓子像被灼烧啊？我准备在巴黎生产质量更好的黄油。我准备饲养四五百头奶牛，把牛奶、黄油和芝士分给穷人。”

“什么？你也做慈善？”

“别胡说！我们始终都要维持良好的慈善形象。这是一个很好的形象，就算是假面目，但对好多事情来说，这是最好的借口。我将我的奶油卖给人们，人们支付给我金钱。你觉得这是正常的销售行为吗？”

“按照《贵人迷》里面的说法，这就不能算。然而无论你用哪个词来称呼，你都会葬送了自己。巴黎在饲养奶牛方面怎么能跟诺曼底相提并论呢？”

“我的优势是能够节省运输成本。”

“那好吧，然而即便加上这项成本，诺曼底还是比巴黎强很多的。”

“你认为只要在价格上占有优势就可以战胜他人吗？”

“这是常识。实际上，你就是被别人战胜的人。”

“没错，跟堂·吉诃德有一样的下场。但是桑乔也有不走运的时候。约翰，我的朋友，你怎么能忘了入市税呢？”

“入市税？这与你的黄油又有什么关系呢？”

“从明天起，我要申请保护。我要游说公社禁止诺曼底、不列颠的奶油进入巴黎。如果公社能够同意的话，人们就只有两种选择：选择不吃黄油；如果想吃的话，就只能到我这里来买，并且价格由我来掌控。”

“先生们，我必须要承认，我已经深深地佩服你们的人道主义行为。

“俗话说得好：‘近朱者赤，近墨者黑。’

“我已经做了决定，不会有一个人认为我是个微不足道的市议员。彼得，熊熊烈火已经燃烧了你的激情；鲍尔，黄油也激发了你的聪明才智；现在，我认为我的灵感也被这块腊肉唤醒了。明天，我要提议，不干净的动物不可以进入希伯来，由我独家经营管理，既包括生猪也包括猪肉。这样一来，我要在巴黎市中心建造最好的猪圈，我将变成养猪户和屠夫。我倒是想见识一下，善良的巴黎人怎么能不到我的店铺买猪肉。”

“不要着急，先生。假如你通过这种方式提高了黄油和腊肉的价格，你会减少我从木头中获得的利润。”

“是啊，这会让我的方案失色不少，因为我的受益会使你们的木头和火腿收益减少。

“假如你们以高价将柴火和黄油出售给我，我再以高价将腊肠出售给你们，哪里还有什么利润可挣呢？”

“好了，我们不要再为此争论不休了，我们可以进行合作和协商。另外，只看重一己私利并不是明智的做法，还应该考虑到整个人类。我们相信每个人都是充满热情的，难道不是吗？”

“说得很对，人们在吃面包时应该有可以涂抹的黄油。”

“毋庸置疑，人们的餐桌上还应该有一些腊肉。”

“为慈善欢呼！人道主义万岁！明天在市政厅将掀起一场风暴。”

“噢，差点忘记了。补充一句非常重要的话。我亲爱的朋友们，在这个自私自利的时代，没有什么是值得信赖的了，最纯洁的动机常常遭到误解。鲍尔，你搞定本地木头的事情；约翰，你解决本地黄油的事；而我，将竭尽所能做好本地猪的供应。这样的话，就可以免遭恶意的猜忌了。”

“绝对是个聪明的家伙！“

第二幕

市议会会议

各位同仁，每天都有数不清的木头像潮水一样涌入巴黎境内，这导致了巨额的资金外流。这样下去，用不了三年的时间我们就会陷入崩溃境地，到那时候，穷人们的情形又会是什么样呢？（人们的欢呼声）让我们禁止进口所有木头。我之所以这么说，并不是为了自身的利益，是因为我全部的木头加起来还不够制作一根牙签。所以，在这个问题上，我完全不带有一点儿个人利益色彩。（听听！听听！）而彼得所拥有的一批树能使巴黎市民的燃料供应得到保障，巴黎就不必再依赖约纳的木炭商人了。你有没有这样想过，假如这些拥有森林的外国人突然不再给巴黎提供木头的话，我们就将被冻死。所以，我们应该禁止从国外进口木头。如此一来，我们既不会把钱流失掉，也可以在国内建立木头砍伐产业，为工人的就业和收入提供新的途径。（掌声响起来）

对于前面这位优秀发言人所提的建议，我非常赞同，他是一个很重视人道主义的人，就像他说的那样，没有任何利益关系。只不过不能再让这种肆意妄为的不受约束的出入维持下去了，这会给我们的市场带来诸多竞争，因此，那些在任何商品的生产中处于弱势的群体就没有任何保护可言，铺天盖地的竞争就会把我们淹没，巴黎的工业也将会毁于一旦。政府要做出明智的决策，通过征收选择性关税，使生产条件趋于相同，允许生产成本比巴黎高的外地商品流入巴黎，这样我们才能免于不平等竞争。比如，我们怎样才能让产自于巴黎的牛奶和黄油与产自不列颠和诺曼底的一较高下呢？先生们，不要忘了，布里多尼人在土地、草料和劳动上的花费远少于我们，难道为了使机会均等我们不应该征收城际保护关税吗？我提议牛奶和黄油的关税应提高1000%，假如有必要的话还可以更高。尽管这样做会支付更多的钱，但他们的工资也相应提高了。我们应该看到牛圈和奶制品增加了，奶油产业获得了迅猛发展，新工厂也应运而生。我从来就没有出于利益的考虑要求你们赞同我的提议。我不养牛，也不会养牛，我只是尽量帮助那些劳苦大众。（欢呼，掌声）

在这次会议中，能看到各位政界要员如此纯正的居心、如此振奋人心、如此费尽心机地从人们的最大利益出发，我感到十分欣慰。（欢呼）我对他们毫不利己、专门利人的精神感到无比敬佩，这实在是再高尚不过的情操了，我别无他法，唯有向他们学习。在他们的提议之后，我还要再加一个提议，就是不允许普图瓦的猪进入巴黎。我并不准备自己养猪或卖猪肉，因为如果那样的话，我会因自己的脸面而保持缄默，然而这并不是一种使人丢脸的做法。先生们，不然的话我们就得向普图瓦的农民支付酬金，他们毫无顾忌地进入我们的市场，控制一些原本由我们自己经营的产业，在把他们的腊肠和火腿倾销给我们之后，他们怎么不从我们这里购买一丁点儿东西呢？难道还不够清楚吗？假如这个产业从普图瓦迁到巴黎，就能给巴黎工人带来新的工作机会。那么，先生们，很有可能，就像莱蒂布杜瓦具体而微的见解，我们的全部腊肉都是从普图瓦买来的，但我们却没有把任何物品出售给他们，只是提供了资金。这样下去的话，我们可以支撑多久？所以，我们坚决反对这帮欲壑难填、心肠歹毒的竞争对手在我们这里倾销商品，导致同样的商品我们自己都无法生成。议员们，巴黎给了我们充分的信任，让我们不要辜负了这份信任。人们需要工作，我们就为他们创造工作的机会；假如要他们为腊肉多支付一点钱，我们至少能以大局为重，不惜牺牲个人的利益来成全大部分人的利益，履行一个具有清晰头脑的议员应尽的义务。（雷鸣般的掌声）

我听你们谈到的很多事情都是关于穷人的。然而，为他们提供工作是要付出代价的，他们被剥夺的木头、黄油和猪肉的价值远非工作所能带来的。

需要对我们的提议进行投票表决，投票决定我们的提议是否被采纳，远离乌托邦、理论家和形而上的思想家，投票决定！投票决定！（三个提议被通过了）

第三幕

20年以后：雅克·波霍姆和他的儿子

父亲，做决定吧，我们别无选择，只能离开巴黎了，这里已经没有我们的安身立命之地了。不仅没有工作，而且商品的价格也高得承受不起了。

孩子，一个人颠沛流离是件多么痛苦的事情，你是不会知道的！

那总比饿死好吧。

孩子，你走吧，去寻找一个适合生活的地方居住吧。而我自己无论如何也不会离开这里，因为你的母亲、兄长和姐妹全部都长眠于此。我希望与这些先我而去、留我一人在这个凄凉之地死去的亲人们做伴。

亲爱的父亲，振作一点。我们会在别的地方找到工作的——普瓦图、诺曼底或者不列颠。听人说，所有巴黎的工厂正在逐渐转移到这些遥远的城市。

这不难理解。因为不能把木头和食物继续卖给我们，这些地方的人就不会生产超出自身需要的产品。无论时间和资金是否充裕，原先由我们提供的商品，他们都会自己来生产。

如同巴黎不再继续生产精致的家具和精美的服饰，转而去种树、饲养猪和奶牛一样。尽管我年龄还不大，但还对大商场有些印象，还记得那些优雅的左邻右舍，碧草连天、树木繁茂的塞纳河畔以及繁忙的码头。

当内地的一座座城市相继兴起，而巴黎却变成了一片荒凉之地。倒退得令人深感意外！这一切后果都是由三个议员的误导造成的，再加上公众的愚昧，我们才会面临这样的灭顶之灾。

父亲，跟我说说这段往事。

这件事并不复杂，为了提供新的就业机会在巴黎建立三个新的产业，进口木头、黄油和猪肉都会遭到他们的禁止。他们硬是授权给自己为公民提供商品的权利。首先，他们让价格不断上涨，任何人都没有购买这些商品的充足的收入，购买了少量的商品就已经囊中羞涩了，再也没有额外的钱去买其他物品。这给巴黎的所有产业带来了致命的打击，没多久，当其他城市的所有市场都不再接纳巴黎的产品时，这些产业的衰落速度就更快了。贫困、死亡和移居等使巴黎人口减少。

这种状态什么时候才能停止啊？

当巴黎变为森林和大草原时。

这三个议员一定赚得盆满钵满了吧。

一开始他们得到的利润确实是很丰厚，可是好景不长，最后也难逃厄运。

为什么会这样呢？

你眼前的这片废墟曾经是一栋绿树成荫的豪华公馆。假如巴黎一直扩张下去，彼得可以收取远比今天的卖价高很多的租金。

那现在的状况又是如何发生的呢？是因为他的竞争对手不存在了吗？

卖者之间没有了竞争，买者之间的竞争也日益衰弱，直至巴黎变为荒凉之地，彼得那些林地的价值也就当于邦迪森林中面积相当的一块林地而已。如此一来，与其他所有的不公正没有什么分别，垄断也为自己埋下了自我毁灭的祸根。

对于你所讲的内容，我还是不太懂，但是有一点是确定无疑的，那就是巴黎衰落了。难道一点都没有办法取缔这个20年前彼得和他的伙伴们在市政会议上确定的不公正的法律吗？

让我来给你讲一个秘密。在巴黎我就是干这件事的。我要得到人们的帮助，要在他们的帮助下把关税恢复到以前的状态，铲除在他们头上转嫁的致命法规，这些法规就像寄生虫一样仍在潜滋暗长。

你可以肯定这样做就能成功吗？

呃，正好相反，这是一件很艰难的事情。彼得、鲍尔和约翰之间很有默契，为了不让其他地方的木头、黄油和猪肉出现在巴黎，他们会不惜一切代价，何况还有很多人的支持，对于这三种受保护产业给自己带来的工作，这些人看得非常清楚，他们知道需要多少伐木工人和牧牛人，他们都可以去应聘。然而，他们不可能清楚地知道，在贸易自由的条件下，自己能提高多少就业率。

假如他们想要的就是这些，你应该给他们讲明白。

孩子，像你这么大的人总会自以为是。就算我写下来，也没有人会去看我所说的话，因为他们根本就没有阅读的时间。他们由于生活所迫不得不废寝忘食地工作，才能维持生计。一旦我说出来，我就会遭到议员们的封口。所以，人们会长期在歧途上跋山涉水，那些政党对公众的热情只增不减，他们更愿意面对未来的问题而不是纠正之前的错误。所以，我将要解决一个问题并对付当前的两大力量——民众和政党。哦！我似乎已经感觉到了，有一场可怕的风暴正面目狰狞地盯着胆敢质疑植根于国家制度的那个莽撞的人，一旦有什么风吹草动就会把他吹得头昏眼花。

公正和真理将与你同行。

但武力和舆论都掌控在他们手中。要是我还年轻就好了！然而岁月不饶人，我的全部力量已被苦难所耗尽。

那么，父亲，拼尽你余下的所有力量为你的国家效力吧。为了这项解放事业而努力奋斗吧，我会毫不犹豫地继续完成您未完成的事业的。

第四幕

群众起义

巴黎人，让我们去向议会要求实施城市关税改革；要求将关税恢复到原来的水平；所有的公民都应该拥有自由，自主选择去合适的地方购买木头、黄油和猪肉。

自由万岁！

巴黎人，千万别受那个词的误导。假如你连钱都没有，自由又从何谈起呢？假如你没有工作，本钱又是从哪里来呢？巴黎可以生产像邦迪森林那么便宜的木头、像普瓦图那么廉价的肉以及像诺曼底那么物有所值的黄油吗？假如不顾成本放任这些颇具竞争力的商品大量涌入的话，我们的伐木工人、养牛工人和猪肉商贩又会有什么样的处境呢？离开了保护，巴黎将没有他们的立足之地。

保护万岁！

保护？真正得到保护的是工人们吗？经营木头的商人也应该面对竞争，难道你们不需要与别人展开竞争吗？他们不具备立法提价的权力，除非同时要求立法提高工资报酬。难道平等不是你们追求的目标了吗？

平等万岁！

千万别相信这个鼓吹者的鬼话。我们确实提高了木头、黄油和猪肉的价格，但我们这么做是为了给工人带来更高的待遇。我们这样做完全是出于慈善之心。

慈善万岁！

假如你可以通过城市关税来提高工资，就不应该通过关税来提高商品价格。巴黎人民需要的是公正，而不是慈善。

公正万岁！

正是商品的高价格才能带来高工资。

高价格万岁！

假如黄油的价格很高，究其根本不是因为你们支付给工人的工资高，甚至也不是你们得到的利润高，主要是由于巴黎糟糕的产业布局，因为那些本该在乡下生产的商品，你却坚持让人们在城市里生产；而那些本该在城市里生产的商品，你却坚持让人们在乡下生产。这并没有带给人们更多的就业机会，仅仅是调换了工作种类罢了。不是人们的工资提高了，而是他们不能再以低廉的价格来购买任何商品。

低价格万岁！

这个人企图用花言巧语来蛊惑人心。让我们更直接地来审视这个问题。难道不是吗？假如允许黄油、木头和猪肉进入的话，我们就会被淹没在这些商品中，难道这些过量的商品就不会拖累我们吗？所以，要脱离这种新型入侵，别无选择，只有将我们的大门锁得紧紧的；要想保持商品高价格，也只能通过人为地制造稀缺来实现。

稀缺万岁！

让我们来对这个问题的正确性商讨一番。把巴黎的全部物品都分配给巴黎人民，假如巴黎的肉、黄油和木头全部都变少了，那么每个巴黎人所能得到的数量就会相应地随之减少。现在，假如我们禁止进口这些商品，与允许进口时相比，商品的数量就会减少。只有商品总量充足了，我们每个人能够得到的商品才会更多。

充足万岁！

他说什么都无所谓了。他永远都不会让你们知道，限制竞争是对你们有利的。

反对竞争！

虽然说得滔滔不绝，他们不可能与你们共享由限制措施带来的好处。

反对限制！

对我来说，假如让贫穷的牧牛人、养猪人的日常生活无法维持下去，如果让他们成为理论的牺牲品，那么正常的公共秩序将无法得到维持。工人们，那个人是不能相信的，他是无情无义的诺曼底人的代理者，他从那里得到命令。他是个叛徒，应该对他处以绞刑。（群众默不作声）

巴黎人，我今天讲到的所有事情，早在20年前就已经讲过了，当时彼得正准备通过牺牲你们的利益借助城市关税的帮助来牟取私利。我不是诺曼底人的代理者。你们要是愿意的话，就对我施以绞刑吧，但这丝毫不会使你们的处境有所改善。朋友们，问题的关键并不在于雅克·伯霍姆或彼得谁更该死，而在于你们是不是真的对自由贸易感到害怕，你们是否受到了限制的伤害。

我们需要的不是绞死哪个人，我们需要的是个人自由。

第二十八章　鲁滨孙与星期五的争论

“什么是限制啊？”

“限制就是部分禁止。”

“那什么又是禁止？”

“禁止就是绝对限制。”

“那这两个词之间的关系又是怎样的呢？”

“这两个词之间仅仅存在着程度的不同而已。它们之间的关系可以用圆上的弧与圆本身的关系来表述。”

“所以，如果禁止是不利的，那么限制也必然不会带来什么好处。”

“圆上的一段弧实质上也就是圆的一部分啊。”

“那么笼统地用来称呼限制和禁止的词语是什么呢？”

“保护主义。”

“保护主义最终会造成什么样的后果呢？”

“人们为了得到同样多的成果需要消耗更多的劳动。”

“人们为什么会对保护主义制度如此情有独钟呢？”

“因为，当在自由贸易下人们为了得到等量的成果需要消耗更少的劳动时，人们会因表面上的劳动减少而感到害怕。”

“为什么说是表面上的劳动呢？”

“因为节省下来的劳动可以用在别的事情上。”

“别的事情，什么事情啊？”

“这不能确定，也没有确定的必要。”

“为什么？”

“因为，假如只用原来十分之九的劳动就可以生产法国消费者所消费的全部商品的话，至于人们将节省下来的那部分劳动去获得哪些新的满足，谁都不会知道。有人或许想穿得更体面一些，有人或许想吃得更营养一些，有人或许想得到更好的教育，还有人或许想得到更多的快乐……”

“请对保护主义的作用和效果进行一番解释和说明吧。”

“这可不是一件容易的事。在对复杂的案例进行考察之前，让我们先从一个很简单的事例开始吧。”

“请简单举例说明吧。”

“知不知道鲁滨孙·克鲁斯是怎样在没有锯的情况下制作出一块木板的？”

“知道，他先把一棵树砍倒，接着分别从两边开始用斧头修整树干，终于修整出了一块厚木板。”

“这样他是不是耗费了很多劳动？”

“足足两个星期。”

“那段时间他靠什么生活啊？”

“他的储备啊。”

“斧头有没有发生变化啊？”

“有啊，斧头最后变得很钝了。”

“一点没错。也许你对这件事并不知情：就在鲁滨孙·克鲁斯准备拿起斧头砍树时，他看到海浪把一块厚木板冲上了沙滩。”

“呵，真是太幸运了！他是不是赶紧跑过去捡了呢？”

“这是他最初的想法，然后他打消了这个念头并进行了下列推理：

假如我去捡那块木板，只要花点力气把它扛回来就可以了，所需要的时间只不过是在沙滩和山崖之间走一个来回而已。

然而，我要是自己用斧头制作一块木板的话，首先，所花费的时间肯定要足足两周；其次，这会让我的斧头会变钝，我还得经常磨斧头才能保持锋利；此外，我的储存也将被我消耗，我必须要花时间来充实我的储存。如此一来，劳动就是财富。很明显，假如我去海滩把那块飘来的木板捡回来，只会使自己的利益受损。目前保护我的个人劳动才是最重要的，幸好我很清楚这一点，我甚至不惜多跑几步路把那块木板踢回大海里去！”

“多么可笑的逻辑啊！”

“也许是吧。那些通过禁止进口外国商品的方式来对自己的国家实施保护的推理与上述的推理方法没有什么区别。他把能减少自己劳动的木板踢走了，其目的只是让自己付出更多的劳动。所有这些劳动都不会带来利润，甚至海关官员的劳动也是如此。鲁滨孙把漂来的木板踢回到大海当中所耗费的辛苦劳动就是很好的说明。只要把国家当作一个整体来看，你就不难发现，这些国家的逻辑推理与鲁滨孙的思路如出一辙。”

“难道他不明白可以用节省下来的时间做些别的事情吗？”

“别的什么事情呢？”

“只要一个人还有未能实现的愿望并且时间允许的话，他总是有事情做的。我没有必要在这里逐个列举出他可能会做的事情。”

“我可以非常确定地说出他可能忽略的事情。”

“我始终都认为，任何人都不可能是完美的，他混淆了劳动与成果，最后又混淆了劳动与取得方式，我马上就证明给你们看……”

“没这个必要了。真实的情况是，以最简单的方式揭示限制或禁止制度会造成某种错觉。假如人们通过这个例子，认为事情看上去很荒唐，其原因在于这个例子中消费者与生产者其实是一体的。”

“因此，接下来，我来举一个稍微复杂一些的例子。”

“好的。过了一段时间，在鲁滨孙遇到了星期五后，他们把各自的资源集中起来，联合经营一家‘公司’。上午，6小时打猎的成果是4筐猎物；晚上，在园子里工作6小时，采摘了4筐蔬菜。

有一天，有一艘大船造访了绝望岛。从船上走下来一个英俊的外国人，在得到许可后，他坐到了这两位独居者的旁边。他品尝了园子里生产的蔬菜并认为非常不错，主人送别他的时候，他对主人说：

‘慷慨大方的岛主，我居住的地方出产的猎物比这里还要多，但是那个地方的人对园艺一窍不通。假如你们愿意用2筐蔬菜进行交换的话，我每天晚上都可以不费吹灰之力地给你们带来4筐猎物。’

听了这些话，鲁滨孙和星期五要回去好好商量一番，他们的讨论非常有意思，下面是他们讨论的全部内容。

‘朋友，你怎么看待这件事？’

‘千万不要上当！假如我们答应的话，我们就毁了。’

‘真的是这样吗？我们认真地计算一下。’

‘我都已经计算过了，得到这样的结局是毋庸置疑的。这种竞争只会让我们的狩猎产业衰亡。’

‘我们要是接受猎物的话会产生哪些不同呢？’

‘你的书生气太重了！这不再是我们劳动的产品。’

‘没有关系，因为如果要得到这些，我们必须付出一部分蔬菜作为代价！’

‘我们能得到哪些好处呢？’

‘我们需要花费6小时的劳动才能得到4筐猎物。这个外国人只要我们用2筐蔬菜进行交换，我们只需花3小时就能生产出这2筐蔬菜。所以，我们获得了额外3小时的自由支配时间。’

‘你还不如说他们使我们的生产活动减少了，这正好是我们所损失的。劳动就是财富，假如节省了四分之一的工作时间，我们相应就会减少四分之一的财富。’

‘朋友，你犯下一个很大的错误。在进行交换之后，我们会得到同样多的猎物、同样多的蔬菜，但多出了3小时的自由支配时间。这就是我所谓的进步，否则世界上完全就不存在任何进步了。

你是站在总体的角度来看待这件事情的！我们怎样利用多出的这3小时？’

‘我们可以做些别的事情。’

‘啊！我找到你的症结所在了。你不能具体说出能做哪些事情，别的事情、别的事情——只是这样一说罢了。’

‘我们可以钓鱼，可以对我们的小屋进行装饰，可以读一读圣经。’

‘乌托邦！谁知道我们应该做其中的哪件事情？还是每一件我们都应该做呢？’

‘嗯，假如没有尚未得到满足的事情的话，我们还可以好好休闲一下。休闲对人不是有很多好处吗？’

‘然而，假如人们整天都无事可做的话，将会被饿死。’

‘我亲爱的朋友，你走进了一个危险的怪圈。猎物和蔬菜的供给并不会因为我所说的休息而有丝毫的减少。你是不是忘了在国际贸易下，我们每天进行9小时的劳动所获得的食物与我们以前劳动12小时所得到的食物一样多。’

‘你很明显不是在欧洲长大的。你看过《主导产业》吗？这本书中讲道：节省下来的全部时间都是损耗。最重要的是生产，而不是消费。假如我们所消费的不是我们通过劳动直接生产的，就不存在任何价值。你想知道自己是不是很富裕吗？其衡量标准不是你欲望的满足程度，而是你的努力程度。这就是《主导产业》向你讲述的道理。对我自己来说，我不是空泛的理论家，我只看到我们失去了狩猎业。’

‘多么深刻的见解啊，然而……’

‘不存在什么然而。而且，就算考虑到政治原因，也不应该让这些来自贪得无厌的外国人的商品踏入国门一步。’

‘政治原因！’

‘没错。首先，他们给我们提供的这些商品是他们的优势产业。’

‘这样不是挺好的吗？反过来，我们对他们来说也是一样的啊。’

‘那么，时间长了之后，我们就会对他们很依赖。’

‘但他同样会依赖我们啊。我们需要他们生产的猎物，他需要我们生产的蔬菜，我们的友谊将一直维持下去。’

‘你所说的内容都太抽象了！你想让我叫你永远闭嘴吗？’

‘走着瞧吧。我还是期待能得到一个更好的理由。’

‘这个外国人如果懂得了园艺，而他居住的地方又比我们肥沃。你认为会产生怎样的结果呢？’

‘没错。我们与这个外国人之间的关系会变坏，他可以在自己那里以更少的劳动获得蔬菜，他以后将不再需要从我们这里进行交换。他也不需要再给我们猎物，因为我们没有什么可以与他进行交换的东西了，因此，我们就会回到今天你所喜欢的这种状况。’

‘真是顽固不化！难道你没有看到，他会通过倾销他的猎物来毁掉我们的狩猎业？他还会向我们倾销他们的蔬菜，使我们的园艺业一败涂地。’

‘然而除非我们能给他别的东西，也就是我们能够生产可以节省我们的劳动的其他东西，这种情形会发生。’

‘其他东西、其他东西！你说了半天无外乎这个。你太脱离实际了，我的朋友。你的脑子都被不切实际的想法占据了。’

这场争论持续了很久，双方各执己见，胜负难分。然而由于鲁滨孙可以对星期五产生影响，所以他的观点就占了主动。当那个外国人来询问是否可以接受他的建议时，鲁滨孙对他说：‘外国人，如果要我们接受你的提议，必须向我们保证两件事情：第一，你们的猎物一定不能比我们岛上的还多，因为我们要保证同等条件；第二，在这笔交易中造成的损失你们要接受。因为不管是哪笔交易，总会出现一方得利、另一方受损的情况，如果你不承担损失的话，就会使我们的利益受到损害。你觉得怎么样？’

‘这可不行。’外国人说。接着，他大笑着走回了他的大船。”

“要不是鲁滨孙的想法如此荒唐的话，故事也不会有这样一个令人遗憾的结局。”

“欧特维尔委员会甚至比他还要荒唐。”

“哦，他们的情况特殊。在你讲述的这个例子里，首先，这个人过的是独居生活，然后两个人生活在同一个国家。这离我们现实生活中的世界很遥远，由于劳动分工、商人和货币的存在，都会使情况变得不同。”

“这些条件并不会改变交易的本质，但确实会让交易变得更复杂。”

“什么？简单的以货易货的交换方式怎么能与现代商业相提并论呢？”

“商业只不过是在一个更大的范围内的以货易货而已。从本质上来说，商业和以货易货是相同的，就像小规模劳动与大规模劳动本质上是相同的一样，或者就像在重力的作用下，一颗原子的移动与一颗星球的移动本质也是相同的。”

“那么，如同你所看到的，鲁滨孙的观点毫无说服力可言，我们的贸易保护主义的观点不也是无凭无据的吗？”

“是的。由于所处的环境变得更复杂导致错误变得更隐蔽了。”

“那样的话，怎么不用当前的情况做例子呢？”

“很好。在法国，由于传统习俗和气候的影响，衣服是不可缺少的物品。制作衣服和拥有衣服两者谁更重要呢？”

“这个问题问得太好了，为了有衣服穿，你必须要先制作衣服。”

“这倒未必。得有人做衣服，你才有衣服穿，这是毋庸置疑的。然而这并不意味着，消费衣服的国家和个人一定要亲自做衣服。你穿的华丽的衣服并不出自你之手，法国人早餐喝的咖啡也并不产自于法国。”

“然而我买了衣服，法国人买了咖啡。”

“确切地说，是用什么来买这些东西的？”

“用货币买的啊。”

“然而你并不生产用于制造货币的金属，法国也是一样。”

“我们购买金属。”

“用什么购买啊？”

“是通过卖给秘鲁的商品交换的。”

“所以，事实上，你用自己的劳动换来了衣服，而法国人则用劳动换来了咖啡。”

“确实如此。”

“所以，消费什么并不是就要亲自生产什么吧？”

“不会啊，假如我们生产用于交换的其他东西的话。”

“换句话说，法国可以通过两种途径来为自己提供需要的衣服。一种是自己生产加工；另一种生产别的东西，再用别的东西去交换衣服。哪一种才是更好的途径呢？”

“我并不确定这个问题的答案。”

“那种在付出等量劳动的情况下，可以得到更多衣服的途径不就是更好的途径吗？”

“话是这样说没错，似乎是这样。”

“通过自由选择的方式来获取衣服或者通过立法来加以确定，这两者哪一个更有利于国家呢？不妨确定一下哪一个会更好。”

“在我眼中，自由选择会更有利于一个国家，其原因在于，人们在这种情况下做出的选择总是明智的。”

“法律禁止进口外国的衣服，这意味着法国要想获得衣服，就必须由自己来生产，禁止生产别的东西去换取外国衣服。”

“的确是的。”

“由于国家用法律强制要求人们生产衣服、不允许生产别的东西，其原因是别的东西需要消耗较少的劳动（要不然就不需要用法律手段进行干预了），所以，实际上也就是说，如果法国自行生产一定量的劳动的话，只能产出1米的布料，而用相同的劳动生产出的其他东西通过交换可以得到2米的布料。”

“这是可以做到的。可我依然有些担心，外国人在向我们出售了布料之后会不会来买我们的其他东西，如果不买的话，我们将承受更严重的损失。不管怎样，站在你的立场上来看，这是个进行反对的理由。你完全赞同法国通过生产其他东西进行交换而得来的衣服所消耗的劳动要少于自己生产衣服吧？”

“毋庸置疑，确实这样。”

“所以，法国的一部分劳动力将会面临失业。”

“没错。但这并不会让法国人穿得更差——世界上的一切变化都是积少成多的。这些是鲁滨孙从来没有意识到的，也是保护主义者视而不见、坐视不理的。这块漂来的木板减少了鲁滨孙两周的劳动时间，至少他可以不用再花费两周的时间制作一块木板了，但这并不意味着他不能利用这两周的时间进行其他劳动。所以，我们一定要对两种意义上的劳动的减少做出区分：一种作为贫困的结果，另一种作为满足的原因。这两者之间的差别太大了，假如你认为它们是类似的，你的思维水平也就和鲁滨孙差不多了。在最复杂与最简单的情形下，谬误都是按照持续的时间和强度来判断的，而不是按照劳动结果来对劳动的效用。这就使经济政策更注重劳动的持续时间和强度的提高，从而忽视了劳动效果。”

第二十九章　限制与自由贸易

“世上不存在绝对真理。禁止或许是不好的，而限制可能是好的。”

“限制是禁止不允许进入的商品的进口。”

“农业是整个国家的基础，为整个国家提供食物。”

“更具体地说，为国家提供营养的是小麦，而不是农业。”

“农业与国家的粮食安全息息相关。”

“准确地说是小麦与国家的粮食安全息息相关。这也就是法律宁可选择通过农业劳动获得2公升的小麦，而不愿意获得4公升小麦的理由，假如法律不健全，这部分劳动如果被用在工业品的生产上，那法律的制定就不是关乎人类的粮食，而是关乎人类的饥荒。”

“限制国外小麦的进口将会促进国内农业生产的增长，所以对国内生产的增长是有利的。”

“这对农业向高山、石坡、戈壁以及沙滩的延伸是有利的。假如你给奶牛挤奶，一直挤就可以获得更多的牛奶，谁又能担保你不能再多挤一滴呢?但为了这滴奶你却要付出比之前更大的努力。”

“面包的定价要高一些，因为农民致富之后会带动工业企业主致富。”

“在面包稀缺的情况下价格才会上涨，可稀缺意味着人们变穷。”

“在面包价格上涨的同时，工资也有了相应的提高。可以用1847年4月，六分之五的工人靠救济生活的例子加以说明。”

“确保出售小麦的人能卖个好价钱。”

“不错，但这是以确保小麦的购买者能有高工资为前提的。”

“法律是由土地所有者制定的，他们提高了面包的价格而对工资却避而不谈，因为他们觉得当面包价格提高时，工资就会顺理成章地跟着提高。”

“那么依此推论的话，当工人制定法律时，就不要责怪他们只规定了高工资却只字不提对小麦的保护，因为他们知道，一旦工资提高了，生活成本的上升是水到渠成的事情。”

“那我们要怎么做？”

“公正地对待所有人。”

“一个大国很需要有钢铁产业。”

“一个大国很需要拥有钢铁。”

“服装产业对一个大国来说是不可缺少的。”

“更不可或缺的是，这个大国的公民都能拥有衣服。”

“劳动创造财富。”

“不是。”

“放血疗法与健康是两回事，但目标实际上都是恢复健康。”

“让人们去开采矿石，再从100千克铁矿石中提炼出1盎司的钢铁，这样就增加了劳动，财富也随之增长了。”

“禁止人们从附近河里取水，他们就要被迫自己挖井，这样他们就付出了无谓的劳动，他们的财富也并没有因此而获得丝毫的增长。”

“太阳无私地给了我们光和热。”

“这样甚好，我不用为看到东西而支付任何代价。”

“那么你本来需要的人工照明就意味着工业受损。”

“不是的。因为我不需要向太阳支付任何费用，那部分钱都用来购买衣服、家具和蜡烛了。”

“这些英国佬分期收回他们的投资。”

“可能会更好，他们甚至不要求我们支付利息。”

“贪得无厌的英国人在某地的矿藏发现了铁和煤。”

“甚至更好，他们就不会要求我们运输铁和煤了。”

“瑞士的土地富饶，基本上不需要什么成本。”

“真正得到实惠的是我们，因为这代表我们只需支付更少的成本就可以发展国内农业并供给食物。”

“克里米亚的土地不具有任何价值，因此不需要纳税。”

“由于这类税收不包含我们购买的小麦，因此可以说我们获得了利润。”

“波兰的农奴工作得不到报酬。”

“我们获得利润，他们处境艰难。因为他们的劳动并不包含在其主人向我们出售的小麦的价格中。此外，还有一些观点。别的国家比我国更具有优势。”

“从客观上来讲，我们通过交换分享了他们的成果。”

“实施自由贸易之后，我们将会淹没在面包、牛排、煤炭和大衣中。”

“因此我们不再饥寒交迫。”

“那我们的钱还能用来干什么呢？”

“这你大可不必为此担心。假如我们有充足的商品，是因为我们有能力购买；假如我们无力负担，那么我们不可能拥有充足的商品。”

“只要外国人用他们的商品和我们的商品进行交换，我就会支持自由贸易。然而，事实却是我们的钱被他们拿走。”

“博斯平原上并不能长出钱来，就像埃尔伯夫的车间不能生产出咖啡一样。对我们来说，向外国人支付现金与向他们支付咖啡并没有什么分别。”

“我们要吃肉。”

“那就允许进口肉。”

“一个没钱买面包的人，一定是买了牛肉。”

“这种情况就如同秃鹫先生对他的房客所说的话：

一个支付不起房租的人，肯定是自己买了一套房子。”

“政府应该向人们说明为什么？应该如何吃牛肉？”

“政府所要做的只是允许牛肉进口而已。世界上最文明的人根本就不需要别人的指点，因为他自小就非常清楚如何吃牛肉。”

“政府应该无所不能，应该给人们提供好日子，而人们所要做的就是接受别人的照顾。”

“独立于人民的政府存不存在？能够预见未来的人存不存在？阿基米德一辈子都在重复地说：‘给我一个杠杆和支点，我能撬动整个地球。’如果不存在杠杆和支点，他根本就办不到。民族是一个国家的支点，对国家满怀希望是一件无聊透顶的事情，因为集体智慧和预见是在假定个人愚不可及、鼠目寸光的条件下才存在的。”

"天啊，我并没有提出过分的要求。我只是以对小麦和肉征收进口关税为契机，来平衡法国征收的繁重赋税。这些关税也就与我的小麦价格中的税收部分数额相当。"

"很抱歉，可是我同样缴纳了税收。假如你所提倡的保护，也包括我购买小麦的价格的那部分税收，你的花言巧语无非是在我们之间做个安排而已。可以表述为：'我这一个小麦销售商，准备一分钱都不缴纳，而你，我的邻居，为了购买小麦，就要承受双倍的税收，也就是你的和我的共两份。我的邻居作为小麦的购买者，也许还想说些什么，然而你确实没有发言权。'"

"可是，对我一个已经缴纳赋税的人来说，的确非常不公平。那些外国人在市场上什么都不需要承担，而我还要和他们展开竞争。"

"（1）首先，这个市场不是你们的，而是我们的，我购买小麦，把小麦当作主食，我应该还是有发言权的。

（2）只有为数不多的外国人才可以不用交税。

（3）假如你所提倡的税收以道路、运河、社会保障等方式让你的收益大于成本，你还要求让我来承担就不合适了。外国竞争者不交税，但他们也相应地不能享受你所享有的道路、运河和社会保障等好处。如此说来还是存在一定道理的：'我希望征收一项补充关税，因为我的衣裳更华丽、马匹更强壮、耕地的犁也好于俄国的农民。'

（4）假如税收没能让你的成本得到补偿的话，就不要支持他。

（5）最终，税收通过之后，你希望自己能够免税吗？那就想办法把它转嫁给外国人。然而，关税会让我来承担你的税收，而仅仅我自己的那份税收都已经把我压得喘不过气来了。"

"俄国人的自由贸易是不可或缺的，因为如此一来，他们自己的产品就能以更高的价格来出售。"（这个观点也正是梯也尔在1847年4月一次会议上所支持的）

"到处都需要自由贸易，而且还具有相同的理由。"

"因为我们不生产钢铁，因此要依赖于进口。"（梯也尔）

"不胜感激！"

"我们的商船需要运货，但我们缺少返航的货物，因此我们的商船与外

国商船相比，显然缺乏竞争力。”（梯也尔）

“如果一个国家准备自己生产全部物品时，就不会存在出口和进口的货物。假如不允许外国商品进入，那么想拥有一艘商船就是无稽之谈了，当禁止一切海运时，马车就会派上用场了。”

“就算保护主义不是公正的，一切还是依据下面的规则来运行：资本用于投资；实现了权利；制度的变化必然会带来痛苦。”

“一定会有人从每一项不公正中获益（从长远来看，除了限制，或许任何人都无法获得好处）。要提醒大家特别注意的是一种混乱，在终结一种不公正时，从不公正中得到好处的人也会觉得自己遭受了不公正的待遇，让他产生这种想法的唯一原因是，他认为一时的存在就应该永远存在。”

第三十章　权利和左手

给国王的报告

陛下：

当看到提倡自由贸易的人在四处传播他们的教条，坚持要在财产权利之中包含买卖权利（从忠实拥护者彼尔奥特那里找到的一句妄语）时，我已经为我们国内工业感到急躁不安，在自由贸易制度下，法国人民会如何运用他们的权利呢？

您给予政府很大的信任，高度重视当前的严峻形势，并尽其所能找到保护措施取代目前运行的危险重重的体系，对政府来说是责无旁贷的。他们提议不允许对您效忠，以便行使他们的权利。

陛下，我们初步采取的措施看上去似乎有些怪异，请千万别因此对我们产生偏见。经过对保护主义制度的仔细研究，我们可以得到一个三段论，一切事物都不能违背这个基本规律：

越多地工作就会变得越富有。

克服的困难越多，就需要付出越多的工作。

所以，克服越多的困难，就越富有。

这里所谓的就是保护，假如不是创造性地对这个道理加以运用，如此令人信服和坚定有力，又如何能经受得住彼尔奥特缜密的思考呢？

请允许我们运用拟人的手法，假定国家是一个统一的整体，拥有3000万张嘴巴，相应的应该有6000万只手，制作了一块钟表，准备以此交换比利时的1000千克钢铁。

可是我们告诉他："你自己生产钢铁。"

"我不可以的，"他回答道，"这太浪费时间了，我制作一块钟表的时间生产的钢铁还不足500千克。"

"乌托邦式的梦想家！"我们回答道，"这也正是我们不允许你制作钟表，而让你来生产钢铁的原因所在。难道你看不到我们正在给你提供工作机会吗？"

陛下，您一定可以明察秋毫，这对国家来说意味着：不能用你们的右手工作，要用左手。

通过设置障碍来增加就业机会，这就是旧有的限制制度的基本观点。我们这次提出的新的限制制度的基础同样是这种观点。陛下，照这样制定法律是因循传统，并不能说是创新。

这种方式所能发挥的效力是无可比拟的。当人们习惯了工作的时候用右手操作，突然改用左手时就会存在超乎想象的困难。您将不会对此产生怀疑，陛下，假如您想试试我们这套制度的话，可以从您熟悉的事情开始，比如洗牌。所以，我们有点洋洋得意，因为我们提供了无数的劳动就业机会。

请陛下设想一下，对所有部门的工人来说，如果只准他们使用左手，就需要工人生产大量的可以满足消费者现有需求的商品，与我们在比较两种生产制度时通常的做法一样，我们假设消费者的需求是一个定值，对劳动力如此大规模的需求会带来工资的提高，贫困就像奇迹一般消失不见了。

陛下，您宽厚仁慈的心一定会为普通家庭也能得到这项法律的恩惠而感到欣慰，这些家庭一直让您牵挂在心。法国妇女的未来会怎样呢？更富有能力的男性在潜移默化中从各个行业中将妇女排挤出去。

在某一段时间内，她们可以在彩票办公室寻求一份工作，但冷酷的人道主义者关闭了彩票办公室，为什么关闭呢？他们说："为了节约，节约穷人本来就捉襟见肘的收入。”天啊，仅仅为了一块钱，幸运赐予的温馨、愉悦就被无情地剥夺了，穷人们会答应吗？他们每隔半个月就会用一天的劳动收入去购买彩票，当他们已经习惯了这样的生活方式之后，他们的整个家庭会很长时间都沉浸在幻想快乐的期待之中，他们生命中的全部快乐都被剥夺了，这本来是个充满希望的地方。住在阁楼上的一家沉浸在美妙的幻想之中：女主人希望得到一个让邻居们都无比羡慕的华丽衣橱；儿子梦想着自己成为一名出色的乐队指挥；女儿幻想着自己与未婚夫手挽着手走向神圣的婚礼殿堂。

一切事物都有它的道理，毕竟是美妙的梦！

啊，在穷人看来彩票充满着无穷的诗情画意，我们竟然把它取消了。

现在没有彩票办公室了，我们又能到哪里为这些女士们提供保护呢？烟草产业和邮政服务。

做一名烟草销售是没有问题的。因为烟草已经得到了越来越广泛的使用。这还要归功于上流社会的生活习惯，优雅的年轻人都以名流典范为榜样，所以就逐渐学会了抽烟。

可是这邮政服务就不好说了，对此我们先不做评价，因为会有一份专门的报告。

所以，除了烟草销售之外，还有其他适合女性的工作吗？除了刺绣、编织和缝纫基本上没有别的了——可惜的是，原始技巧的用武之地越来越有限了。

但是，一旦新的法律被颁布了之后，将全部的右手都砍掉或束缚起来，事情就能够峰回路转了。20倍、30倍的刺绣工、洗衣工、熨烫工、缝纫女工、女服裁缝和衬衣裁缝等，都不能满足国家的需求（会因此感到羞愧），总是假定需求保持不变。

尽管一个客观的理论家会认为，这是一个十分不妥当的假设，但是由于女士服装和衬衣的成本都上涨了，钢铁也同样如此，我们从矿产中提炼的铁与用葡萄园生产的产品换来的铁相比，要付出更高的成本代价。所以，这个观点正好可以作为对左手方案和保护主义的一种支持，因此对于高成本本身而言，可以作为结果，预示着劳动与努力的过剩，正是以此为基础，我们才会主张发展工人阶层。

没错，我们可以对繁荣的女装产业的现状进行一番描述。简直太繁忙了！太富有活力了！太活跃了！每件衣服经手的人数不只有5个人，而是50个人，所有的年轻女性都有事可做，我们就没必要把这场大变革的深刻意义向圣明的您进行解释了。它不仅可以给更多的女性提供就业机会，还可以使每个人的收入都适当地有所增加。假如说存在竞争的话，那么这种竞争不会是制作衣服的竞争，而是存在于优雅女士之间的穿女服的竞争。

陛下，请看，我们的建议有违政府的经济传统，不仅具有重大的意义，而且也充分体现了民主。

为了对后果做出正确的评价，我们假设已经实施了这个建议，接着穿越时空，来到实施该提议的20年之后。国家闲置的状况不复存在，就业稳定，每个家庭都安居乐业，每个家庭都充满了丰裕、和谐、满足和道德。贫穷和卖淫已经一去不复返。用左手工作十分笨拙，导致工作过剩，而待遇却很丰厚，一切事情的建立都以此为基础。因此，车间里变得拥挤不堪。难道不是吗，陛下？假如这个时候有个乌托邦梦想家崭露头角，主张将自由赋予右手，国家将会陷入恐慌之中。这个假想中的改革颠覆了所有人原本的生活状态。所以，我们实施的一定是优秀的制度，这个制度不可能不付出任何代价就被取消。

因此我们会产生不祥的预感，将来的某天会成立一个提倡右手自由的组织（人类真是冥顽不灵）。

我们感觉已经听到了提倡赋予右手自由的建议，在孟德斯鸠大厅，回响着以下一番话：

朋友们，你们自认为已经变得很富裕了，因为使用右手的权利被剥夺了，你所考虑的只是能给你带来更多的就业就会。然而，我恳请你们，也把因此造成的高昂价格考虑在内，并还要减少一切消费品的供应。这种措施造成的结果，并不是资本更充裕，而是资本的减少，还要用来支付工资。水只不过是由一个大蓄水池直接流向河道，改变了流动媒介，其总量并没有任何增加。国家最终会遭受财富的损失，也就是所有右手生产的产品多于左手多产出上百万的产品。所以，让我们建立一个组织，让我们努力争取双手工作的权利。

陛下，据说一个捍卫左手劳动的组织即将建立起来，这个消息很令人兴奋，提倡用左手劳动能够轻轻松松地战胜这一切的通则、投机、假说、抽象的理论和乌托邦式的幻想。需要他们做的是找到1846年的《主导产业》，上面有现成的对自由贸易进行反驳的观点，这个观点同样也可以对右手自由的论点予以有力的反驳，只不过对自由贸易换个说法罢了。

巴黎的自由贸易同盟从不担心会得不到工人们的拥护，然而现在工人们已经擦亮眼睛，不会再亦步亦趋，他们比哲学教授还更了解政治经济……他们回答道："自由贸易会让我们失去工作，而我们现在是拥有工作的。我们的命运在很大程度上依赖于就业。有工作，才有挣钱的机会，我们才一直能支付得起各种商品。然而，一旦失去了工作，即使面包的售价只有1苏斯每磅，工人还是会被活活饿死。当前，依照你们的教条并不能增加巴黎现有的就业机会，反而会使之减少，这就意味着，我们会因此而陷入贫困的境地。"（1846年10月13日文章）

当市场上存在过剩的商品时，的确会使价格下跌，然而与此同时工资也降低了，这样造成的结果就是，不仅不能买到更多商品，而且会无力购买任何东西。所以，当商品价格处于最低水平时，工人们的境地也是最糟糕的。（高士尔·德鲁姆里，《主导产业》，11月17日）

在其构思巧妙的理论中，倡导左手劳动的人混杂进一些威胁的话语并不存在什么不妥。这里有几句典型的话语：

"什么？你要想用右手来取代左手劳动的话，就算不会遭受彻底的毁灭，也会使工资以及整个国家的资源被迫减少。"

"所以，每次得到微薄的收入，工人们都会痛苦不已，他们会对未来充满忧虑，也更容易放弃自己一直坚持的明智的生产方式，而接受一些不好的观点。"

陛下，我们充满信心，以强说服力的理论作为武装，就算开始搏斗的话，左手一定会取得胜利。

还可能会建立一个组织，探讨是否存在右手论和左手论都正确的可能性，是否有第三只手存在的可能性。

对未经实践检验的粗浅理论误导的右手自由论进行描述之后，支持左手论的人巩固自己的成果，这个组织进行了如下的讨论：

我们能否认第三种情形存在于在这场冲突之中吗？这难道不是显而易见的吗？工人不仅要捍卫自己，还要反对那些墨守成规、安于现状的人，这些人认为最好的情况是不发生任何变化，那些怀揣经济改革梦想的人对改革的范围和后果没有做出充分的评估。（10月16日《民族》）

不管怎样，在陛下面前自揭其短处并非我们的本意。也许会有人说，在20年后，左手会和右手一样灵活，因此要想增加我国的工作机会就不可能寄希望于用左手的办法了。

针对这个疑问，我们会做出这样的回答，按照医生的研究，人类左边的身体存在天然缺陷，完全不必对未来的劳动情况担心。

那么，陛下，假如您答应颁布这项法令，将有一条伟大的规则被确立：劳动创造财富。这将有助于我们应用和发展这一原则。例如，我们能够规定只可以用脚进行工作，这是完全可以做到的（就像我们已经看到的），无论如何，总比用塞纳河的沙子炼钢要容易得多。人们或许已经知道既不用手也不用脚来写字。陛下请看，在您的国家中，我们并不缺乏增加工作机会的方法。实在不行的话，我们还能够通过截肢来弥补手段的缺乏。

最后，陛下，假如您不准备把这份报告公之于众的话，您需要注意的是，我们所提出的许多措施会使人类变得更强大。我们会在私人会见中对此进行详谈。

第三十一章　优势工业谬论

“在战争时期，一国取胜的秘密在于使用先进的武器，那在和平年代，一个国家的制胜法宝是不是优势工业呢？”

当把商场视为战场时，毫无疑问，这是个非常值得研究的问题，在战场上，弱者会被强者所替代。

假如确实如此的话，在通过生产劳动产品和人类的横征暴敛之间做出比较，确实令人感到哀伤和沮丧。假如两者在根本上就是不相容的，对其行为后果又如何做出比较呢？

假如商场真的如战场，优势工业是制胜的法宝，那我们又为何要关注进步或政治经济呢？因为上帝早已经为我们所生活的世界安排好了一切，人注定要处于压迫之中，反目成仇、不是你死就是我亡是必须要遵循的一条规律。

考虑到整个新政策的目的在于引导英国实行自由贸易，不少人提出了反对意见，我不得不承认，就算是最开明的人士，也会在无形当中受到这些意见的影响。英国是不是在做其他的事情，没有持之以恒地追求同一个目标？英国是不是从没想过要在世界上遥遥领先呢？英国具有劳动力和资本优势，但不引入自由竞争，其目的不就是为了阻止欧洲大陆的工业为废墟上的国民提供衣食住行的特权吗？

显而易见，这些担忧根本没有事实依据，我们的劣势被过分凸显了，我们的每一个主导产业不仅都占有了一席之地，而且还在与国外对手的竞争中不断发展、成长，总消费也理所当然地有所增加，这足以吸纳国内外的产品。

现在我建议，假设改变之前提到的全部因素和优势，从正面对这些不同的意见做出回应或许会更好。我要忽略英国和法国的一些特定差异来展开我的研究，即从总体上来看，一个国家是否可以依靠某个优势产业，成功地击败生产该产业的国外竞争者，从而战胜其他国家，且后者会更加依赖这个国家。或者换句话说，双方均未从中获得好处，只有这场商战的最终胜利者才是最后的赢家。

假如说产品只是耗费劳动的一种东西，保护主义的警告就显得很有道理。让我们用钢铁的例子来佐证，只有考虑到铁器制造商时，我们才会担心，一个缺乏矿石和燃料的国家与一个具有丰富铁矿资源的国家展开竞争，是注定会失败的。

然而，这样看待问题是否有失公允呢？难道仅仅只与钢铁制造商有关吗？难道与使用者一点关系都没有吗？难道钢铁最终的唯一结果就是被生

一个工人正在复杂的机器前操作，拍摄于1938年。

产出来而已吗？假如制造钢铁是有用的，其用途的大小与生产中投入的劳动无关（第一层意义），而是与钢铁的质量、硬度和柔韧性有关（第二层意义），假如从第二层意义上来说对我们不利，而从第一层意义上来说对我国有害的话，就算其生产不产生利润，这样外国人还会选择不降价吗？

一定要多加注意的是，外国人具备某些先天的优势，考虑到我们的现实情况，我们并不适合直接生成某些产品，例如上文所说的钢铁。我们国内不出产茶叶、咖啡、黄金和白银，这是不是意味着我国整个产业的不完善呢？不是的。这只不过意味着为了通过交换而获得这些产品，我们需要生产具有相同价值的其他产品，我们能以比他们更少的劳动来生产这些产品，我们因此就可以把更多的劳动用于其他需要的生产，从而变得更富裕、更强大。就算在某些特定的产业竞争中，那些国外厂商可以彻底击败我们，但还是节约了我们的劳动，同时也提高了我们的劳动生产力。外国人就是如此取胜的吗？

假如人们在法国境内发现了金矿，但这并不意味着开采金矿就一定会有益于我们。事实上，假如企业每盎司生产的黄金所需要的劳动比我们向墨西哥换取1盎司黄金的布料所需要的劳动还要多，那肯定就不去开采了。在这种情况下，我们可以把我们的织布机视为金矿，是否要自己生产黄金的道理对钢铁来说也同样适用。

之所以会出现错误的观点，主要是因为我们没有看到国内市场对特定劳动的需求被外国的优势所替代，所以我们才获得了益处。这就意味着，我们可以使用通过交换而产生的额外劳动。人类假如在水下生活，那就必须依靠管子提供氧气，从而就会创造出很多就业机会。当其他条件保持不变时，不管通过什么途径、使用什么手段来给雇用劳动设置障碍，都会对人们造成巨大的伤害。然而，假如停止劳动的原因是没有需求的话，比如由于人们换了新的环境，在新环境中很容易就可以吸收氧气，那么取消这种劳动就一点也不可惜，除非那些目光短浅、只顾劳动本身价值的人才会为此而惋惜。

机械化、自由贸易和各种进步慢慢取代的就是这种劳动。不是生产性的劳动，而是逐渐多余、过剩的劳动，它们漫无目的、不会有任何收获。而保护主义却逆势而为，要让这些劳动继续存在，就如同让我们回到水底生活一样，目的是让我们使用空气管子，迫使我们在国内矿产贫瘠的土地上开采金矿，并不是让我们去织布。可以用一个词来概括所造成的全部后果：无用功。

这里有一点需要搞清楚，我所提到的并不是暂时性的不良状况，也不是在坏制度向好制度转变过程中产生的，而是总体上的结果。任何一次进步都会遇到瞬间的扰乱，我们大可不必为转变感到过分紧张，然而扰乱不能成为我们拒绝进步的借口。人们对这一点还没有充分的认识和理解。

从总体上看，产业竞争似乎是一场冲突，然而这并不是事实，即我们的认识被局限在一个狭隘的范围内，对产业之间的相互作用没有全面的了解，也没有站在整个人类的高度来审视这一切。而且，还需要考虑其他方面：给消费水平和整个人类的福利带来影响。

这也是不适合将商业与战争进行比较，不能将两者放在一起加以研究的原因所在。

在战争中，弱者被强者所征服。

在商业竞争中，强者把优势传导给弱者。这一点足以说明不能将两者混为一谈。

英国非常强大，并且拥有精良的技术和大量的分期回收的投资，拥有钢铁和燃料生产的绝对控制权，这一切都会使产品的价格很低。那么受益于产品低成本的将会是谁呢？肯定是产品的购买者。

英国不可能彻底消除我们的任何劳动。他们可以做到的是，在既定结果的情况下产生一些剩余劳动，向我们供给空气，让我们可以丢开空气管子，从而使我们的生产能力得到最大程度的提升。还需要特别指出的是，对他们所说的，比我们优越的产业给予的回报越小，则他们的产业越具有无可比拟的优势。

所以，经过周密而可信的阐述，我们可以得出这样的结论，从本质上讲，劳动和武力是截然不同的，其所造成的结果也存在着天差地别，这一点是不管保护主义者以怎样的方法进行辩解都无法改变的。

为了证明这个结论，我们需要对作废的劳动和节省的劳动做出区分。

拥有的钢铁少是由于投入的劳动减少了，尽管劳动减少了，可拥有的钢铁却增加了，这两者之间不只是存在差异，其关系还是完全相反的。保护主义把两者混为一谈了，但我们对此却很清楚是这么回事。

假如英国投入大量的劳动力、资本、智力以及大量的自然资源来开办企业，其目的不在于炫耀，而是用于交换产品以使自己的需求得到更好的满足。他们当然要求得到的至少要与付出的相等，用国内生产的产品交换别的国家生产的产品。所以，假如他们的产品在我们的国家俯拾皆是，是因为他们希望我们的产品在他们国家俯拾皆是。在这种情况下，如果我们想得到更多的他们的产品，最佳方法就是在两种得到产品的方式中进行自由选择：直接生产或间接生产。运用英国的马基雅维利式的策略我们一定会选择最优的方式。

让我们停止这种幼稚的行为，不要再将产业竞争与战争进行比较。无论怎样信誓旦旦，错误的比较导致两个产业为了分出胜负而进行孤立的竞争。一旦从人类整体的福利结果出发，这个比较就不复存在了。

在战斗中，被打死的人就会永远消失，军队的战斗力也会因此而变弱。而在产业中，除非一个工厂的生产被其他工厂完全替代了，它才会宣布破产倒闭关门，因为从国家的角度来看已经出现了生产过剩。设想一下，在国家事务中，如果一个人被杀了，突然从地下冒出两个精力充沛的人会是怎样的情景。

当前，就是这个明显的情况决定了我们进行所谓的产业战争是极为不适当的。

假如可能的话，我们会选择让英国和比利时不断地降低钢铁的价格，直到我们可以无偿获得。他们很有可能利用这种手段让我们失去最后一座冒烟的火炉，用军队的话说就是，他们杀害了我们的一个士兵。然而我不认为这会对其他产业的兴起造成障碍，那些比被废掉的产业成本更低、利润更高的产业一定会出现。

因此，我们可以得出这样的结论，在战争中，根本不可能以优势工业制胜，而且这也是自相矛盾的，因为无论在哪个国家，任何一种优势工业的表现方式都是带来低成本的商品，最终把优势输送到其他国家。让我们取缔政治经济学中所有从军队中借用过来的词语：争取同等条件、征服、摧毁、抑制、击溃、入侵、贡品，等等。这些术语有什么含义？好好想想，根本没有什么意义。甚至还会得出荒谬的结论，并产生有害的偏见。这种表达方式对国际合作也是有害的，对世界和平也会造成影响，会延缓人类前进的步伐。

附　录

1.我们的产品包含税收

这其实是无稽之谈：有人提出对进入国内的国外产品进行征税，目的是使该产品与在法国国内生产的同类产品所负担的国内税收持平。这种说法也是很荒唐的，与我们之前思考过的创造同等生产条件的说法本质上是一样的。在国内对产品征税是一种人为阻力，其后果无异于自然阻力，都会导致价格的上涨。如果产品价格进一步上涨，甚至涨到比同类产品的交换价值还要高，那就放任该产品自生自灭吧。从自身利益出发，个人权衡利弊，选择对自己而言最佳的方案。实际上，我本可以请读者参考上文的论述，然而我一心要阐述清楚的谬误却在各种抱怨、各种诉求中复活，因为目前这种保护主义的论调还得到很多人的拥护，因此我觉得有必要对此做进一步的分析。

现在让我们分析一下对某种产品额外征税的情况。我赞成对进口的国外产品征收相同数目的同种税收。例如，我觉得免征进口盐的税收是很荒唐的，这并不是因为法国不对此产品征税导致利益损失而持反对态度；而恰恰相反，对进口征税是应该的。然而不管怎样，规律始终是规律，法国取缔了盐税会因此而受益，就如同克服任何阻力获益是一样的。不管阻力是自然形成的，还是人为造成的，这些阻力都是为实现财政目标而形成的。财政目标是必须要完成的，如果对在国内销售的进口盐免征税收，那么财政部的收入将会减少数十亿法郎，为了弥补这个缺口，它会通过增多其他产品的税收从而实现财政目标。为了实现某个目标而设置重重阻力显然是自相矛盾的。我觉得比较合理的做法是，一开始就通过征收其他税收筹集财政收入从而实现财政目标，而对法国自己生产的盐实行免税政策。在我看来，关税存在的唯一的合理理由是：目的不在于保护国内的产品，而是为了筹集财政收入才征收进口商品的关税。

但是，如果一个国家只是由于本国税收压力比邻国的压力大就想通过征收保护性关税与邻国展开竞争，那么这个国家的做法就大错而特错了，这也是我原本计划澄清的谬误之一。

我已经多次重申，在此我仅限于在理论上进行讨论，最大限度地揭示保护主义错误的根本原因。当我们与他们辩论的时候，我就会问："你们的关税为什么主要针对税收负担最重的英国和比利时呢？我把你们的观点作为借口是毫不过分的。"但是我并不同意倡导保护主义的人们纯粹是出于自利动机而没有掺杂任何其他宗教因素。由于保护主义受到太多人的拥护而致使人们看不清它的真面目。如果大多数人们都信奉自由贸易，那么我们就应该实行自由贸易。很明显，征收关税是由于自利的动机造成的，但是最关键的是我们真正信奉的是什么。帕斯卡尔说："信念的要件之一是意愿。"尽管如此，如果信念中既包含了意愿又包含了私密的动机，那么这个信念就不再是真实的。

现在让我们对以国内税收负担为前提的谬论进行分析。

一个国家征收税收，既可以起到正面作用，又可以起到负面作用。如果国家所征收的税收是取之于民用之于民的，它就能起到正面作用，当税收取之于民而用之于己的时候其所发挥的足以就是负面的。

首先，认为征税使一国的生产条件比免税国家的生产条件差，这种说法是不对的。虽然我们实实在在地向法院和警察支付了2亿法郎，但是我们从法院和警察那里收获了安全保障并赢得了时间。一个人人自保的国家的生产会更和谐、更兴旺，这是无法想象的。虽然我们花费数亿法郎来修高速公路、架设桥梁、铺设铁路，但是因此我们才有了高速公路、桥梁和铁路，除非这些设施是为了敷衍了事，否则我们的国家不可能比没有这些设施的国家更差。虽然，为了拥有这些公共设施，我们需要缴纳税金，但是如果不这样，就不可能有这些。我们认为这样做是值得的，这也得到了事实的证明。这也同时也是我们该指责对国内产品课轻税，对来自重税负国家的进口商品课征关税的原因。实际上如果税款得到合理运用，重税负国家的状况不仅不会恶化反而会使其生产条件得到改善。于是我们再次看到保护主义不仅违背了真理，而且与真理南辕北辙，已经变成了真理的对立面。

由于国内通过征税带来的收入很少，因此可以忽略不计甚至可以取消。但是最不合理的做法是征税只是为了一己之私而非为了公共目的，事实上，比较合理的做法是改变这种状况！因为国家向我们征收的税收已经太多了，因此“己所不欲勿施于人”，就没有必要对他人横征暴敛。

尽管保护性关税是向进口商品征收的，可是最终还是要转嫁到国内的消费者身上，真正的纳税人是消费者。如果直接告诉他们，那肯定会让人觉得很荒谬：“由于你的税收繁重，因此你购买的一切商品价格都提高了；由于征税你的一部分收入交给了国家，还有一部分就应该让垄断者拿走。”

接下来让我们对这个谬论进行深入探讨，尽管这个谬误非常奇怪，但是很多立法者对此都很信奉，他们支持非生产性的税收（这是以该假说为基础推导出来的），而且鱼目混珠，硬生生地将为了保护弱势产业而征收的税收和限制条件与筹集资金方式混在一起，相提并论。

很明显，如果税收是以国家的名义直接征收的，并且以补贴的形式进行分配来保护特定产业，那么无论如何保护主义都不会改旗易帜。

假设在法国的钢铁市场上，外国钢铁以不低于8法郎的价格来出售，法国本国产的钢铁售价不低于12法郎。

依据这个假设条件，为了使法国生产者在国内拥有市场，法国政府有两种方式可以做到。

第一种方式是对进口的外国钢铁征收5法郎的关税。很明显，这等于不让外国钢铁在本国市场立足，因为在这样的情况下，进口的外国钢铁在内市场售价就不能少于13法郎（即8法郎用来保本，5法郎支付税收），而法国产钢铁的售价只有12法郎，那么进口的外国钢铁必定被国产钢铁驱逐出法国市场。如此一来，采取该保护措施的全部成本将由购买者或者说是消费者来承担。

第二种方式是国家向公众征收5法郎的税款，专门对钢铁生产商进行补贴。其实这两种保护措施会产生相同的结果。这种情况下，进口的外国钢铁仍然无法进入法国市场，因为此时法国产钢铁生产因受到政府每单位为5法郎的补贴，其售价就会由原先的12法郎变为7法郎，而外国钢铁的售价为8法郎，很显然，外国钢铁依然无法在此立足。

这两种方式目的一样、结果一样，依我看来只有一样是不同的，即在第一种方式下负担保护成本的只是一部分人，而在第二种方式下，保护成本则由全体纳税人负担。

就我个人而言，我更倾向于用第二种方式。我认为这种方式更公正、更经济、更坦诚：说它更公正，是因为假如一个社会要对一部分人进行补贴的话，那么应该是人人有责；说它更经济，是因为这种方式可以节约若干成本并且可以消除各种限制；最后，说它更坦诚，是因为公众能够非常清楚地看到这种措施的目的。

如果保护主义者真的采纳了第二种方式，那么听到人们这样说我们一定会忍俊不禁："我们的税收负担很重，为了养活军队、法院，建设公共设施、公立学校，偿还国债等，一共有10多亿法郎。为了国家利益，为了救那些可怜的生产商与水火之中、可怜的昂赞公司[①]股东、走背运的林地主人和鳕鱼捕捞者，还要我们再负担10亿法郎。"

如果你进行了周密的思考，那么你就会相信这就是我想方设法要揭露的谬论。先生，你尽管为所欲为吧。如果你不从他人那里拿钱，就不会有钱给这些人；如果你固执己见榨干纳税人，就请你随便吧。但是你千万别认为纳税人是傻瓜，会信你所说的："钱取之于你用之于你。"

该谬论指导下的行为实在是太多了，我在此着重强调其中的三点。

也许你会认为，由于法国税收负担过重，所以有必要对这个或那个产业进行保护。但是不管是实施保护还是不实施保护，我们负担的税收不会减少一分钱。假如一个特定产业的代言人说："由于我们缴纳了税收，致使我们的生产成本提高了，因此我们要求征收保护性关税，以使国外产品与国内产品的价格持平。"这样做根本没有解决什么问题，只不过是将税收负担转移到他国。这样做的实质是以产品价格的提升（总额为该产业的税收）为代价换取产业的复兴。税收收入的最终流向是国库，涨价的最终承担者还是公众，所以这样他们不仅仅负担了自己该承担的税收份额，而且该产业的应纳税额也落到了他们身上。但是此时你会说，这样做使得人人都受到了保护。这种想法是荒谬的，这是不可能的，即使是可能的，补贴优势从哪里来的呢？其最终结果只能是我付给你、你付给我，而税收终究还是要缴纳的。

如此一来，你就变为空想的牺牲品了。你为了拥有军队、教堂、公立学校、法庭、高速公路等而向公众征税，同时又免除了许多产业的税收，千方百计将这些负担转移到公众身上。假如你能证明保护主义带来的价格上涨是

---

① 昂赞公司是当时的一家著名的法国公司，以开采法国东北部煤矿为主要业务。——译者注

由外国贸易商承担的，也许我还会认为你的观点有一点点合理之处。然而假如一项法律不管在实施前还是在实施后，法国纳税人都需要缴纳税金并承担关税，那么这样的法律是毫无用处的。

紧接着做进一步分析，就会得出如下结论：如果国内产品的税收负担越重，那么就越有必要敞开国门把税负较轻的外国产品引入国内市场。原因何在？因为这样做可以把很大一部分税收负担转嫁给在这些产品身上。在政治经济学中，难道把税收最终落到消费者身上不是毋庸置疑的公理吗？所以，国际贸易扩张的速度越快，国外消费者负担的包含在出口产品中的税收就越多，而按照我们的假设，进口商品所包含的税收比国产商品要少，如此说来，我们所负担的进口商品包含的税收要少很多。

最后，你认为实行保护主义制度课重税的理由是合理的，此时难道你没有想过这些理由是制度本身造成的吗？我很希望有人能明确地告诉我，假如贸易是自由的，那么供养这么多军队干什么……但话说回来，这与我们无关，这是属于政治家的事了。

请大家保持清醒，千万别犯迷糊，这跟我们没有任何关系。

2.无用的铁路

我曾经说过，正如已经发生的不幸那样，只要出发点是生产者单方面的利益，就必然会与整体利益产生矛盾，因为生产者认为，需求就是阻力、愿望和努力三方面综合作用的产物。

在波尔多的新闻报纸上，我看到一篇文章曾对这一观点进行了出色的阐释。

西米尔特[①]提出了下列问题：

从巴黎到西班牙的铁路运输是否应该在波尔多停靠？

① 即这篇文章的作者。——译者注

他给出的是肯定的答案，并为此列举了多个理由，如下所示：

从巴黎到巴约纳的铁路运输应该在波尔多停靠，因为假如有货物和旅客迫不得已在这个城市滞留的话，就会使这里的船主、搬运工、旅店老板等获得好处。

这再一次向我们展现了生产者的利益是怎样凌驾于消费者利益之上的。

然而，如果波尔多有从铁路运输停靠中获得利益的权利，且这一利益又不与公众的利益相冲突的话，那么昂古莱姆、普外提埃、图尔、奥尔良等，事实上全部的中间城市，包括卢菲克、夏特洛等都应当提出安排停靠的要求，这有利于增进整体利益（事实上是国内产业利益）。因为在沿线停靠得越多，向沿线停靠城市的仓储、搬运工和货车司机支付的金钱就越多。这样一来，我们的铁路运输线路就由沿线各个停靠点构成，也就成了一条无用的铁路。

无论保护主义者给出怎样的解释，无可辩驳的是，限制的基本原则与铁路沿线设置停靠点的道理别无二致，其结果都是生产者受益、消费者受损，异曲同工。

3.名为补贴实则抢劫

这本书给人们的感觉就是理论性太强、学究气太重、太抽象了。那这样吧，让我们从普通的、细微的地方加以分析，假如有必要的话，我也会尽量运用更平民化的行文风格。由于公众们已经坚信了保护主义政策，我始终都把揭示被掩盖的真相作为自己的职责。但是，看来如果不对公众们进行当头棒喝，他们是不会醒悟的，所以，我们必须大声呐喊：

“迈尔斯，迈尔斯国王，他拥有一对驴耳朵！”

真是一针见血，滔滔不绝的雄辩往往赶不上一席平常的话语所产生的效果。你对奥特龙应有所了解吧，一个不折不扣的愤世嫉俗者真的无法使奥特龙相信自己的所作所为是愚蠢的行为。

愤世嫉俗者：一个人在不经意间就会使自己变得愚蠢至极。

奥特龙：你说这种话是不是想告诉我，我要做的什么事情有些不妥呢？

愤世嫉俗者：我并不是这个意思。

可是……

奥特龙：我写得真的很差劲吗？

愤世嫉俗者：我也不是这个意思。但不管怎么说……

奥特龙：我能不能从我的十四行诗中找到一些可取之处呢？

愤世嫉俗者：坦白说吧，你应该做的是把它藏起来并且遗忘这件事。[①]

坦白地说，亲爱的朋友们，你们遭到了抢劫了。这种说法的确有失冒昧，但是至少可以把事情表达得很清楚。

大部分人看到抢劫、实施抢劫和强盗等与之相似的字眼就会觉得很不舒服。我倒想问问他们，就像阿巴贡问爱丽丝一样："你所恐惧的是这个词还是这件事？"[②]

"不管什么人，只要通过欺骗等手段占有他人的财物就构成了抢劫罪。"（《刑法典》第379条）

实施抢劫的定义为：通过偷窃或暴力占有他人财物。（《法国学术词典》）

强盗：索取的大于应得的。（我定义的）

那么，垄断者们通过自己制定的法律，强迫我以20法郎的价格从他那里购买在其他地方以15法郎就可以买到的商品，这难道还不算是通过欺诈途径从我这里拿走了5法郎吗？

他们难道不是利用盗窃或暴力手段占有我这5法郎吗？

他们索取的难道不是大于他应得的吗？

他的确拿了，他也的确是这样据为己有的，他的确索取了更多。然而，盗窃或暴力这两个强盗的特征却未必完全符合。

当垄断者从我们缴纳的税收中以补贴的形式拿走5法郎，并据为己有或强行索取时，与盗窃相比，这种行径可谓有过之而无不及，没有被蒙蔽的又

① 节选自法国戏剧家莫里哀的《愤世嫉俗》中的一幕。——译者注

② 节选自莫里哀的《吝啬鬼》。——译者注

有几人呢？对那些未受蒙蔽的人来说，当他们表示拒绝时，门外就会站着法警。这与暴力手段相比，难道不是有过之而无不及吗？

此外，垄断者从来也不必担心自己触犯法律。表面上的目的是补贴或关税，而实质上则是不折不扣的抢劫。与土匪恶霸有什么分别，但他们却不会触犯法律，他们简直就是按照法律的规定进行明抢。事实上这性质更为恶劣，但法官却对此放任自流。

另外，无论愿意与否，从这个角度来讲，我们充当着既是强盗又是被抢劫者的角色。就算是这段文字的作者，也会在买东西时喊“抓贼啊！”但当他对外出售东西时，购买者同样也会向他大喊：“抓贼啊！”如果说他和其他人存在不同之处的话，就是在这场游戏中，他得到的远多于他失去的，而其他人对此却一无所知。如果大家都一清二楚的话，这个游戏就不会进行下去，很快就会结束了。

第一个对这一现实做出正确判断的并不是我。以下是亚当·斯密[①]在60多年前就曾经说过的一段话：

就算是为了消遣或娱乐，做同类生意的人也很少聚集在一起。但是当为了谋划怎样对付公众，或者精心策划提高价格时，他们就不由自主地就到一起。[②]

这是否出乎人们的意料，但公众居然对此不以为意？

假定组建了企业家委员会，并召开会议制定一项总体的政策。会议是如何进展的？有什么实质性的结果？都达成了哪些共识？

在这里，对这次会议的片段进行简明扼要的叙述。

某船主甲：我们的海运贸易面临着十分严峻的形势（满腔义愤地喊

---

① 亚当·斯密（Adam Smith）是英国古典政治经济学的主要代表人物之一。他提出了自由主义经济理论，反对国家干预经济，促进了资本主义经济的发展。《国民财富的性质和原因的研究》（简称《国富论》）一书是斯密最具影响力的著作，这本书对于经济学领域的创立有极大贡献，使经济学成为一门独立的学科。《国富论》一书的重点之一便是自由市场，自由市场表面看似混乱而毫无拘束，实际上却是由一双被称为“看不见的手”（invisible hand 无形之手）所指引，将会引导市场生产出正确的产品数量和种类。但是如果自由竞争受到阻碍，那只“无形的手”就不会把工作做得恰到好处。因而亚当·斯密相信自由贸易，为坚决反对高关税而申辩。事实上他坚决反对政府对商业和自由市场的干涉。他认为这样的干涉几乎总要降低经济效率，最终使公众付出较高的代价。——译者注

② 节选自亚当·斯密的《国富论》，第十章，第二部分。——译者注

道）。这也是屡见不鲜的！没有钢铁我们用什么来造船？在世界市场上我找到了售价为10法郎的充足货源，但按照法律，我只能以15法郎的价格从法国钢铁商那里购买钢铁。我希望可以拥有自主决定到哪里购买钢铁的权利。

某钢铁商：在世界市场上，我应该支付20法郎的运费。按照法律的规定，船主向我索要30法郎，因此，他从我这里拿走了10法郎。这就是说抢走了我的钱，我也从他那里抢了钱，事情原本就是这样的。

某政客：船主所说的话非常不明智。无论在什么情况下，我们都要保持，团结就是力量。即便我们在一个微不足道的问题上对保护主义理论提出疑问，那么，整个理论体系无疑将会顷刻间崩塌。

某船主甲：然而保护主义让我们无法维持生计。我再重申一遍，我们的海运业务面临着灭顶之灾。

某船长：那很容易解决！我们可以将附加税提高，将船主向人们收取的运费从30法郎增加到40法郎就可以高枕无忧了。

某内阁大臣：政府会对附加税这个绝佳的机制加以充分利用，但恐怕即便加征了还是无济于事。

某政府官员：这点小事就把你们难住了。难道除了关税就没有其他好的方法了吗？你们不会把税收给忘了吧？也许消费者并不小气，纳税人也很慷慨。如果向纳税人征收重税，那么船主的要求应该可以得到满足。我建议每使用1公斤的钢铁就从公共财政中向造船厂拨付5法郎。

混杂的声音：支持这个建议！支持这个建议！

某农民：每一百公斤小麦给我3法郎补贴！

某纺织厂厂商：每米布给我2法郎补贴！

主席：那么我们已经达成了共识，这次会议的结果就是补贴制度的制定，这将是本次大会卓越的成就。企业怎么会亏损呢？现在我们不是运用了关税和补贴这两种如此简单的手段能够扭转亏损的局面吗？散会。”

在梦中我得到了某种超自然的知觉，因此我可以预感到，或许要实行补贴制度了（又有谁知道呢，谁知道我甚至预先向杜品[①]提到过这个想法？）。就在不久之前我写下了下面的这段文字：

① 杜品，即法国著名作家乔治·桑（1804—1876），有“法兰西的莎士比亚”之誉，为后世留下了大量书简和政论文章。——译者注

很明显，假如贸易保护主义的实现形式是由国家直接征税，然后再以补贴的形式向特权企业分配并用于赔偿的话，那么，无论是贸易保护主义的实质还是其结果都不会发生丝毫改变。

接下来，在比较了保护性关税和补贴后我继续写道：

我承认，补贴制度是我更加偏爱的。我认为，这个制度更公正、更经济、更诚实。如果社会要对其中一部分成员给予补贴，那么所有人都应该为此分担一点，所以说它更公正；在这种制度下，一大笔征收费用可以节约下来并且许多限制性措施也会得以撤销，所以说它更经济；最后，公众能够清清楚楚地看到整个运作过程，明白这么做的目的，所以说它更诚实。

让我们对这个名为补贴实为抢劫的制度进行深入的研究，因为目前正是一个对此进行讨论的天赐良机。对于那些名为关税实为掠夺的制度来说，这里所得出的结论也同样适用，尽管后者进行了更巧妙的伪装，但如果对明抢制度有了个清楚的认识，我们将更容易识破暗抢制度。因此，此项研究就由易到难、由简入繁地逐步展开。

然而是否存在更直接的掠夺方式呢？没错，车匪路霸就是其中的一种，只要合法化或取得垄断地位，或者有组织进行——这是现在他们的行话——就没问题了。

下面的文字是我在一本旅游的相关书籍中看到的一段话：

当我们来到某国，这个国家的各行各业没有一个不在抱怨自己所处的境地是多么令人失望。农民悲泣自己的生活有多艰难，制造商们牢骚满腹，商人们在联合抵制，船主怨声一片，政府官员不知所措，不晓得听谁的话才是对的。首先，政府就计划向这些不满的人征收重税，在扣除一部分留作己用之后，在这些人中间将税收收入进行分配，其分配原注就是在西班牙非常流行的抽彩给奖法。假如这个国家的人口为1000，国家从每个人那里都拿走1比索[①]，自己却扣下250比索，把剩下的750比索分为大小不等的份额分给参与者。这些受到尊敬的人得到0.75比索时，却不记得自己曾经为此付出的是

① 比索 （peso）是一种货币单位，主要在前西班牙殖民地国家使用。有的国家过去也曾使用比索作为本国货币的名称，但因为通货膨胀等原因，现在已不再使用。然而在这些国家（如玻利维亚），在日常生活中谈到货物价格时，仍常常使用比索一词。——译者注

1比索，他们还欣喜若狂、情不自禁地来到酒馆消费15雷亚尔[①]。这种情形和法国有些相似。如此一来，尽管这个国家还没有步入文明社会的大门，可是政府应该不会认为他们的人们都是如此愚笨，会对这种怪异的保护方式深信不疑，因此就出现了第二种方案。

这个国家的公路交通四通八达，政府对这些公路进行了细致的丈量和界定，接着对农民说道："无论你们采用偷盗还是抢夺的方式所取得的财物，只要在你们的管辖范围之内，都可以作为你们的补贴、你们的保护、你们的激励。"接下来给每位制造商和船主分配一个可供抢劫的路段，许可证可以采用如下的格式：

兹授予你在本段路途中进行：

偷窃

抢劫

盗取

欺诈

和骗取的权利

不受处罚

事情原本就是如此，如今这个国家的国民对这一制度已经并不陌生，他们关心的是自己都偷到了那些东西，而对自己被别人偷走了什么却并不关心，他们只是站在掠夺者的立场上来看待掠夺，以为国家的总体利润就是把个人的掠夺所得加总起来，而且他们还拒绝废除保护制度，因为在他们看来，没有一个国内的产业部门可以做到独当一面。

这是否会让你无法相信？你抗议，然而这并不是不可能的，对于依靠国民之间的相互掠夺来保证国家财富的增长的局面，整个国家上下却感到很满足。

为什么不可以相信呢？这种观点已经被法国全盘接受，并且对于补贴和以保护性关税为名义的相应的掠夺方法，还在进行进一步的设计和完善。

另外，我们不要言过其实。有一点我们还是可以取得共识的，就是从国家筹资的方法及其带来的影响来看，某国的制度也许还不如法国的好，然而

① 一种银币，面额小于比索。——译者注

我们必须要知道，这些方式的本质和结果之间并不存在很大的差别，这些方式无一例外都是各个产业在法律允许的范围内得到附加利益的掠夺行为。

我们还要知道，假如说车匪路霸这种罪恶行径会让人产生不安的情绪的话，那么相比之下，在关税的名义下进行抢劫的这种方式就显得稍好一些，也文明多了。

例如，很难在生产者之间平均分割所获得的收益，关税同样如此。由于其本质就是样，因此导致某些社会中的阶层，如工匠、商人、文人、军人等根本无法受到保护。

的确，对于补贴式掠夺来说，收益无限细分的问题也同样存在，从这点来看，这似乎与拦路抢劫差不了多少。并且，这种方式也会有一些缺陷，可能会导致荒唐的后果，该国的国民对此也不会感到满意。强盗的所得正是车匪路霸的受害者的所失，至少遭到抢劫的财物仍然在国内。然而，在以补贴为形式的掠夺制度下，从法国通过税收手段征收的所得，通常会补贴给霍屯督人、卡菲尔人或阿尔冈琴人等。

假设一匹布在波尔多的价值为100法郎，不可能亏本出售，也不会有人花更多的钱来购买，由于销售商之间存在着竞争，其价格没有提高的可能性。在这种情况下，如果一个法国想购买一匹布的话，他要么支付100法郎，要么选择放弃。但假如由一个英国人来购买这匹布，政府就会介入其中，并对商人说："你出售这匹布，我会对纳税课征20法郎作为你的补贴。"商人从来没有想过也根本不可能获得比100法郎还多的钱，所以他以80法郎的价格把这匹布出售给英国人。商人在得到了补贴式掠夺的20法郎之后，其所得的数额依然没有变化。所以，其结果就像是纳税人给了英国人20法郎，其实现方式就是英国人从法国人那里买布时打了20法郎的折扣，比我们自己购买时降低了20法郎。所以，补贴式掠夺就具有这样一个特征，强盗遍布世界各地，而受害人却在一个国家集中受到掠夺。

令人百思不得其解的是，人们却依然坚持认为，个人从别人那里盗取的一切财物都能视为总收益，认为这是既定的事实。尽管那种点石成金的白日梦已经远离人们多时，人们也再不会想入非非，然而，以掠夺的方式实现进步的理论依然得到很多人的支持。但是，从事实方面来看，这个理论真是幼稚之极，根本就没有一点可行性。

有人向我们提问："你们支持放任自由的政策？你们是深受斯密或萨伊的旧式学院派影响的经济学家吧？这就是你们为什么会反对产业规划吧？"好吧，先生们，你们就随便对产业做出规划吧。然而，我们要时刻提高警惕，防备你们规划掠夺。

还有其他许多人不断地说："补贴和关税都被肆无忌惮地滥用，必须要把它们进行具体化，防止滥用的发生。对于一个谨慎明智而审时度势的人来说，他所主张的应该是对自由贸易与保护主义进行折中。我们必须慎用绝对原理。"

用西班牙旅游者的话来评论，这种论调就是"车匪路霸"。这个聪明人是这样说的："其本身无所谓好坏之分，要根据实际情况才能做出判断。尽量使事物之间保持均衡，并使政府为维持这样的均衡付出的劳动得到可观的回报，这才是我们需要做的。抢劫行为或许被纵容得过了头，或许没有得到足够的授权。让我们进行仔细的考察、审视，让我们衡量一下每个工人的得与失。那些得不到充足收益的人，我们应该给他们提供可供抢劫的更长的路段，而对那些得到过多收益的人，我们应该对他们实施抢劫的时间长短做出限制。"

具有这种想法的人自认为是中庸、谨慎而明智的。最终他们都会位高权重，身居要职。

而那些持下列观点的人："让我们消除一切不公正，因为世界上根本就不存在所谓的什么部分公正；让我们联合起来抵制掠夺，因为那种部分掠夺或半掠夺根本也是不存在的。"这些人所传播的观点被认为是异端邪说，他们被认为是令人厌恶的梦想家，在永不停息地重复着相同的事情。其实，人们可以看到，这些都是些通俗易懂的论点。怎么会有人对如此简单的道理信以为真呢？

4.高价格与低价格

在这里向读者说明一下某些评论中对所谓的高价格和低价格产生的误解，我认为是十分必要的。我了解到，初看起来，人们会认为这是些十分深奥的评论，然而问题的关键不在于它们是不是真的很深奥，而在于他们所持的观点是否正确。在我看来，不能说完全正确，但完全可以使一部分人（为数不少的人）产生顾虑，使他们对贸易保护主义的功效深信不疑。

在对支持自由贸易、反对保护主义的原因进行说明时，我们必须要使用以下两个概念进行分析：高价格和低价格。自由贸易站在消费者的立场上支持低价格，而保护主义则站在生产者的立场上支持高价格。还有人从中间立场出发认为："生产者和消费者实际上是同一个人。"所以就很难从法律上确定其目标应该是高价格还是低价格。

在这种两难的境地中，法律唯一所能做的就是让价格自然形成，然而自由放任思想的死敌一定会对此大加反对。他们会全然不顾后果如何，主张用法律的手段进行干预。但不管怎样，坚持通过法律干预的手段形成高价格或低价格的人有责任对干预的依据做出合理的解释，并理应由他们来进行证明其是否成立。因此，这也就意味着直到可以证实相反的情况，自由贸易一贯的优点也就不言而喻了，因为自由贸易认为价格应该自然形成。

然而形势急转直下，支持高价格的人顺利地实施了自己的主张，现在该由赞成自然价格的人来对自然价格的优势做出解释了。有两个名词争论双方都有所提及，因此弄清楚这两个名词的确切含义就显十分必要了。

但是我们必须注意到，两个阵营中的斗士们会因一系列事例而倍感窘迫。

为了提高价格，保护主义者开始征税保护性关税，然而令他们意想不到的是，价格非但没有上升，反而下降了。

为了降低价格，自由贸易者有时成功地将自己的主张付诸实施，不过令他们瞠目结舌的是，价格非但没有下降，反而上升了。

比如，法国为了保护农业，对进口羊毛征收20%的关税，但事与愿违，法国国内羊毛的销售价格随即降到比征收关税之前更低的水平了。

在英国，为了保护消费者的利益，降低并最终取消了羊毛关税，但英国羊毛的销售价格随即提高到比实施关税政策前更高的水平了。

其实这些事件之间并非完全独立、毫不相关，因为一切商品的价格的升降都遵循一般价格规律，羊毛价格也概莫能外。在同等条件下会产生相同的结果。令人意想不到的是，保护性关税在很大程度上会使商品价格回落，而竞争却会导致商品价格上涨。

于是争论进入了混战时期，保护主义者对反对者说："正是我们的制度使你们所承诺的低价格得以实现！"而后者也不会甘拜下风："正是自由贸易实现了你们所夸耀的高价格！"

霍特维利街通过这种方式实现低价格，而在舒瓦瑟尔街实现了高价格？

很明显，这一切一定是出了差错，是一种假象，亟须澄清，而这正是我现在试图要做的。

假定存在两个孤立的国家，每个国家的居民都有100万。假设别的条件都相同，其中一个国家所拥有的一切物品（包括小麦、肉、钢铁、家具、燃料、书籍、衣物等）都是另一个国家的两倍。很明显，一国比另一国要富有一倍。

但是，不能因此就断言说这两个国家所拥有物品的货币价格一定不同，富国的价格水平或许更高。例如在美国，其全部商品的名义价格都高于波兰，但可以肯定的是，美国人在各个方面都比波兰富足。衡量一国是否富裕的标准不是商品的货币价格的高低，而是商品的富裕程度。所以，假如我们把保护主义与自由贸易比较起来，不是看哪一个带来了高价格或低价格，而是看哪一个带来了富足，哪一个导致了匮乏。

因为我们不得不指出，当产品进行交换之后，与产品的货币价格相关的是产品的相对丰裕和相对稀缺度，而不是两个国家居民的富裕程度。

让我们对这一问题进行深入的分析。

增加或减少关税造成的结果通常与人们的设想南辕北辙：实施高关税会导致价格下降；撤销关税往往伴随着价格的上涨。从政治经济学的角度，来解释这种违反常理的现象就显得十分必要。毋庸置疑，如实地描述各种事件并给出正确、合理的解释，这才是实至名归的科学应该做的。

那么，对于我们所讨论的这种情形来说，具有说服力的解释是，导致高价格的原因一定有两个，而不仅仅是一个。

对低价格来说，也是这样的情况。

政治经济学的一个最确凿、不容置疑的规律是，决定商品价格的是商品的供求状况。

因此，有两个因素会对价格造成影响：供给与需求。这两个因素处于不断变化之中，有时发挥着相同的作用，有时发挥着相反的作用。两种情形下都存在很大的不确定性。所以，价格是这两个因素相互作用的综合结果。

供给的减少或需求的增加都可能会导致价格的上涨。

供给的增加或需求的减少都可能会导致价格有所下降。

因此，高价格和低价格都有两种类型。

就高价格来说，较差的一种情形是供给减少型，因为这意味着稀缺和贫困（今年小麦的行情就属于这种类型）；就高价格来说，较好的一种情形是需求增加型，因为这意味着总体福利水平的提高。

同样的道理，由于充分的供给而带来的低价格是人们所希望的，但因消费者生活拮据而需求减少所导致的低价格则是令人痛心疾首的。

现在，让我们好好考察一下保护主义政策造成的后果——较差的高价格和较差的低价格：较差的高价格，因为货物的供给减少了，事实上也是他们公开主张的目标；较差的低价格，因为货物的需求也减少了，这样资本和劳动就会做出非理性的选择，消费者的负担也因为实施税收和限制措施变得更重了。

所以，对价格来说，这两种趋势所产生的影响相互抵消了，这也就是从长期来看，为什么这个同时限制需求和供给的制度，最终不能实现其提高价格的目标的原因。

但对公众的整体福利条件来说，这两种趋势所产生的影响并不能相互抵消，而是共同作用使人们的生活条件不断恶化。

自由贸易则会产生完全相反的结果。其结果或许也未能成功地使价格回落，因为其中同样也存在着两种趋势：一种是人们所希望的由供给增加而带来的价格的下降，即增加了富足的程度；另一种是需求的增加带来的令人愉悦的价格的上涨，比如由于收入水平普遍提高。对货币价格来说，这两种趋势也是相互抵消的，但两者都会对人们的总体生活福利发挥促进作用。

总而言之，实施贸易保护主义政策会使国家陷入衰退的状态，会使供给与需求都疲乏无力。而实施自由贸易制度，会使国家步入繁荣，会使供给和需求都很旺盛，但并不会必然导致货币价格的波动。货币价格并不能作为衡量一国富裕程度的标准，因为无论社会陷入贫困还是高度繁荣，价格都有可能会稳如泰山。

下面的评论或许能一语中的地说明这一观点。

法国南部的农民对于对付秘鲁很有信心，因为他们用关税把外国的竞争者拒之门外。尽管他们还是像约伯[①]一样家徒四壁，但他们坚信在保护主义制度下，他们迟早会变得富有。在这种情况下，假如用欧迪委员会[②]给他们提出这样一个问题："你是否愿意参与国际竞争——愿意还是不愿意？"他的第一反应是："不愿意！"据此，欧迪委员会自豪地宣称他们的观点受到了公众的普遍赞同。

但是，应该更深入地对这件事进行探讨。毫无疑问，外国竞争（事实上是一切竞争）总是让人感到不愉快。如果某个产业部门可以摆脱激烈的竞争，那么在一定时期内，该部门一定会获得丰厚的利润。

然而保护并不是孤立的特权，而是一项制度。如果用来保护农夫的利润，就会造成谷物和肉类的短缺；用来保护其他生产者的利益，就会造成钢铁、布匹、燃料和工具等的稀缺，最终，会造成一切物品的短缺。

如果由于供给的减少而使小麦短缺并由此造成价格上涨的话，那么用于换取小麦的其他全部商品的短缺则会造成对小麦的需求减少，进而使小麦的价格下降，所以从长期来看，小麦价格是否会比自由贸易制度下的价格高出1生丁，还不能确定。但由于整个国家所拥有的商品都减少了，人们能得到的商品总量也不如以前多了，这是确定无疑的。

---

① 约伯，《圣经》中的人物。约伯是上帝的忠实仆人，以虔诚和忍耐著称。——译者注

② 保护国内产业的委员会，巴黎商会主席、议员、法国贵族安东尼·欧迪（1776—1853）是其领导人之一。——译者注

农民真的该问问自己，只要国民们拥有财富，有能力购买并消费各种农产品的话，从国外进口一些小麦或家畜是否会对自己更有利一些。

假设法国有这么一个地方，人们衣不蔽体、食不果腹，仅仅靠板栗为生，你怎么指望他们能依靠农业发家致富呢？那怎样才能让这里出产可以带来更大回报的商品呢？肉类？他们不吃肉；牛奶？他们只喝水；奶油？在他们眼中太奢侈了；羊毛？他们的需求量少之又少。这是否可以说明，在保护主义影响下，这些消费者的产品价格在上涨的同时，也受到由于人们放弃消费而造成价格下降的影响呢？

农民的情况对制造业的厂商来说也同样适用。纺织厂商坚信，外国竞争会以增加供给的方式造成价格下降。情况也许如此，但其价格难道不会因为需求的增加而上升吗？难道对布匹的消费数量总是一成不变的吗？难道每个人都买到了自己所需的有能力购买的衣服吗？如果将一切税收和限制措施都取消，人们就会变得更加富有，难道人们在拥有财富之后不是首先用这些钱让自己穿得更好些吗？

问题——永远都存在的问题是，从保护主义政策中获益的是特定的产业部门，还是将各种因素综合考虑之后，保护主义限制性措施理所当然地比自由贸易更富有生产力。

如今，任何人都不会不假思索地就这么认为，否则人们就不会总是说，我们“理论上是正确的”。

如果真实的情况就是这样，如果保护主义的限制性措施是为了某特定产业部门的利益而不惜给社会的整体福利造成更大的损失的话，我们必须指出，货币价格本身反映的是每一特定产业与其他各个产业之间、供给和需求之间的关系。而接下来，实施这样的政策并没有使保护主义目标中的有利价格得到实现，而恰恰相反，这种政策的实施对有利价格的形成来说却是一种阻碍。

5.保护主义能提高工资吗

一位无神论者表现出了对宗教、神父和上帝的不满情绪。一个没有什么正宗信仰的人说：“你如果继续这样下去的话，我将会被你变成虔诚的信徒。”

当时我听说一些幼稚轻率的三流作家、小说家、改革家、矫揉造作的作者们纸醉金迷，他们的公文包塞满了金边债券[①]，或者他们通过发表反对自利主义、个人主义的激烈言论而赚取大量金钱时；当我听说他们公然挑衅我们这个无情的制度、为劳苦大众大声疾呼时；当我看到他们来到天国饱含热泪，为贫困、操劳的群众感到悲悯时（实际上他们从来都不曾遭受贫困，只是出于利益的考虑而进行著书立说时才会有所涉及），我要对他们说：“假如你们继续这样做的话，你将会使我将工人的死活置之度外。”

天啊，这是多么虚伪啊！这是当代丑态毕露的指责！如果由一个认真、严谨的人道主义者来描述工人们悲惨的真实生活，假如他的著作可以产生一定的影响力，那么他就会在第一时间遭到一群改革者的攻击。他们煞费苦心、含沙射影、颠倒黑白、哗众取宠、为达目的什么样的手段都使得出来。他们总会有抚平一切伤悲的办法，他们总以“协会”“组织”的名义来为你排除忧愁，解除困难；他们对你万分殷勤、趋炎附势、阿谀奉承，你便如奴隶般陷入被人控制的困境，正直的人不屑于对你的情况进行公开的关注，想想也应该明白，怎么会有人在这个令人反胃的满是谎言的时刻给你提供什么合理建议呢？

“事不关己，己不劳心”，这是一种懦弱的、有失正义的态度，对此我并不赞同，即使是装腔作势地提及也要好过于这种态度。

工人们啊，你们可知自己的处境是多么诡异！你们正在遭受别人的盘

① 当时一种很受欢迎的证券。——译者注

剥，至于这种盘剥是如何进行的，请听我稍后徐徐诉说……不，我改变主意了。不能在我们的言语中出现过激的表述，这可能引起歧义，没错，“盘剥”一词就很容易引起误解，被作为指认谬论的托词，这样一来，就使人们反对盘剥者的信念受到了动摇，于是对于盘剥就会听之任之了。但最终你的劳动果实还是被别人占有了，你也不会得到公正的对待。哦，如果大吵大闹后获得的那点安抚、那张空头支票、那点嗟来之食就能让你满足；如果那些“组织”“共同体”的幌子就可以震慑住你，那么你的这点小小的要求将会得到很大的满足。但并不会有人想要给你那种完完全全的公正。然而你得到了不公正的待遇，在长年累月地获得微薄的薪水之后，这点微薄收入又怎能满足你如此之多的需求呢？

也许某一天，我会告诉你协会、组织的本质，可以理解你早已被那些让你满怀希望的空头支票弄得昏头昏脑了。

同时，让我们看看人们是否制定了对你不公的法律，不仅规定你该向谁购买诸如面包、肉类、衣物和羊绒之类的商品，而且规定了你需要支付的费用。

这与保护主义政策不是如出一辙吗？它的确提高了你所购买的任何一件商品的价格，在这一点上这对你是不利的，但保护主义不也相应地使你的工资有所增加吗？

决定工资高低的因素到底是什么呢？

有位工人给出了非常简洁的答案：当两个工人同时在一个老板那里竞聘时，工资水平就会下降；当两个老板争抢一个工人时，工资就会上升。

为了简单起见，我用学术（但可能不易于理解）的语言表述一遍：工资的高低取决于劳动的供求状况。

那么，是什么决定了劳动的供给呢？

是市场中工人的数量，这点保护主义是无能为力的。

又是什么决定了劳动的需求呢？

是国内可供投资的资本数量。不过资本的数量是否会由于保护主义“人们不应该购买国外产品，全部产品都应该由本国生产”的主张而有所增加呢？根本不会。资本或许会因为这个主张在不同的产业之间进行转移，但不会给可供投资的资本数量带来丝毫的增加。所以，保护主义不能使劳动的需求获得增加。

人们会对某个产业引以为傲。难道使该产业得以创办的资本及整个产业的建立都是从天而降的吗？当然不是，农业、水运或白酒制造业都是这些资本的来源。这也就解释了为什么征收保护性关税，有更多的工人会聚集在我们的开采业、工业城市的市郊，而港口的水手、田间劳作的农民和葡萄种植户会减少。

对于这个问题，我要进行详细论述，但我还是希望通过例子来说明。

某农夫拥有一个农场，占地1.2万平方米，他的投资是10000法郎。他将土地分为四块，并依照下列顺序轮流进行耕种：最初是玉米，第二是小麦，第三是苜蓿，第四是黑麦。他和家人的需求只是农场产出的一部分谷物、肉类和奶制品，剩下的部分拿去出售后用于购买油、亚麻、白酒等日常用品。每年的资本都用于支付工资和从邻近农场雇用的临时工报酬。这项投资来自他的销售，资本每年都不断增长，农夫清楚地知道，如果不把钱投入生产就不会有什么价值，每年的剩余可用于建造篱笆、平整土地、改善农业设施和农舍，提高工人的报酬。他甚至在附近的银行有了一笔存款，然而银行并不会任凭这些钱闲置在金库里，而是借给创业的船主和企业家，所以这部分钱陆续也会以工资的形式支付出去。

没过多久，农夫死了，他的儿子继承遗产，他对自己说："坦白地讲，我父亲一生都无所作为。他从普罗旺斯[①]购买橄榄油，将钱拱手相让，我自己也完全有能力开辟一小块田地用来种植橄榄树。他从布列塔尼、梅多克和海耶尔岛[②]购买亚麻、白酒和橙子，同样将钱拱手相让，而无论如何，亚麻、葡萄和橙树都能够在自己农场里种植。他又让磨坊主和织工从我妈这里赚到了钱，事实上织布、磨小麦粉完全可以由我们的仆人来完成。他把自己给毁了，而且，还把原本可以由自己人赚取的工资拱手相让给外人。"

在这种思想的驱使下，这个鲁莽的年轻人改变了农场的轮种制度。他把土地分成20块，在第一块上种植橄榄树，在第二块上种植桑树，在第三块上种植亚麻，在第四块上种植葡萄，在第五块上种植小麦……如此一来，他过

① 普罗旺斯是法国东南部的一个地区，毗邻地中海，和意大利接壤。——译者注

② 梅多克位于法国西南纪龙德河畔，是一个典型的农业区；海耶尔岛地处地中海沿岸，毗邻普罗旺斯。——译者注

上了自给自足的生活，并使自己彻底摆脱了对他人的依赖。他不再从货物的一般流通中获取任何物品，他的任何东西也都不再进入货物流通领域。通过这种做法他是否就会变得更富有呢？答案是没有，原因在于他的土地根本不适合葡萄的生长，气候条件也不利于橄榄树的种植，更何况，长期来看，其父亲通过交换而得到的家庭所需物品的供给比这种做法要充足得多。

而雇员所付出的劳动并没有丝毫增加。准确地说，他们需要耕种的地块数量是之前的5倍，但每一地块的面积却是以前的五分之一。农场种植了橄榄树就使种植小麦的面积相应地减少了。农民不再从别处购买亚麻，但也没有了可供出售的黑麦。而且，支付的工资不超过他的资本，这些资本在新的作物轮种制度下不但没有增加，反而减少了。在复杂的新种植制度下，很大一部分资本被用来建造房屋和购置所需的生产器具。这样做的结果就是，在劳动的供给未发生改变的情况下，可用于发工资的资金却减少了，于是工资的下降就是不可避免的了。

这就是一个国家构筑关税壁垒、自给自足的结局，当然这只是一个小小的缩影。如果产业的种类有了成倍的增加，那么它的重要性就会有所降低。这就意味着，一个多种产业并举的体系会变得更加复杂，其结果并不是更多的产出，反之亦然。原因在于一定量的资本和劳动所需要克服的困难增加了，很大一部分流通资本（工资基金的构成部分）就必须转变为固定资本，不管工作情况发生什么变化，剩余的部分的总额没有增长。如同水一样，要想保持充足，就必须积蓄在池塘、水库等蓄水设施中，倘若覆盖了更多的土地、日晒的面积过大，就会有更多的水会被吸收、蒸发，进而流失掉。

既定数量的资本和劳动的生产力与遇到的阻力之间呈反比例关系。毫无疑问，与气候、温度等因素相比，资本在国际流动所遇到的壁垒阻力可谓有过之而无不及，最终都会使产出减少，也就是说，结果是减少了用于满足消费者的产品。那么，如果用于满足人们需求的商品的总供给减少了，又怎么会使工人的报酬增加呢？如果真的增加了，就只能假定财富不仅随着生产总量的减少而减少，还因（他们所谓的）工人报酬的增加而进一步减少。这种情况是不可能存在的，也是不足为信的，有充足的证据和理由来驳斥这种工人工资随之增加的谬论。

6.财产与法律

我的同胞们对我充满信心，所以赋予了我议员的头衔。

如果我也像卢梭那样理解这个头衔的含义，那我一定会拒绝接受这种荣幸。

他说，“无论是谁，如果有足够的胆量许诺创建一个国家”，那他肯定觉得“自己具有改造人性的能力，换言之，要把每个就其自身而言完美无缺、作为一个独立的整体而存在的个人，改造成一个从属于一个更大整体的微小的组成部分，个人由此而获得生命并得以存在，要改造人的肉体结构，使其更加强壮……如果现在很少看见伟大的君主，那么，伟大的立法者就更罕见。君主只是在遵从他人已创立的规制行事，而后者才是造物主，这台机器是他发明创造的，前者只不过是负责启动和关闭这台机器的操纵者。”

卢梭相信，社会是由人创造出的一件物品，所以法律和立法者的地位是极其崇高的。他认为立法者和普通人之间存在着一条永远无法逾越的鸿沟，在他看来，法律不仅应该改造人，还应该创造或者消灭财产。而对我来说，社会、人、财产都是先于法律而存在的，特别是财产。我必须澄清的一点是，并不是先有了法律才有财产，反之，是因为有了财产才有了法律。

这两种认识之间的对立包含着重大意义。因为我们一直不肯正视由此而得出的结论，所以，我希望大家给我个机会，让我更为准确地说明这一点。我首先要声明的就是，我在这里使用的“财产”一词，仅是指它的一般含义，并不包括其特定的含义，即土地财产。但是，让我或许还有许多经济学家同样感到遗憾的是，这个词经常会让我们不自觉地联想到土地占有。而我对财产的理解，是指劳动者对他的劳动创造的价值所拥有的权利。

如果所有人都能接受我对这个词的理解，那么，我想问一下大家，在你们看来，是法律把这种权利创造出来的吗，还是恰巧相反？法律根本没有创造它，它是先于并高于法律而存在的；是否有了法律的存在，财产权利才会出现？或者恰恰相反，财产权利先于法律存在这是一个扳不倒的事实，法律的出现也是由这种权利导致的。如果实情是第一种，那么，组织、完善财产权就是立法者的职责。只要他觉得对社会有益，甚至可以取缔财产权；而如果第二种说法有道理，那么，立法者的权限就仅限于维护和保障财产权利。

在现代最伟大的思想家拿麦莱（Lamennais）①起草的一份宪法草案的前言中，我们看到了这样的句子：

“法国人民宣布：他们已经认识到了，权利和责任先于并高于所有成文的法律，并且不依赖于这些法律而存在。”

“这些权利和责任直接源来源于上帝，它们构成了三条信念，我们可用几个神圣的单词来表达，那就是：自由、平等和博爱。”

对这些话我感到有点疑惑——为什么他没把财产权包括在内呢？这种权利也是源自上帝呀，它也先于法律呀，为什么会成为法律存在的根源所在呢？

不像一些人所想的那样，这个问题既没有理论性也没有价值。恰恰相反，这其实是个重大的、根本性的问题，同时也是当前社会最迫切需要解决的问题。我希望大家在看完我对有关财产、法律的起源的两种思想体系及其后果的比较后，能够发自内心地相信这一点。

经济学家相信，财产和人的存在一样，都是上天的旨意。法律不可能赐予一个人生命，同样，它也不可能带来财产。财产是人性的必然结果。

从这个词的完整意义上说，因为人生来就具有一些需求，只有满足了这些需求他的生命才能得以维系，所以，人生来就是一个所有者。人生来就具有各种器官和官能，而要这些器官和官能得以正常运转，同样也要满足他们的各种需求。官能不过是人的延伸而已，而财产无非是人的官能的延伸而已。如果硬要把一个人与他的官能分离，最后只会害死这个人；如果把一个人与他的官能所创造的产品分开，这个人也同样会死亡。

有这样一些政治理论家，他们热衷于探究上帝当初应当如何造人。而我们研究的，则仅限于上帝事实上是如何造人的。我们注意到，对于人来说，如果他们的某些需求得不到满足，他们就无法在这个世界上生存；他如果不

① 拿麦莱（1782—1854），法国哲学家，天主教司铎，改革家，工人阶级的忠实捍卫者，力图将天主教理论与自由主义相结合。——译者注

劳动，不去创造价值，他就得不到满足自己的需求的那些东西；如果他不能确信可以用自己的劳动果实来满足自己的需求，那他就一定不会主动积极地去劳动。

基于此，我们才相信，财产就是这样神圣地形成的，人们制定法律的目的就是保护或保障其财产。

世界上先有财产而后才有法律，这一点是不可改变的，就连尚没有法律或者最起码尚没有产生成文法的野蛮人，他们也必定承认这样一个事实。如果一个野蛮人付出大量的劳动为自己建造了一间小草房，那么他对这间房子的占有权或所有权是毋庸置疑的。另一位更强壮的野蛮人也可以抢走他的这间小草房，但整个部落会因此而产生战争是不可避免的。而正是这种暴力的滥用，促成人们达成了协作、共同协议和法律，试图通过公共警察的暴力手段来保护个人的财产。所以，法律天生就是为了保护财产而存在的，而并不是像有些人说的，法律是先于财产出现的。

我们说，动物之间也是承认财产原则的。燕子辛辛苦苦地自己建造巢穴去养育自己的后代，植物也是通过吸收营养和占有特定区域内的土壤、空气、盐分等一些东西才能生长发育。如果它们吸收、占用的过程被打断，那它们就会枯萎、凋零直至死亡。

人同动植物一样，也要占用某些东西才能生存、发育、成长。占用是一种自然的现象，对于生命而言是天赐的，是根本性的；占有的正当性是由人类辛勤劳动所赋予的。如果劳动使某些以前不能利用、不能占有的物质可以被利用、被占有，那么，我就不明白了，为什么有些人要声称这种正当占有的目的是造福他人，而不是为付出劳动的本人带来好处。

法律的产生正是为了回应这些基本的事实，回应人性的必然。生命和自我发展的欲望引诱人们弱肉强食，这侵犯了弱者对自己劳动成果的所有权。于是，大家纷纷同意，将社会上的所有人的力量集聚起来，用来防止和镇压此类暴力侵害行径。因此，法律的职责就是保护财产权利。人们所达成的协议创造出的不是财产，而是法律。

现在，我们来探究一下相反的理论体系的根源。

我们过去的所有宪法都宣布，财产是神圣不可侵犯的。这一事实似乎在告诉我们，社会组织的目标就是能让私人社团或个体通过自己的劳动自由地发展。这也说明一点，财产先于法律而存在，一直以来，法律唯一的目的就是保护财产。

然而，我想知道，我们的宪法中是否真有这样的规定，换句话说，这是不是一个虚伪得不能再虚伪的一句话，是一个形同虚设的规定。最重要的是，我们社会信念是不是就是以这一条为基础来构成的。

如果像有些人说的那样，文学的确是社会的某种反映，那么，我们就不能不对上面所说的这一点有所怀疑。因为那些政治理论家们谦恭地赞美过财产原则后，又开始深情地呼唤法律的干预。他们这样做的真正目的不是要求法律保护财产权利，而是要求法律管理、矫正、削弱、改造甚至均分财产、信用与劳动。

于是，大多数人就认为，法律拥有对于人身和财产的绝对权力，这样一来，这种权力也同样为立法者所拥有。

这点也许让我们很难接受，但我们却不应对此感到惊讶。

从拉丁和罗马时代开始，我们就已经抛弃了我们关于这些事情的看法，甚至是权利的基本。

虽然，我没有研究过法律，但是我也知道，我们的理论的源头是罗马法，可惜的是，我们把它们当中一些错误的东西当成了正确的。罗马人必然会把财产看成是某种纯属约定的东西，即成文法的某种产物，或是某种人为创造出的东西。很明显，他们不会像政治经济学家一样去追溯人的本性，也不可能察觉人的需求、官能、劳动与财产之间所存在的关系和必然的联系。如果他们这样做，那就太荒唐了；这对他们来讲等于自杀。因为当时，他们靠掠夺为生，他们通过掠夺获得财产，他们生活方式的基础是奴隶制，所以他们不可能有那种认识。如果他们把财产的真正权利来自自己的劳动这一观念贯彻到立法活动中，一定会动摇他们的社会根基。不，他们不会这样想，也没办法这样想。他们不得不满足于对财产下一个纯粹经验的定义——“使用和滥用的权利”——这个定义仅仅是指出了一个效果而并没有说明其中的理由或是根源。因为，他们对这一事实只能假装看不见。

众所周知，19世纪的法律科学仍然是以古代阐明奴隶制合法性的诸原则为基础的。这让人感到悲哀，但却觉得很好理解，因为在法国，法律学说被某些人垄断着，而进步被垄断排斥着。

的确，法学家不能创造一切公众舆论，但我们得承认，目前法国的年轻人却能很轻松地接受法学家们关于这些问题的错误观念。这是法国的大学和神学教育起主导作用的结果，因为在我们人生最美好的10年中，这种教育为我们营造的并使我们深陷其中的就是渗透着罗马社会的战争和奴隶制精神的氛围。

所以，当我们看到这样的景象——18世纪的人们在重复罗马人认为财产问题就是关于习俗和法律制度的问题这一观念时，我们就不觉得惊讶了。因为，在他们看来，法律根本不是财产的逻辑结果，恰恰相反，财产是法律的逻辑结果。大家都知道，对于卢梭来说，财产甚至整个社会，都是某种契约、某种发明的结果，是立法者精神的某种产物。

“社会秩序是一种所有东西赖以为基础的神圣的正当性。”然而，这种正当性却不是自然形成的，它是根据约定确立的。

可见，让其他所有东西赖以为基础的正当性，纯粹是约定性的。因此，作为次一级正当性的财产，也具有约定性，而并非源于自然。

罗伯斯庇尔完全继承了卢梭的衣钵。这位门徒关于财产问题说的每一句话，我们都可以在其导师的理论甚至诡辩中看到。

“公民们，首先，我要向你们提出几个想法，目的就是让我们的财产理论完善起来。你们千万别被这个想法吓倒。不要害怕，你们这帮只知道崇拜金钱的肮脏灵魂，我并不是要把你们的财富弄到我手里，毕竟，这些财富既肮脏又堕落……相反，我宁可出生在法布里修斯（Gains lucinus Fabricius）[①]的草屋中，也不愿出生在卢卡拉斯（Lucullus）[②]的宫殿中”。

这里我们要注意，如果一个人在阐述他对财产概念的理解的时候，把这个词和富裕画上等号，那很糟糕；如果他把财产等同于通过不正当手段获得的财富，那就是非理性的、危险的。法布里修斯的棚屋和卢卡拉斯的豪宅一样，都是一种财产。不过，我请读者注意下面一段话，这段话就可以概括这种思想体系：

① 法布里修斯（Fabricius），古罗马著名的将军和执政官，为人诚实正直。他以清廉著称于世，一生没有积蓄，就连他死后，女儿出嫁的嫁妆都不得不由国家来提供。——译者注

② 卢卡拉斯(Lucullus，约公元前110—公元前56)罗马大将，曾任财政官、行政长官等，因其住宅的豪华、宴会的华美而闻名。——译者注

“想要捍卫自由——人类最基本的需求，最神圣的自然权利，我们完全可以准确地说，自由，就是对其他人权利的限制。那么，为什么你们不把这一原则运用于社会创造出来的财产？就好像在说，永恒的自然法则比人的约定俗成更没有神圣性。”

在给出了这么一番导言式的评论后，罗伯斯庇尔开始阐明自己的原则：

“第一条：财产权是每个公民享有和支配法律为他提供的那一份物品的权利。”

“第二条：财产权跟所有其他权利一样，要被限制在尊重他人权利的范围内。”

于是，罗伯斯庇尔就这样把自由和财产阐述为对立的两截。事实上，自由权和财产权的来源大相径庭：一个来源于自然，另一个则是社会创造出来的；第一种是自然的，而第二种则是约定俗成的。罗伯斯庇尔对这两种权利施加了同样的限制，这样，人们必然会觉得，这两种权利的起源其实是相同的。不管我们讨论的是财产还是自由，都得尊重他人的权利这一点毋庸置疑。而在他看来，这种尊重不会摧毁或削弱该权利，反而是把该权利强化了。恰恰是因为财产和自由都是先于法律而存在的权利，所以，只有以尊重他人同样的权利为前提，这两者才能共存，于是，法律的职责就变成了确保人们遵守这种虚无缥缈的约束，而这正好就意味着承认和支持这种原则。

不论何时，我们都可以确定一点，罗伯斯庇尔认为财产是社会创造的，是约定俗成的，这是在完全照搬卢梭的说法。他们根本没有把财产与其真正的合法性来源——劳动联系在一起。他说，财产权就是行使法律赋予他的那部分物品的权利。

正是由于卢梭和罗伯斯庇尔的鼓吹，罗马人的财产观念才渗透到了我们的思想当中。对此，我无须多言。我们知道，布朗基《论革命》第一卷就充满了对日内瓦哲学家和国民公会领袖的狂热歌颂。

于是，社会创造了财产权，财产权是立法者的某种发明创造，是法律的产物，总之，财产权是自然状态下的人所不知晓的。这一观念，通过古典思想研究、通过法律学说、通过18世纪政客们、通过1793年的大革命、通过有计划的社会秩序的现代吹捧者，从古罗马一路传播到了我们这里。

现在，我们来分析一下我在上面提到的两种思想体系的后果。首先要分析的就是财产源于法律这种思想体系的后果。

第一个后果就是为乌托邦空想家开辟了最广阔的想象空间。

这样的后果我们很容易就能看到。一旦我们从原则上承认，法律是先于财产存在的，那么，梦想家的脑子里可以幻想出多少种法律，就可以出现多少种组织管理劳动的方式。一旦我们从原则上承认，立法者的使命就是用他自己喜欢的方式去管理、组合、构造人和财产，那么，他们就可以想象出无数种管理、组合、构造人和财产的方式。这样一来，光是在巴黎，安排劳动的设想就可以多达几百种，安排信用也同样有几百种方案。这些方案之间彼此对立冲突，这一点我们是不用怀疑的，可它们的背后却都有一个共同的思想基础：法律创造了财产权利，而立法者则是绝对的主宰，劳动者和他的全部劳动成果都应由其支配。

第二个后果唤醒了所有这些梦想家对权力的渴望。如果这样假设，我构想出了一种相当不错的组织管理劳动的制度，而且我假设，每个普通人的手里都掌握着主动权，那么，我要做的就是阐明这种制度，然后等着人们觉悟之后采用它；然而，据我所知，在我现在考察的这种思想体系中，主动权只掌握在立法者手里。诚如卢梭所说，“立法者应该强大到足以改造人性”。因此，成为一位立法者就是我所要奋斗的目标，只有达到这一目标才能把我发明创造出来的某种社会秩序强加于人类。

关于这一点，国民议会内[①]最近的活动为我们展示了一幅最怪诞的场景。现在已经是19世纪中叶了，就在二月革命（这场革命正是打着自由的旗号）[②]刚刚结束几天后，我们却听到这样一件事：一位比内阁部长更高级的官员、临时政府的成员，一位被授予革命的无限权力的政府官员非常冷静地提出一个问题：是让那些有力气、有才能、勤劳出众的劳动者获得更高的工资，换句话说，获得他自己所生产的财富好一些，还是不管本人是否努力，也不管其劳动的成果多少，从此以后，给每个人统一发放工资，更好一些？这就相当于这种情况：一位勤劳的工人向市场提供两尺布，一个懒汉向市场提供了一尺布，现在却要求他们得到同样的收入。而这个人在经过一番论证

① 原文为the Luxembourg，指法国国民议会所在地。——译者注

② 1848年2月22日爆发于法国巴黎的推翻七月王朝、建立第二共和国的革命。——译者注

之后，大言不惭地说出了自己的想法：他更倾向于不管各人生产的可供出售的产品的数量和质量如何，都统一发放工资。这也就是在说，在他的思想中，两个人生来就是两个人，可是，法律却把他们变成了一个人。

于是，我们就明白了，为什么在有些人眼里，法律要比自然更强大。

那些听他讲话的人士显然都明白，这种恣意妄为直接背离了人性，生产了一尺布的人怎么能得到两尺布的报酬呢？如果允许这种现象存在，那么，真正的竞争就不会存在了，取而代之的是比其更恶劣千百倍的另一种形式的竞争：每个劳动者都会想尽办法偷懒，都想成为付出最少的人，反正，有法律给做主，干多干少都会得到同样的报酬。

然而，公民们，布朗基先生已经预料到了我们会这样反驳他，所以，他想出了这样一个办法：为了防止人性中这种偷懒的天性，也就是如果不给报酬他们就不干活的思想作怪，他为人们设计了一个布告牌，如果有谁在工作中偷懒，那么他们的名字就会被写在上面。不过他却没有说清楚，在那里，是否也有侦察人员专门侦察谁在偷懒，这些偷懒的人是否要由法庭来审判，是否应该由警察来执行这种判决。而我们一直以为，乌托邦空想家根本就不想搞什么可以让法律机制运转起来的庞大政府机构。

不过，国民议会的议员们看起来有点半信半疑，于是，公民布朗基的秘书维达尔（Vidal）[①]马上跑上来，为他的导师的思想大声喝彩。公民维达尔紧跟卢梭，提出了改造人性，改变上帝的法则的建议。

上帝赐予每个人特定的才能、特定的需要，也因此带来特定的后果，自私自利便是由此产生的，换言之，自我维持生存和自我发展的欲望形成了人类伟大的推动力。然而，维达尔先生却想改变这一切。他详尽地考察了上帝的工作，然后觉得，上帝干得真是不怎么样。于是，他准备从法律和立法者无所不能的原则出发，用政令抑制人的自私的心，并让荣誉的法令来取代它。于是，人们为了生存和发展，为了养活家人，必须要做的不再是工作而是保持他们的荣誉，确保自己不能站在错误的立场上，在他看来，这种新的动机不属于另一种类型的自私。

---

① 维达尔（Franeois Vidal，1814—1872），记者，政客，经济学者。编辑了多份报纸杂志，是政府干预劳资关系的积极鼓吹者。1848年革命后，布朗基请他出任自己所在的劳动组织委员会秘书。后来积极投身于反对路易·波拿巴的政治斗争中。——译者注

维达尔先生不断地告诫人民，要忠于军队所奉行的那一套荣誉法令。然而，我们还是想请他把全部的事实真相讲给我们，如果他的计划就是把劳动者按军队进行编制，那么，请他说说，届时，规定了30种死罪的军法，能否可以成为约束大家的法令？

我在这里严厉批驳的这种有害的原则会产生一个的更可怕的后果，那就是不确定性。它就像达摩克利斯之剑[①]一样，始终高悬在劳动、资本、商业、工业的头上，其后果之严重不可想象。我想请读者认真地对待这一点。

在美国这样的国家里，财产权被置于法律之上。在这里，公共警察唯一的职责就是保护这种自然的权利。每个人都可以满怀信心地把他的资本和劳动投入到生产活动中去，而不用担心，朝令夕改的立法活动会打乱他们的计划。反之，如果我们遵循财产的基础是法律而非劳动的原则，如果我们允许乌托邦空想家通过法令，以某种普遍的方式，把他们的纲领强加给我们，那么，我们就应该明白一件事：大自然深植于人的心灵中的远见和审慎，已经成了经济的繁荣绊脚石。

因为，在这样的地方，不管什么时候，根本没有人敢创办工厂或投资开办企业。昨天下达的法令说，他只能在固定的时间内工作，可今天新的法令又说，某类工人的工资应该固定不变。如此一来，谁知道明天、后天、大后天又会搞出什么新花样呢。一旦立法者处于这种无可匹敌、至高无上的地位，且发自内心地相信，他可以安排人们的时间、劳动、交易以及他们的一切财产，那么，全国上下就没有一个人能知道，明天，法律将把他强制安排在什么位置上，派给他什么样的工作岗位。在这种情形下，没有人愿意工作。

我不想否认的一点是：很多，甚至可以说大多数这一错误原则所导致的思想体系，它们的出发点都是仁慈、善良的。但是，这一原则本身却是错误的。乍一看，每个方案的目的，都是想实现财富的平均化，可这个原则最可能导致的结果，却是让所有人一样贫穷；让勤劳致富的人沦入穷人的行列，

① 达摩克利斯之剑的说法出自希腊故事：狄奥尼修斯国王请他的大臣达摩克利斯赴宴，让他坐在只用一根马鬃悬挂的宝剑下面，以此告谕他，权利是与风险并存的，享受权利的同时也必须承担相应的风险。后来，达摩克利斯之剑的意义被引申为安逸背后时刻潜藏着危机。——译者注

让穷人在饥寒交迫中成批成批地死亡。

我承认，一想到这种危险的原则可能会使我们国家的财政困境越发严重，我就不能不对我们国家的前途充满担忧。

2月24日，政府发表了预算，宣布法国的财政已经入不敷出。除此之外，现任财政部部长还对外宣布，还有10亿法郎的债务也马上就到偿付期了。

在这种严酷的局面下，收入仍在持续下降，而开支仍在不断增长。

这还不是问题的全部。我们的国家就要被政府的两个理想拖垮了。这两个理想都是无底洞。按照头一个理想，国家用公共资金慷慨地建立了大量耗资巨大的机构。按照第二个理想，所有的税收都在不断地减少。于是，一方面，收容所、托儿所、国立工厂、免费中、小学、企业退休养老金等机构正在大量繁殖，国家准备把赔偿金支付给奴隶主，也准备把损害费支付给奴隶，国家正在计划创建信贷机构，向工人出借生产资料，把陆军的规模翻上一番，重建海军，等等；而另一方面，国家却取消了盐税、通行税还有最不受欢迎的消费税。

当然，不管我们如何看待法国的财源，我们都得承认，要想同时满足这么巨大而又互相冲突的双重目标的需要，就一定要培养这些财源。

我也可以这样认为，要想完成这些超出人能力之外的、异常艰巨的目标，就必须把国家所有的力量都引导投入到生产活动中去。可是，恰恰就在这个时候，我们的耳边却出现了一种不和谐之音：法律创造了财产。据此，立法者就可以按照自己的意愿，随意颁布法令，而如果照此行事，必将会打乱所有企业的计划。创造了某件东西或某种价值的劳动者之所以能成为该物品或价值的所有者，不是因为他的劳动而是因为法律的授权。也许法律明天就会取消这种授权，那么，所有权就不再是合法正当的了。

你能想象这会引发什么后果吗？资本和劳动每天都提心吊胆，它们已经没有多余的力气再去为明天着想了。在这种学说的冲击下，资本必然会隐藏、流失，甚至被摧毁。如果农业生产停止了，人们就吃不上更好的食品；如果没有人愿意创办工厂，人们就穿不上更好的衣服；如果资本都不存在了，人们就不会有更多的就业机会。

同样，国家就没有税收来源；国家就没办法充实国库；国家就无力偿还债务；国家就不能添置生产工具；国家就没有任何财源可以支撑你用法令轻易地创办起这些大型机构。

我们还是不要再继续进行这些令人郁闷的思考了。我将继续考察与今天流行的原则相悖的那种经济学家的原则，这种原则正确地指出，财产来自劳动而不是法律。这种原则认为，世界上先有财产后有法律。法律唯一的职责就是维护财产，不管它的存在形式是什么，不管它是如何形成的，也不管劳动者是怎样把它生产出来的，是自己生产出来的，还是和别人联手、共同创造的，只要他也尊重他人的权利就可以了。

经济学家们对财产原则的理解还包括一致性原则。我们已经在上述文字中看到，如果是立法者创造了财产权，那么，乌托邦空想家的脑海里有多少种想法，就会存在多少种财产权模式。换句话说，财产权模式是数之不尽的。反之，如果财产是上帝赐予人类的，先于一切人类立法活动，而人制定法律只不过是为了保护它，那么，其他的财产权制度根本就不可能再存在。

经济学家的财产原则还包括更安全、更有保障的含义。摆在这里的种种证据已经表明，如果每个人都发自内心地承认，每个人都有义务维持自己的生存，每个人都有权利享受自己的劳动果实，这种权利比法律来得早，比法律地位更高。如果人类法律的存在和介入，仅仅是为了保障人们付出劳动、并拥有其劳动果实的自由，那么，法律就可以为所有勤奋努力的人的未来提供保障。我们不用再去担心，立法机构颁布的一道又一道的法令抑制了人们的努力，打乱了人们的计划，妨碍了人们的远见。资本会在这种力量的保护下被迅速地创造出来，而资本的迅速积累是劳动价值增加的唯一推动力。于是，劳动阶层的状况也会得到改善，他们会与他人合作创造出新的资本来。他们甚至可以从工薪阶层，转变成投资者，投资企业，甚至创办企业，从而重获尊严。

最后，国家不应充当生产者的角色，它要做的是为生产者提供安全保障。这一原则是永恒的，也必然有利于节约公共支出，并保证其运行井然有序；只有根据这一原则，才会实现社会的繁荣发展，并公平地分担税负。

无论什么时候，我们都要记住，实际上，国家创造不出任何财富。如果它不从劳动者那里拿走某些财富，就会一无所有。因此，如果每一件事情都要它去干预，那就等于是让它用自己机构的糟糕的且要付出高昂代价的活动，去取代私人活动。如果像在美国那样，大多数的人都认识到，国家的职责就是为所有人提供充分的安全保障。那么，国家就可以仅耗费几千万法郎完美地履行这一职责。利用这种节约措施，再加上工业的繁荣，实现单一税制，即只对形形色色的财产征税，就变得极为可行。

最后，我想就自由贸易协会[①]说几句话。协会因为采用了这个名字而遭到了批评。反对者和支持者都觉得用这个词是个失误；不同的是，反对者们因这个失误而兴高采烈，而支持者因为这个失误而垂头丧气。

“为什么要传播恐慌？”自由贸易的支持者说，“为什么要把某个原则归于你的名下？为什么不将自己的职责局限在对进口税进行明智而稳妥的改革这一范围内？这种进口税已经到了不得不改的地步，而我们已经有了可以支持改革的有利证据。”

能告诉我这是为什么吗？因为在我看来，自由贸易从来就不仅是进口税的问题，而是权利的问题、公正的问题、公共秩序的问题还有财产权的问题。

我们的协会曾在1846年5月10日召开的筹备会上发表过第一个声明，如果读者们看过这个声明，他们就会相信，这是我们主要的理念：

“交换跟财产权一样是一种自然权利。每个生产或获得了某件产品的公民，都有权利自行处置自己的财产——是自己留着，还是给别人，或是在他本人同意交换的前提下，给予我某件我所需要的东西。而在他并没有违反公共秩序和道德的前提下剥夺他的这种能力，反而要求他去满足别人的需求，实质上就等于把掠夺行为合法化，违反了正义的法律。”

“再进一步说，这种做法破坏了公共秩序赖以维系的环境；因为，假如社会中的每个成员都想一手操控法律，都想利用公共警察的力量，靠压制其他行业取得成功，那么，这个世界的秩序会变成什么样呢？”

我认为问题绝不仅只涉及关税，因此，我还要说：

“我们签署了此声明，并不表示我们反对国家对通过其边界的商品征税的权利，只要这些税收是为公共开支所用，只要是因为公共财政的需要才确定税收，我们并无任何异议。”

---

① 1846年，巴斯夏协助创办了波尔多自由贸易协会，之后不久，他就被任命为巴黎自由贸易协会的秘书。——译者注

“但是，如果税收的目的是排斥外国产品，为了人为地抬高某种产品的价格不惜牺牲国库的收入，强求整个社会为某个阶级的利益让步，为了对其进行保护，甚至不惜去掠夺他人，那么，税收就不再具有财政的性质，那么，这一原则就是本协会所竭力反对的，我们也对天发誓，一定要将其从法律中彻底清除。”

当然，假如我们仅仅以立刻削减关税为目的，假如我们像一些人所形容的那样，是在为某种商业利益代言，那么，我们一定会非常小心，不把意味着某种原则的词写在我们的旗号上。其实我们自己就已预见到，这份向不公正开战的宣言书势必会给我们前进的道路平添很多障碍。我们很清楚，可以通过侧面迂回和掩饰目标，让我们的思想半遮半掩，这样，我们就能更迅速地获得胜利或者是部分的胜利。然而，这种胜利其实是非常短暂的。有人要问，它能挽回、保护财产权的大原则吗？我可以很清楚地告诉你，这是很难的，因为这些问题只是我们的背景，根本不在我们讨论的范围内。

我再说一遍，我们强烈要求取缔贸易保护主义制度，不是把它视为善良的政府采取的某种措施，而是将其视为一种公正，视为一种自由，视为权利高于法律这一观念所取得的成果。我们不应该让那些容易让人误解的言辞掩盖了我们真实的意图。

我们不同意让我们的协会的名字带有某种诱惑，隐藏着某个陷阱、某件令人惊奇的事或某种模棱两可的话，而是直截了当地表述某种秩序和正义的永恒原则。迟早有一天，人们会认识到，我们的这种做法是正确的。从本质上来讲，这个世界上只存在一种原则：只有这些永恒的原则才能照亮人的心智，让那些误入歧途的信念无所遁形。

原来，那些贸易保护主义者是通过利用关税手段来实现保护贸易的目标，现在，这些受苦受难的阶级则是利用其他手段来达到自己的目的，但总的来说，其原则却是一脉相承：利用法律手段从一些人手里得到一些东西，然后把这些东西给另外一些人。因此，地主和资本家们，如果那些比你们更不幸的人要求法律给予他们好处，你们就不要整天满腹抱怨了，因为你们过去也一直承认这个恶劣的原则。更何况，他们至少还具有某种你们不具有的资格。

人们最终会看到事情的本来面目的，他们会看清楚我们正在一步步走近深渊，因为这样首先就破坏了维持社会稳定的基本条件。富人今天被某种错误学说的侵害吓得惶恐不安，而为这种学说奠定了邪恶的基础的却正是他们自己。他们曾经满心相信这种学说可以给他们带来好处。这其实就是一个很大的教训，一个有力的证据，它证明世界上存在因果关系。不错，土地财产的所有者们，你们曾经破坏过我们思想中正确的财产观念。这种正确的观念是政治经济学给予我们的，可你们却一度禁止这种观念，原因就在于，它以财产权的名义反对你们拥有的不公正的特权。如果信奉这些令你们惊恐的新派思想的人士掌了权，你能想出他们做的第一件事是什么吗？按照当前的形势，政治经济学一直在反对利用法律手段均分财富，所以他们做的第一件事肯定就是压制政治经济了。你曾经这样做过，而今，别人正在学你们做同样的事情。你们要求法律给予你们的东西，是任何一个社会成员都不应该向法律提出的，也是法律所不应当给予任何人的。你们要求法律给予你们的，不是你们应有的正当权利，而是某种额外的价值。这种价值不应当属于你们且多于你们所应得的，而为了最大限度地满足自己的要求，侵犯他人的权利是在所难免的。而今，你们的愚蠢已变成了一种普遍的愚蠢。如果你们想要躲开会伤害你们的风暴，那么就只能选择一条路：承认你们的错误，放弃你们的特权，让法律走上正轨，把立法者约束在其正当的职责范围之内。你们攻击过我们，摧毁过我们，因为你们根本就不理解我们。现在，你们意识到，是你们亲手挖出了一个深渊，然后又自己跳了进去，于是，你们慌不择路地到我们这里来寻找捍卫财产权的权力，要我们赋予这个词最宽泛的含义，让我们揭示财产权同个人能力的关系，而不管这些东西是通过劳动获得还是通过交换得到的。

我们所捍卫的理论，因为它简单得不能再简单，朴素得不能再朴素，所以招来了很多反对之声。我们的理论仅有的一点要求就是法律为所有人提供安全保障。政府职能可以减少到这种程度，简直令人难以置信。而且，这种理论把法律限制在维护普遍的公正的范围内，因为这种理论仁慈友爱，所以被排除在外，备受指责。从政治经济学的角度来看，这种责难毫无道理可言。

7.商人们的请愿书

下面是蜡烛、烛芯、灯笼、烛台、街灯、烛剪、灭火器制造商以及牛油、原油、松脂、酒精生产者及一切涉及光亮的厂商给议会议员的公开信。

尊敬的议员们，先生们，女士们：

你们真是太英明了。你们不同意实践抽象的理论，根本不考虑供给的充分与价格的高低。你们极为关注生产者的命运，让他们从外国竞争中解脱出来，也就是将国内市场还给国内的厂家。

我们有一个非常好的机会贯彻你们的……应该如何称呼呢？你们的理论？不妥，理论的欺骗性太强了。你们的教条，你们的制度，还是你们的原则？然而你们不喜欢教条，你们的制度很恐怖，至于你们的原则，你们不承认政治经济中存在问题。所以，我们还是将其称为做法吧——不讲原则、缺少理论指导的做法。

我们的市场受到了外来市场的极大冲击。外来照明设备生产商拥有比我们国内优越很多的生产条件。他的产品以令人难以置信的低价格如潮水一般涌入，占据了国内市场。只要他在市场上，我们的销售就会被终结，将没有客户来光顾我们的产品。法国的一个拥有无数厂家的产业顷刻间就会陷入停顿的境地。这个竞争对手不是别人，正是太阳，它无情无义，与我们进行竞争。我们怀疑它是受背信弃义的阿尔比恩的指使的，因为它对这个傲慢的岛国尊重有加却对我们视为不见。

求求你们一定要通过这项法律，规定关闭一切窗户、屋顶窗、天窗、百叶窗、窗帘布、窗扉、小圆窗、舷窗，堵住所有出口、洞口、裂缝及一切阳光可以进入的缝隙，如此一来，太阳光就无法进入房间，阳光要是进入了房间，那么就会使产业的公平受到损害。我们很骄傲地说，我们的国家不是冷酷无情的，它不会对我们遭到的不平等竞争坐视不理的。

尊敬的议员们，请仔细考虑一下我们的请求，不要对我们不理不睬，至少在拒绝之前请允许我们讲述我们的理由。

首先，如果你们想尽一切办法关闭所有通道禁止自然光线的进入，那么，就使人造光的需求增加了，法国所有的行业都会因此而受益。

如果法国有更多的动物油需求，那么他们就需要更多的牛和羊，于是清理过的土地就会增加了，肉类、羊毛、皮革，特别是农业生产不可或缺的肥料也增加了。

如果法国有更多的油料的需求，那么罂粟、橄榄和油菜籽的种植面积就会扩大，虽然这些作物具有很高的经济价值，但是同时对土壤肥力的要求非常高，而饲养牛羊带来增加的土地肥力恰好能够派上用场，使土地获得更高收益。

遍布于荒野的将是含树脂的树种，这些价值不菲的植物散发着迷人的芳香，吸引着蜜蜂三五成群地从群山中飞来，农业的各个部门因此都得到很大的发展。

水运的情形也是如此。数以千计的船只加入捕鲸的大军之中，很快就可组建起舰队，彰显我法国的威严，同时使参与请愿的厂商、船用杂货商等人的爱国热情得到激发。

那么巴黎特色产品将会发生怎样的变化呢？今后你将看到在各大百货商店柜台里摆放着镀金、装饰有青铜和水晶的烛台、台灯、船用物品和枝状大烛台，它们个个都光彩夺目，从此再也不会沦为杂货摊的商品。

同时沙丘高地上的树脂采集工不再潦倒，矿坑深处的矿工不再穷困，而且他们的工资会不断提高，享受到持续繁荣带来的好处。

先生们，你们只需做出一点点反应，这些就会成为现实。只要你们相信，从具有万贯家财的昂赞公司股东到最卑微的火柴商贩都会从中得到好处。我们的请求要是不能获得支持的话，那么每个人的状况都不会有丝毫改善。

先生们，我们已经预计到你们不会同意的自由贸易理论并不是你们从迂腐的旧书堆中看中的唯一理论。你们运用并未立刻使自己信服的理论来反驳我们，我们对此向你们提出抗议，抗议你们在全部的政策制定中都贯彻这样的原则。

你是不是想要对我们说，尽管我们可以受益于这种保护，但对法国来说，没有任何好处可言，因为消费者将承担所有费用。

我们已经准备好答案了：

你没有权利维护消费者的利益。因为如果你们与生产者的利益发生冲突，那么你们总是会置消费者的利益于不顾。你们的理由是为了发展工业、提高就业，这次也概莫能外。

事实上，你们自己也预计这个请求会遭到拒绝。当谈到自由进口钢铁、煤炭、芝麻、小麦和纺织品非常有利于消费者时，“是的，”你说，“但是把它们拒之门外将十分有利于生产者。”那这样正好，允许自然光进入室内的确非常有利于消费者，然而如果禁止自然光进入室内将会非常有利于生产者。

你还会说：“事实上，一个人在经济生活既是生产者又是消费者。如果生产者从保护中得到好处，就会促进农业的繁荣。反之亦然，假如农业繁荣了，就能够接纳更多的工业品。”如此一来，如果你们对我们白天提供光亮的专权表示认可，我们首先会购买大量的动物油、木炭、植物油、树脂、蜡、酒精、白银、铁、铜和水晶用来进行生产；同时我们和数不清的供应商会变得富有，将会消费大量的国内产品，并使国内生产得以繁荣。

你可能会说太阳光是免费的，是上天赐予人类的恩惠，为了鼓励光亮的生产而拒绝天赐之物与拒绝财富本身有什么分别呢?

然而如果你持这样的观点，那就会给你自己的政策造成重创，因为一直以来你都把外国商品拒之于国门之外，认为（或在很大程度上是由于）外国商品与免费之物相类似。你们为了满足其他垄断厂商要求并不是一个充足的理由，不能依此就把我们完全符合你们政策的请求视而不见。拒绝我们的请求就是因为他们似乎更有理由说服你们赞同下列等式：＋×＝＋－，或者说极为荒谬。

劳动和自然融合的比例存在很大差异，会因所处的国家、气候和生产的商品的不同而不同。自然对产品的贡献总是无偿的，只有劳动对产品价值的贡献才可以得到报酬。

里斯本产的橙子的售价仅为巴黎产的橙子的一半，是因为里斯本太阳能够提供足够的热量，且都是免费的，而巴黎的太阳不够充分，需要人工供热，这些必须从市场上才能获得。

所以，可以说产于葡萄牙的橙子免收一半的费用，换句话说，就是比巴黎产的橙子便宜一半。

因此，可以准确地讲，因为橙子是半免费（请认可我这种说法），所以你们才坚持对进口采取限制措施。你问道："法国的劳动怎么比得过外国的劳动，前者亲力亲为，而后者只需完成一半，另一半则由太阳来完成？"但如果一种商品由于半免费而被你们拒绝引入，避免陷入竞争，既然是这样，那你们又怎么对完全免费的产品敞开竞争之门了呢？你们要么是互相抵触，要么就应该在为避免伤害国内厂商将半免费的产品拒绝引入竞争之后，以更充分的理由、更大的热情拒绝完全免费的产品。

再譬如说，当一种产品——煤、铁、小麦或纺织品从国外进口，假如我们得到这件商品所需的必要劳动比自己生产所需必要的劳动少，其差额就是我们无偿获得的礼物，而且礼物的多少与差额的大小成正比。可能是四分之一、二分之一或四分之三的产品价值。假如国外生产者的价格为国内的四分之一、二分之一或四分之三，并且当赠予人与太阳一样只给予而不索取时就会出现这种情形。现在我们正式提出的问题——你们更在乎的是法国免费消费所得到的益处还是要保护处境艰难的生产？请你做出选择吧，但要合情合理。因为只要你仍然禁止从外国进口煤、铁、小麦和纺织品（原因就在于其价格接近于零），那又怎么可以允许太阳提供照明，而且从早到晚太阳都是免费提供光亮的！

8.原材料

据说在贸易中用制成品换取原材料是有利的，因为国内劳动的基础就是原材料。

所以，顺理成章就可以得出这样的结论：竭尽全力为原材料的进口大开方便之门并阻止最终产品的进口才是最好的关税法律应该做到的。

于是，在政治经济领域，这是一个最为大家广泛接受的谬论。不仅仅是保护主义学派持有这样的观点，更为重要的是，这也是自诩为自由学派的人的观点。令人唏嘘不已的是，理由倒是很美好，做法却相当糟糕：不仅没有做出巧妙而有力的反击，还进行了不恰当的辩护。

自由贸易只不过是自由的一个方面：只有得到普遍的认可，才有资格被写入法律。但如果广泛接受成为一项改革成功进行的必要前提的话，那么一旦公众的思想受到误导就会变得不可遏制，而公众的思想不最容易受到以垄断理论为基础而建立的自由贸易观点的误导吗？

若干年前，三个法国城市——里昂、波尔多和勒阿弗尔发生了大规模反对保护主义制度的抗议活动。法国（事实上全欧洲都是这样）各地纷纷起义，他们高举自由贸易的理论旗帜。唉，这只不过是新瓶装旧酒。这依然是垄断的旗帜。与造反者明确反对的保护主义相比，这种垄断甚至更贪得无厌、荒唐可笑。这些请愿者利用我要揭发的谬论，无非是对国内劳动保护的理论进行了风马牛不相及的简单复制而已。

究竟什么是真正的贸易保护主义制度？让我们听一听德森特克里克对此是怎么说的：

“劳动是一国财富的源泉，因为我们需要的众多物品都是通过劳动创造出来的，丰富的物品也是财富的重要组成部分。”这些都是后面观点的前提。

“但产品的生产必须由国内的劳动来完成。如果由国外劳动来完成，就会造成国内劳动力的失业。”这段话中有一个错误。

“那么，一个农业国或工业国应该怎么做呢？应该确保市场上的产品在本国生产并来源于本国劳动。”这是上面得出的论断。

“因此，为了达到这个目的，征收关税以限制进口，在必要的时候还可以禁止一切国外生产的产品进入本国市场。”这是可供实施的手段。

让我们把这个制度与波尔多的请愿进行一下比较。

商品可以被分为三类。

“第一类是食物和原材料，由于这类商品中不包含人类劳动，一个明智的经济制度理论上不必对这类商品征收关税。”换句话说，对于不包含人类劳动的商品无须实施保护。

“第二类产品是初级加工品，其本身决定了应对这些产品征收一定数额的关税。”也就是实施一定的保护政策，因为按照请愿者的意思，这类产品还可以经过国内劳动的进一步加工。

“第三类是最终产品，这类产品不为国内的劳动就业提供任何机会，对这类产品应该征收最重的关税。”在此对劳动的保护可谓无以复加。

很明显，在请愿者看来，外国劳动给国内劳动的利益造成了伤害，这是保护主义制度产生的错误。

他们要求法国市场应该保证法国劳动者的利益，这正是保护主义制度不断追求的结局。

他们要求对外国劳动征收重税并实施限制，这是执行贸易保护主义制度的必要手段。

所以，认真想一想，波尔多请愿者的观点与贸易保护主义者的头号支持者德森特克里克的观点又有什么不同呢？

唯一的不同之处在于：劳动一词所涉及的范围不同。

德森特克里克推而广之，认为劳动所包含的任何东西，都应受到保护。

“劳动是一国的全部财富，”他说，“保护农业，保护一切农业；保护制造业，保护一切制造业——这一呼吁将会一次又一次、反反复复地向议会提出。”

在请愿者的眼中，所谓的劳动就是制造过程中进行的活动，所以他们仅仅主张对制成品采取保护措施。

“由于原材料中不包含人类劳动，理论上不应该对其征收关税。最终产品对国内的就业机会没有丝毫帮助，因此我们认为对其征收关税是十分有必要的。”

关于对国内劳动实施保护是否合理的问题，在此我们不予追究。在这个问题上，德森特克里克和波尔多的请愿者达成了一致意见。正如读者看到的，我们与他们站在截然不同的立场上。

我们需要明确一下，德森特克里克和波尔多的请愿者所说的劳动，谁理解得更为确切。

在这个问题上，我们必须要说，德森特克里克的理解比后者强1000倍，因为双方也许会有下列的对话。

德森特克里克说：“你们主张保护国内生产的产品，你们认为如果在我国销售外国生产的产品将会相应地减少等量的国内劳动。可你们宣称，大量有价值的商品尽管可以销售，却不含有人类劳动，这些产品主要是小麦、面粉、肉、牛、腊肉、盐、铁、铜、铅、炭、羊毛、毛皮、种子等。

“假如你们可以向我证明劳动与这些物品的价值没有任何关系，我就认可对它们采取保护措施是没有必要的。

“然而另一方面，如果我可以向你们证明，100法郎的羊毛与100法郎的纺织品具有相同的价值的话，对这两种产品都采取保护措施就应当得到你们的赞同。

“那么，这些羊毛为什么也价值100法郎呢？难道不是因为这是羊毛的售价？而又是向谁支付的货款呢？难道不是以薪金、工资、利息和利润等形式向生产该产品的工人和资本家进行支付了吗？”

请愿者说：“提到羊毛，也许你是正确的。但难道据此就可以得出一般性的结论说，一堆谷物、一块钢锭、一吨煤炭全部都是劳动的结果吗？这些难道不是自然的造化吗？”

德森特克里克说：“毋庸置疑，自然的造化赋予的是这些物品本身，它们的价值却是通过人的生产劳动创造的。我说劳动创造了物质材料是错的，在这种错误表达的影响下，我还犯了许多其他的错误。人类创造不了任何东西，任何人也都不可能无中生有，无论是企业家还是农民。假如生产意味着创造的话，那我们的全部劳动都不可能是生产性的，你们商人的活动，甚至是我自己的活动都概莫能外。

“说农民创造了小麦是不恰当的，但说农民创造了小麦的价值却是可以的，也就是小麦经过自己的、国内雇工的、收割者的劳动而成为一种有模有样的物品。并且，经过磨坊主的劳动加工小麦不就变成了面粉，再经过面包师就被烘焙成了面包吗？

“假如人们自己制作衣服的话，就需要进行一些必要的程序。在劳动开始之前，必须拥有包括空气、水、热量、二氧化碳、照明和所有必需的矿物质在内的原材料。或许可以认为这些原材料中并不包含人类劳动，因为它们不具有价值，我不认为需要对这些原材料加以保护。然而，通过人类劳动这些物质首先转变为饲料，然后转变为羊毛，接着是纱线，再后来是布料，最后才被制成衣服。谁又能武断地说，整个制作过程，从农夫犁地时留下的辙痕到裁缝师傅手中的那枚针，没有包含劳动呢？

“制造业的最终产品通过工业各个部门的劳动得以在生产速度和质量上都有了很大提高。可以按照流程顺序来排定一件衣服各种操作的重要程度。你可以从主观上说，一开始的几道程序甚至都不能称其为劳动，而后面几道程序的重要程度就足以获此殊荣，可以得到被保护的特殊待遇吗？”

请愿者说：“的确，我们以前觉得小麦与羊毛没什么两样，都不包含任何的人类劳动。但是，农民完全没有必要像制造业主那样身体力行或雇用工人来完成操作，这难道不是事实吗？农民也得到了大自然的恩惠，小麦中包含了劳动，但并不是只包含了劳动。”

德森特克里克说：“然而，任何物品所具有的价值指的都是生产该物品所需要的劳动。我很高兴地看到在小麦的生产过程中大自然也贡献了自己的力量，我甚至希望人类的一切劳作都由大自然一手包办。但你们必须要承认，通过我的劳动我让大自然为我所用，当我将小麦出售给你时，请留意一下，我向你索取的价格的依据是我在此过程中付出的劳动，而不是大自然的恩赐。

“事实上，按照你们的逻辑法则，制成品也不可能由劳动来独立完成。难道自然没有给予制造业主以眷顾吗？难道他利用大气来启动蒸汽机，与我手把犁耕地有什么分别吗？难道重力原理、能量守恒定律和化学元素之间的关系是他的专利吗？”

请愿者说：“好吧，这种情况仅仅对类似于羊毛的物品适用，但不可否认，煤炭的确是大自然的恩赐，唯有大自然的力量才能造就。煤炭这种产品中并不包含任何人类劳动。”

德森特克里克说：“没错，大自然创造了煤炭，只是劳动创造了煤炭的价值。数千年来，煤炭深埋在地下数千英尺的时候并没有价值。有人来到这里并勘探到煤炭，这是劳动。这些煤炭还需要被一些人运到市场上去，这也是劳动。所以，如同之前所说的，你在市场上支付的价格，正是对加工运输等支付的劳动报酬。”

很明显，说到这种程度，德森特克里克的观点已经处于优势地位。原材料的价值与制成品的价值没有一点区别，代表的都是生产成本，也就是产品在市场出售前所投入的全部劳动。具有价值但不包含人类劳动的物品根本就不可能存在。从理论上讲，请愿者所做的区分是徒劳无益的，完全经不起实践的考验。因为经济优势的分布不是均衡的，这就使得从事制造业的三分之一的法国人通过劳动生产的投入而获得了垄断的益处，而另外三分之二从事农业生产的农民却陷入了竞争的漩涡，只因为不能称他们的生产为劳动。

毋庸置疑，由此可以得出这样的结论，对一个国家来说，进口所谓的原材料、出口制成品是最为有利的，不管这些原材料是否包含着人类劳动。

这是一种非常普遍并得到广泛认可的观点。

“原材料越丰富，”波尔多的请愿者说，“制造业就会越发达。”

他们接着说：“原材料为进口国居民提供了无数的就业机会。”

“原材料是劳动的必需品，”勒阿弗尔的请愿者说，“应该逐步改变关税直到将关税税率降至最低程度。”

请愿者还认为，应该削弱对制成品的保护力度，不应该无限期地逐步降低，不是最低税率而应该直接降至20%。

“在别的价格更低、更丰富的物品中，”里昂的请愿者说，“制造商无一例外地都使用了原材料。”

所有这些观点的基础都是一种错觉。

我们现在清楚地知道，无论哪种价值代表的都是劳动。如果制成品的劳动比半成品的价值高十倍甚至上百倍，那么在全国范围内，制成品所赚取的收入就是半成品的十倍、百倍甚至更多。所以，人们就会这样考虑：生产100公斤钢铁，全部工人获得的收入仅仅是15法郎，如果用这100公斤钢铁制成斯普林斯手表，则收入就会骤增至10000法郎。难道有人会觉得15法郎的劳动收入比10000法郎的手表的收入中包含的利润要丰厚吗？

这种想法没有考虑到这样一个事实，即国与国、人与人之间所进行的交换的依据并不是重量或长度。人们不会拿100公斤钢铁去与100公斤斯普林斯手表进行交换，不会拿1磅未清洗羊毛去和1磅羊绒披肩进行交换，而被人们用来交换的是具有相同价值的物品。那么，等价交换的实质就是在等量劳动之间进行的交换。因此，出售100法郎的斯普林斯手表或仿制品的收益并不会比出售100法郎的羊毛或钢铁带来的收益多。

如果一个国家的法律得到了其辖区内所有公民的一致通过，税收政策经过了纳税人的认可，那么公众会在蒙在鼓里的时候受到盘剥。我们对通过原材料对我们施加的勒索浑然不觉，可以确信的是，每一个谬论都预兆着一次劫掠。亲爱的朋友们，如果你在某次请愿中发现其中存在谬论，请看好你的钱包，你应该有所察觉这就是请愿的真正目的之所在。

那就让我们设想一下，究竟是什么动机使波尔多、勒阿弗尔的船主们及里昂的制造商们秘而不宣呢？他们对农产品和工业产品进行区分又是受到什么力量的趋势呢？

“第一类产品（主要是原材料，不包含人类劳动），”波尔多的请愿者说，“是我们海运贸易的主要货源……理论上来讲，一个明智的国家对这类产品实行的应该是免税的制度……对于第二类（半成品）产品可以征收适当的关税。对第三类（最终产品，不再需要人类劳动）产品来说，我们的观点是应该征收最重关税。”

勒阿弗尔请愿者们认为：“有必要逐步将原材料的进口关税降至最低，如此一来，航海设备可以得到持续的运转，从原材料的进口中获得了重要的、必不可少的劳动就业机会。”

可以说制造业主对船主们是感恩图报，就像里昂的请愿者所说的那样，为表明制造业城市的利益并非总是违背海运城市的利益，他们提出对原材料免征进口关税的要求。

不对。用这些请愿者的话来说，这两者的利益，都背离了所有农民和消费者的利益。

先生们，这就是你们真正的目的！这就是你们对经济进行精细分类的真正目的！你们企图通过法律的手段来阻止最终产品远涉重洋，而运费昂贵的原材料会为你们的货船带来更多的业务。沿海各国拥有更大体积的原材料，并且没有经过去粗取精。这可使你们的海运设备得到最充分的利用。这在你们眼中就是所谓的明智的经济制度。

依据这一逻辑，为什么我们不直接从俄罗斯进口连根、含枝、带叶的整株松树，从墨西哥进口未经提炼的金矿石而不是黄金，从布宜诺斯艾利斯进口气味难闻的带皮毛的动物尸骨而不仅是兽皮呢？

能够预见的是，一旦议会大多数人都支持铁路局的股东们，议会就会通过一项法律禁止产于科尼亚克的白兰地在巴黎销售。难道法律不能规定收取每桶白兰地的运费标准按10桶白酒的运费来计算吗？如此一来，巴黎酒业不仅获得了大量的劳动就业机会，而且火车也闲不住了。

人们究竟要过多久才能觉察到这个简单之极的事实啊？

如果增进总体福利成为工业、海运和劳动的目标，这将是有益的。但创造毫无用处的工业、建造多余的交通设施、增加不必要的劳动，不仅不能让公众从中获得益处，反而会让公众遭受严重的损害，陷入不利的境地。人们最终需要的不是劳动，而是消费，因此一切非生产性的劳动都是无益的。向运送无用废品的海员支付报酬，这等同于付钱让他们用鹅卵石打水漂。因此，我们可以得出这样的结论，一切经济学的谬论，不管其形式怎样变化多端，其拥有的共同点都是将手段与结果混为一谈，且损人不利己。